영상
콘텐츠론

영상
콘텐츠론

이옥기 지음

이담
Books

머리말

  각종 콘텐츠가 PC와 휴대전화, TV의 영역을 넘나드는 '3 스크린 플레이(Three Screen Play) 시대'가 본격화하고 있다. 휴대전화 단말기의 고성능화, 무선네트워크의 고도화 등을 통해 점차 유·무선 간 차이가 줄어들고 있다. 이에 따라 다양한 콘텐츠를 장소, 시간, 기기에 관계없이 이용하고자 하는 소비자에게 모바일 IPTV 및 3 Screen play 전략 등이 제공되기 시작했다. 그러나 대표적인 방송통신 융합서비스인 DMB, IPTV는 서비스 차별화 및 콘텐츠 소싱 등의 문제로 활성화에 어려움을 겪고 있고, 현실적으로 온라인과 모바일을 통해 동일 콘텐츠를 동시에 유통하는 수준까지는 도달하지 못하고 있다.

  방송의 디지털화란 결국 정보의 압축과 전송 기술의 발달을 의미한다. 이러한 발달은 콘텐츠의 중요성을 필요로 한다. 따라서 콘텐츠의 기획과 제작 프로세스에 대한 사례 연구를 통해 문화 산업적인 영역을 확대하고 강화하는 방안을 모색하고자 하였다.

  콘텐츠 산업은 디지털 기술의 발달로 콘텐츠 속성이 아날로그에서 디지털 융복화로 변화되고 있으며, IPTV, DMB, WiBro, 3DTV 등과 같은 뉴미디어를 통해 융·복합 서비스로 제공되고 있다. 또한 디지털 콘텐츠 산업의 영역은 과거 엔터테인먼트 위주에서 미래에는 제조, 서비스를 포함한 산업 전 영역에 체화 및 융합되어 산업의 경계를 초월할 것으로 전망된다.

현재 콘텐츠 산업과 관련해서 가장 큰 문제는 자본 조달이고, 그다음은 인력 양성문제와 해외 마케팅이다. 대부분 중소·영세기업이 콘텐츠 산업을 맡고 있기 때문에 자본이 부족하고, 문화 콘텐츠를 '예술'만으로 봤기 때문에 산업으로 크지 못하고 있고, 인력 양성에 대한 체계적인 교육 기관의 부재로 고급 인력 양성과 문화기술 관련 연구의 활성화가 활발하게 전개되지 못하고 있다.

그럼에도 우리나라가 확보한 문화기술 분야의 경쟁력은 매우 높다.

따라서 콘텐츠 산업이 하루빨리 발전해 인재를 잘 활용할 수 있는 날이 현실화돼야 할 것이다.

이 책은 콘텐츠를 산업적인 측면에서 접근했을 때 제작과 유통, 그리고 소비로 가치사슬을 구분하여 세 가지로 접근하고 있다. 첫째는 영상 콘텐츠 제작과 관련된 내용을, 둘째는 영상 콘텐츠의 글로벌 유통과 관련된 내용을, 셋째는 소비와 관련하여 수용자 관점에서 바라보는 내용을 넣어 구성하였다. 특히, 영상분석에서는 영상미학에 대한 분석을 허버트 제틀의 5차원 분석에서 참고하였고, 비주얼 스토리는 브루스 블록의 6가지 구성요소를 참고하였다. 그리고 프레즌스의 감각적 리얼리티와 인지적 리얼리티 개념을 적용하고자 하였다.

본 책은 방송제작과 뉴미디어 그리고 영상 콘텐츠 분야에서 주로 제작 또는 영상문화 그리고 콘텐츠 산업과 관련된 강의를 진행하면서 꾸준히 변화하는 방송 환경에 대한 현상에 대한 이론과 방법론을 모색하는 가운데 수집된 자료와 프로젝트를 진행하면서 수집된 자료, 저자가 지역방송에서 연출교육을 받았던 자료 그리고 미국의 제작시설과 현장을 둘러보고 수집된 자료를 중심으로 저술되었다.

즉 그동안 방송과 정책을 교육과 연구 그리고 방송현장이라는 세 가지 축으로 꾸준히 진행해 결과물을 내놓게 되었다.

향후, 영상 콘텐츠의 제작과 유통, 그리고 수용을 아우르는 자료로서 활용되기를 기대한다.

2011년 2월 명륜동 수선관에서
이옥기

I. 영상의 의미

01 영상(映像)의 개념

1) 영상의 정의

영상(image)이란 광선의 굴절이나 반사에 의하여 상이 비추어지는 것을 말하는데, 일반적으로 상, 심상 등으로 해석되지만 특별히 영상이라고 하며 스크린에 나타나는 모든 요소를 가리킨다. 때에 따라서는 시각적 요소만을 한정하여 음향적 요소와 구별하기도 하지만, 음의 요소도 모두 영상에 포함된다고 볼 수 있다.

영상의 개념을 어떻게 정의하느냐를 살펴보면 국문학적 의미로는 "실제의 정경을 광학적 또는 전기적으로 닮은꼴로 재현한 것으로서 영화 또는 텔레비전의 화상으로 표현된 것" 또는 "광선의 굴절이나 반사에 의하여 물체의 상이 비추어진 것"으로 정의하고 있으며, 방송 전문용어로는 "어떤 기술 수단을 이용하여 2차원 또는 3차원의 화면으로 재생, 표시된 시각정보"로 정의하고 있다. 엄밀한 의미에서 '영상'이라는 표현을 사용할 때는 '음－음성, 음향'이라는 요소가 배제된 '시각적 요소'만을 의미하지만 오늘날에는 '음의 요소'를 포함하는 개념으로 사용하고 있다. 또한, 언어로서의 영상은 오늘날 일상용어로 폭넓게 사용되어, 그 정확한 의미를 파악하기 힘들게 되었기 때문이다. 그러므로 이미지는 대상체가 마음에 새기는 자국이며 대상체의 이미지는 최소한 비슷하다는 의미를 유발시킨다. 비슷하다는 의미 말고 이미지가 갖고 있는 다른 의미들은 불확실함으로 우리 지각을 사로잡는 힘은 모호성에서 온다고 할 수 있다.

영상의 영어식 표현은 picture, visual image, audio-visual image, moving picture, audio-visual image 등이 있다. 그러나 우리말로 시각영상이라는 표현도 적절하지는 않다. 영상이라고 하면 흔히 동영상을 떠올리며, 정지영상인 그림이나 사진을 떠올리기는 쉽지 않다. 왜냐하면 정지영상과 동영상을 다 포함할 수 있는 단어를 우리말로 적절히 표현하기 어렵기 때문이다. 동영상은 보통 스토리를 가지고 있는데, 결국 영상이란 이야기가 담겨져 있는 동영상을 뜻한다는 것을 알 수 있다. 다른 말로 읽을거리가 있는 움직이는 그림을 영상이라 말할 수 있을 것이다. 결국 내러티브가 있다는 것은 그 시대의 사회, 문화와 밀접한 관계를 가지고 있는 것이며, 그 사회의 기술적 요인과 사회 문화적 요인과 상호작용적이라고 할 수 있다.

2) 영상의 의미

영상의 넓은 의미는 이미지(Image)를 의미하며 모양을 가진 모든 것, 즉 형태(像)를 지닌 모든 것을 말하고, 좁은 의미에서는 사진, 영화, TV를 의미한다. 즉 인간의 손을 거치지 않고 광학렌즈에 의해 자동적으로 형상화된 상태의 영상을 의미한다.

따라서 매체에서의 영상은 형태(像)를 생산하기 위해 빛을 필요로 하는 이미지 영상(映像)이라고 할 수 있다.

즉, 영상(映像, video)이란 일반적으로 화상과 같이 피사체의 재현화상을 말하나 TV 기술로는 재현 화상에 반해서 그 전기신호의 의미로 사용되고 있다. 예를 들면, 영상신호라고는 말하지만 화상신호라고는 말하지 않는다. 즉, 영상과 비디오가 동의어로 쓰인다. 또 일반적으로 화(畵) 또는 화상이 사진이나 회화처럼 평면에 고정화된 것임에 반하여, 영상은 광선에 의하여 투영된 것 또는 광점의 분포에 의하여 구성된 순간적인 재현 상(再現 像)을 말한다.

3) 영상의 특징과 본질

(1) 영상언어

세상에는 말로 표현할 수 없는 메시지가 수없이 많다. 예를 들면, 꽃의 향기라든지 이름 모를 산새들의 지저귐 또는 핏빛으로 떨어지는 석양 등은 아무리 아름다운 언어로 번역해 놓는다 하여도 실감 나지 않는다. 그러한 실상을 언어로 바꾼다는 것은 마치 싱싱한 생선을 통조림이나 건어물로 만들어 내는 꼴이라고 할 수 있다. 이미지의 미라일 뿐이다. 우리가 쓰고 있는 말에 비해 영상언어는 여러 가지 다른 특징을 지니고 있다. 우선 전달하는 방법이 다르다. 우리가 쓰는 언어에 비해 영상 언어는 직접적이다. 언어는 추상적인 음성 내지는 문자인 다른 대치물로 표현하기 때문에 전달의 실물감이나 현장감이 없는 개념적이고 간접적이다. 실로 충격적인 사건이나 사고를 영상이 매체를 통해 그대로 보여주지 못함은 그 충격의 파급이나 직접성이 대단히 크기 때문에 피하는 것이 현실이다. 이는 영상이 갖고 있는 특징을 단적으로 설명한 예이다. 또한 영상은 구체적이다. 언어는 추상적인 언어라는 기호를 통하여 보여주지만 영상은 구체적으로 보여준다. 언어(문자를 포함하여)는 다소 각자의 상상에 의해 묘사되는 경우가 많아 오해를 불러일으키는 경우가 많지만 영상은 실망감이나 만족감을 구체적으로 표현한다. 이 때문에 상상력을 빼앗기는 경우도 있다. 또 영상은 국경을 초월한 만국 공통어이다. 20세기 중반을 넘기면서 언어로 표현할 수 있는 것을 시각화하는 것이 영상의 참뜻이 아니라는 것을 깨닫고 영상에 의해서라야 표현이 가능하고 영상만이 표현할 수 있는 세계를 추구하기 시작했다. 언어로는 도저히 파악되지 않는 메시지를 의식하기 시작한 것이다. 언어 바깥에 있는 메시지, 즉 언어로는 도저히 번역할 수 없는 시각적 메시지가 따로 있다. 분명 느끼고 보이지만 말로는 도저히 잡아 낼 수도 없고 설명할 수 없는 것이 영상이라고 할 수 있다. 다른 어떤 매체로도 표현 전달이 불가능한 현실적 메시지를 시각화시킴으로써 아무도 경험하지 못했던 새로운 세계로 펼쳐 보여주는 것, 이것이 영상의 필요성과 존재 이유이자 영상을 언어로 파악하는 가장 큰 이유이다

예를 들어 현대의 작은 6mm 디지털 카메라는 단순히 경제성과 편의성에 의해서 또는 기술의 발전에 의해서만 사용된다기보다는 현대

사람들이 원하는 가볍고 편하게 볼 수 있는 수용자가 원하는 다큐멘터리 형식의 TV프로그램을 만들 수 있는 손쉬운 매체이다. TV를 보면서까지 심오하고 어려운 영상을 해석하고 싶지 않은 현대인의 심리와 이성과 합리에 바탕을 둔 문자와 인쇄의 시대에서 감각적이고 일시성이 강한 현대의 영상시대에 기술과 사회문화적 요소가 적절히 잘 조화된 형태로 나타난 것이다.

(2) 영상의 특징과 본질

눈과 카메라는 시간 속에서 움직이는 빛으로부터 시각적 재현물을 다 같이 창조하지만 살아 움직이는 유기체로서 눈의 창조성과 기계적 작동의 연속성을 통해 제작되는 카메라의 메커니즘은 그들 양자 간을 구별 짓는 근본적인 특징이 존재한다. 시각 경험의 차원에서 영상이란 끊임없이 변화하는 빛에 의해 망막 위에 생기는 시각적 이미지이다. 이에 반해 사진, 영화, 텔레비전의 영상은 고정된 면에 각인시키는 입자의 모임이다. 이는 카메라라는 기계적 현상을 통하여 촬영 편집 등의 2차 적인 재생산의 과정을 필요로 한다. 영상의 특징은 다음의 8가지로 묶어진다.

　① 영상은 기계에 의해 탄생된다.
　② 영상은 카메라의 눈에 의해 결정된다.
　③ 영상은 틀(frame)에 의해 메시지화된다.
　④ 영상은 움직임에 의해 가치화된다.
　⑤ 영상은 재생단계에서 완성된다.
　⑥ 영상은 빛에 의해 생명을 갖는다.

⑦ 영상은 복제가 가능하다.

⑧ 영상은 판매, 보급, 저작권을 갖고 배급, 유통될 수 있다.

(3) 영상의 구분

영상을 기술적 특성에 따라 관습적 영상, 광학적 영상, 디지털 영상으로 구분할 수 있다.

첫째, 관습적 영상이란 인간의 손에 의해서 만들어지는 그림이다. 그림은 인간이 무엇을 생각하고 있는가를 표현하는 것이며, 인간의 개입에 의해 만들어진다. 그리고 인간의 개입은 사회와 문화 속에 포함되어 있는 것이다.

둘째, 광학적 영상이란 관습적 영상과는 달리 인간의 개입이 적으며 그림에서처럼 영상제작의 전 과정을 컨트롤 하지 못한다. 대표적인 것이 사진인데 사진을 찍으면 사진이 나올 때까지 묘한 낯설음과 두려움과 기대감으로 기다린다. 사진 속의 나는 나일 수밖에 없고, 객관적이고 객관화시킬 수 있는 영상이다. 그림이 주관적이라면 사진은 객관적이다.

셋째, 디지털 영상은 완전히 다른 물질이다. 기존의 아날로그는 분석했을 때 결국은 비슷한 물질이 나오지만 디지털은 완전히 다른 물질인 0과 1만 나온다. 디지털은 수열이기 때문에 조작이 가능하며 언제든지 원래로 돌아갈 수 있다. 즉 상호작용이 가능한 것이다. 디지털 영상의 가장 큰 특징은 기존의 영상은 대상을 재현(representation)하는 것이었는데, 디지털 영상은 대상을 재현(representation)하는 것이 아니라, 자신이 대상(presentation)이라고 소개한다. 예를 들어, 키오스크의 터치스크린에서 우리는 모니터에 나타나 있는 가상의 버튼을 누른다. 실제 버튼을 누르는 것이 아니고 영상인 그림을 누르는 것인데 그 그림은 실제 버튼처럼 똑같이 작동한다. 영상이 대상과 똑같은 방식으로 존재하는 것이다.

디지털영상은 결국 가상(simulation)을 가능하게 하고, 진짜와 가짜의 경계선을 없애버림으로써 인간의 가치관에 큰 혼란을 준다. 디지털 영상시대의 사진이라는 것은 더 이상 믿을 수 있는 흔적이 아닌 것이다. 진짜 가짜라는 개념이 없어지고 생각이나 사고가 다른 방식으로 변해가는 유동적인 사회가 된다.

(4) 디지털 복제시대의 영상

현대 영상물의 조건은 한마디로 기술 복제이며, 이에 대한 테제는 오늘날의 생산조건 하에서 영상이 어떤 방향으로 나아갈 것인가 하는 영상발전의 경향에 관한 것이다. 예술은 신비한 것이었던 시절, 예술에 대한 개념은 창조성, 천재성, 영원한 가치 같은 것이었다. 또한 이때의 예술은 일부 특권의 사람들과 소통하였기 때문에 공적인 주체적인 개념으로서의 예술보다는 한 화가 개인의 개인적 주관성에 의한 것이었음은 부인할 수 없다. 그러나 이제 영상의 소통대상과 소비대상은 대중이 되었으며, 더 넓은 소비층을 향산 '재생산 가능한 영상'은 언어의 기능을 그대로 유산으로 받아 더 풍부한 사회적 기능과 역할을 담당하기에 이르렀다. 그러나 언어가 그래 왔듯이 영상 또한 거짓의 문제로부터 자유로울 수 없다. 사물이 기능하지 않는 곳에서 언어와 영상은 기능한다. 이런 면에서 보면 영상은 언어와 똑같이 사물을 모방하는 것이라기보다는 사물의 부재를 알리는 기호이다. 기호는 부재하는 사물의 재현(representation)을 통해 사물의 존재를 해석케 하거나, 아니면 재현마저 지워버리며 창조하려(creation) 한다. 현대에 이르러 영상은 더 이상 사물과 의미의 관계라기보다 자체적인 존재의 의미를 지니는 것으로 이해되기도 한다.

영상의 기술복제 시대가 열리면서 이에 대해 발레리는 다음과 같이 표현했다. "마치 물이나 가스 및 전기가 거의 눈에 띄지도 않는 손동작 하나에 의해 멀리서부터 우리들 집으로 와서 우리들에게 시중을 들듯이, 우리는 조그만 동작 하나로 하나의 이미지가 나타났다가는 곧 또 다시 사라져버리는 그런 영상이나 소리를 갖게 될 것이다." 그의 말대로라면 이제 영상이나 소리는 하나의 사물로서 간주된다고 봐야 한다.

W. 벤자민은 기술복제 시대의 복제된 예술에 대하여 손에 의한 복제가 기술적 복제보다는 권위에서는 우월하지만 독자성 면에서는 기술적 복제를 따라올 수 없다고 주장한다. 그 이유로, 첫째는 기술적 복제(사진술의 경우)는 육안에는 미치지 못하지만 시각을 자유자재로 조정할 수 있는 렌즈에 의해 포착될 수 있는 원작의 의도를 두드러지게 나타낼 수 있고, 또 확대나 고속 촬영술과 같은 기계적 도움을 받아 자연적 시각에서는 포착될 수 없는 이미지를 고정시킬 수 있다는 것이다. 또 둘째는 기술적 복제는 원작이 포착할 수 없는 상황 속에 원작의 모상을 가져다 놓을 수 있다. 기술적 복제는 수용자들로 하여금 사진이나 음반의 형태를 통하여 무엇보다도 원작의 모상을 가까이 갈 수 있도록 만든다는 것이다. 이 말대로라면 복제된 예술은 하나의 상품적 가치를 지닌 사물로서 사람들이 소유하고 즐기도록 만

들어진다는 것이다. 즉, 고유한 원본은 사라지고 신문, 잡지, 소설, 만화 등과 같이 취급되도록 되어졌다는 것이다. 따라서 이제 영상에 대한 논의는 더 이상 진실이나 의미라기보다는 진실과 의미가 있어보이도록 하는 효과에 치중하게 된다.

보드리야드에 따르면 허물(simulacre)은 역사상 3가지 종류로 자신을 드러낸다. 첫째가 모조이고 둘째가 생산품이며 셋째가 허상이다. 모조는 진품이 없다는 뜻이다. 따라서 진품은 모조와 대립을 통하여 자신이 진실임을 말할 수 있다. 두 번째의 허물인 생산품은 모두가 진품이다. 모두가 진실이라고 외칠 수 있다. 진품, 가짜와 상관없이 무조건 재생산을 위해 달려가는 사회이며 유행현상과 같이 허물을 먼저 차지하는 이가 진실을 앞서 말할 수 있을 뿐이다. 세 번째는 허물이 진품이 되는 사회이다. 허물은 여기서 명확하게 영상의 성질을 지닌다. 상상과 현실이 영상 속에서 융합되어 구분이 사라져버린다. 허상의 단계에 이르러서는 이제 속도가 중요한 것이 아니라 얼마만큼 진실을 가상하느냐가 문제로 떠오른다.

"이제 현실은 영상 안에서 좀처럼 찾아보기 힘들다. 디지털 영상의 조작술은 현실의 왜곡이 아니라 영상 자체를 왜곡한다. 사람들은 조작된 영상을 선택하고 그곳에서 자신만의 진실을 찾고자 한다."

영상은 허구를 진실인 양 가장함으로써 사회적 합의에 이르게 한다. 대중들은 그 허구에서 스스로 진실을 찾아낸 듯 의기양양하게 정부와 정책에 영향을 행사한다. 그러나 이러한 허구의 진실을 창조해낸 이들은 학자들이 아니라 흥행과 인기에 몰입하는 영상제작자들인 경우가 더 많다. 즉, 영상 흥행사들에 의해 영상창작이 흔들린다. 물론 영상을 어떠한 기능적 용도로 사용하는가 또는 어느 매체를 통해 배포할 것인가에 따라 그 순기능은 달라질 것이다. 현대사회의 영상은 이러한 조건 속에서 소통되고 있는 것이다.

(5) 현대영상의 새로운 정의

디지털 환경이 이미 일상화되어서 예술의 각 분야에 많은 영향을 미치고 있다. 특히 영상의 부문에서 많은 변화가 예견되는데 필름은 박물관이나 가야 볼 수 있고, 모든 영상은 0과 1로 된 디지털 신호로만 접할 수 있는 시대가 별로 멀지 않았다. 전에는 컴퓨터 그래픽으로 만든 영상은 그 작품을 보면서 분별해 낼 수 있었다. 하지만 이제는 컴퓨터 그래픽을 사용하였는지 아닌지 전혀 구별할 수 없을 만큼 기술이 발전했다. 차세대 컴퓨터그래픽은 육안으로 알아볼 수 있는 단계를 완전히 뛰어넘게 될 것이다. 어떤 이미지가 실제의 배우가 나오는 것인지 아니면 컴퓨터로 합성된 가상 인물이 나오는 것인지를 분간하기는 불가능하게 될 것이며, 앞으로는 배우가 필요 없는 세상이 될 것이다. 오락이라는 차원에서 볼 때 이런 기술적인 혁신은 스릴을 만끽하고 싶어 하는 청중들과 자신의 상상을 현실로 옮기고자 하는 극작가들, 출연 배우를 줄임으로써 제작비를 줄이고자 하는 프로듀서 등이 가지고 있는 많은 기대감을 충족시켜 줄 수 있을 것이다. 현재의 영상제작 시스템에서는 이런 컴퓨터 기술의 발전을 별로 탐탁지 않게 생각할 수도 있을 것이다. 특히 저널리즘, 다큐멘터리, 교육, 인류학 등과 같은 다른 맥락에서 보면 시각적 메시지가 컴퓨터로 합성되었는지의 여부를 밝힐 수 없다는 것은 많은 우려를 낳게 된다. 현실과 가상현실이 화소(pixel) 사이로 흡수되어 버린다면 조심스럽게 정제된 역사적 신뢰성에 대한 관념이 오락성과 경쟁하는 데 반드시 필요한 또 하나의 요소가 될 것이다. 스틸 사진의 조작에서부터 영화, 디스크, 비디오테이프 등의 영상물을 컴퓨터를 이용해서 조작하는 것은 가능하다. 화상조작 기술이 더 쉽고 보편화되어 감에 따라 모든 시각 자료들은 법정에서 증거자료로 채택되지 못하게 될 것이다. 특히 보도사진의 조작은 한 문화의 역사적인 기록을 왜곡할 수 있기 때문에 이 분야의 통합성마저도 심각하게 위협하고 있다.

그린버그사의 밥 그린버그(Bob Greenberg)는 LA 폭동의 시발점이었던 로드니 킹(Rodney King)이 LA 경찰관들에게 조금도 구타를 당하지 않은 것처럼 모든 것을 자기 마음대로 바꾸어 놓을 수 있다고 말했다. 또한, 다양한 매체들이 조작의 여지가 있는 이미지들을 생산하고 있다. 원본이 변경될 수 있기 때문에 디지털 영상 조작에 대한 우려의 목소리가 높다. 화상을 한번 변경하면, 그 화상은 영원히 변형되어 버리게 된다. "보는 것이 믿을 수 있는 것이다."란 사진의 신뢰성은 이제 구식의 순진한 사고방식인 것이다. 마음의 눈 속에 있는 모든 이미지, 카메라 렌즈 앞에 있는 모든 피사체, 어둠 속 혹은 광선 하에서 만들어 낸 모든 스틸 사진이나 영화들이 조작되거나 변형되기 시작했다. 그리고 더 많은 사람들이 컴퓨터 화상 작업을 하는 과정을 배우고 있기 때문에, 사진의 고유한 진실성을 믿는 사람들은 점점 줄어들고 있다.

매체 기술은 우리가 상상할 수 있는 영역을 넘어 새로운 확장을 하고 있다. 이제 매체는 더 이상 보고 듣는 매체가 아니고, 체험의 매체가 될 것이다. 영상 제작기술도 이미 현실의 기록과 재현을 넘어 상상의 세계를 창조하여 우리에게 경험시켜 주는 단계에 와 있다. 현대

영상에서는 조작된 영상이 난무하는 현실에서 매체가 우리에게 전해 주는 정보의 진실성은 어느 정도인지를 파악해서, 단순히 영상의 진위를 파악하려 노력하기보다는 어떠한 영상이 진실로 믿을 수 있고 가치 있는 영상인지를 알 수 있는 능력을 갖추는 것이 중요해졌다.

현대 영상물의 조건은 한마디로 기술 복제이며, 오늘날의 생산조건 하에서 영상이 어떤 방향으로 나아갈 것인가 하는 영상발전의 경향에 관한 것이다. 예술이 신비한 것이었던 시절, 예술에 대한 개념은 창조성, 천재성, 영원한 가치 같은 것이었다. 이제 영상의 소통대상과 소비대상은 대중이 되었으며, 더 넓은 소비층을 향한 '재생산 가능한 영상'은 언어의 기능을 그대로 유산으로 받아 더 풍부한 사회적 기능과 역할을 담당하기에 이르렀다. 그러나 언어가 그래 왔듯이 영상 또한 거짓의 문제로부터 자유로울 수 없다. 사물이 기능하지 않는 곳에서 언어와 영상은 기능한다. "현대에 이르러 영상은 더 이상 사물과 의미의 관계라기보다 자체적인 존재의 의미를 지니는 것으로 이해되기도 한다."

복제된 예술은 하나의 상품적 가치를 지닌 사물로서 사람들이 소유하고 즐기도록 만들어진다. 즉, 고유한 원본은 사라지고 신문, 잡지, 소설, 만화 등과 같이 취급되도록 되어졌다는 것이다. 영상은 허구를 진실인 듯 가장함으로써 사회적 합의에 이르게 한다. 대중들은 그 허구에서 스스로 진실을 찾아낸 듯 정부와 정책에 영향을 행사하려 한다. 이러한 허구의 진실을 창조해 낸 사람들은 대부분 상업적 이득을 추구하는 영상 흥행사들이며 그들에 의해 영상창작이 흔들린다. 많은 분야에서 영상의 현실효과에 주목하고 있다.

📽️ 02 콘텐츠의 개념

1) 콘텐츠의 개념

영어사전에서 보면, 단수인 콘텐츠(Content)는 서적이나 문서 등의 내용을 뜻하고 대개 추상적인 의미나 성분의 양을 표시, 복수의 콘텐츠(Contents)는 대개 총체적인 의미로서의 '내용물'이 되고, 서적에서는 목차라는 뜻으로 사용된다.

사전적 의미로만 보면 디지털 미디어를 통해 제공되는 내용이므로 단수형인 콘텐츠로 표기되어야 할 것, 이미 미국이나 유럽에서는 단수형으로 멀티미디어 콘텐츠(Multimedia Content)나 정보콘텐츠(Information Content)로 사용되고 있으며, 최근에는 디지털 콘텐츠(Digital Content)로 표현하거나, 콘텐츠(Content)로 명명하고 있다.

콘텐츠는 1990년대 중반에 유럽연합에서 "Multimedia Content"라는 용어를 쓰기 시작한 것에서 시작되었고, 유럽연합이 정의하는 멀티미디어 콘텐츠란 "소설, 그림, 사진, 비디오, 음악 등 멀티미디어 상품이나 서비스의 근간을 이루는 지적 재산"을 의미한다. OECD(1999)에서도 기존의 콘텐츠와 디지털 콘텐츠를 구분·비교하고 있는데, 전통 콘텐츠는 문자, 음성, 영상, 음악 콘텐츠 등으로 극장이나 비디오테이프, CD-ROM 등 물리적 매체를 통해 배급되거나 아날로그 방송망을 통해 방송되는 것을 말하며, 디지털화된 텍스트, 데이터, 화상 및 동영상 콘텐츠-인터넷 같은 디지털 매체를 통해 배급되는 것을 의미한다. 콘텐츠(Content)란 부호, 문자. 음성, 음향 및 영상 등으로 표현된 모든 종류의 자료 또는 지식 및 이들의 집합물로서 디지털 콘텐츠란 콘텐츠가 전자(電子)적인 형태로 제작 또는 변환된 것이다.

2) 디지털 콘텐츠

디지털 콘텐츠란 기존의 아날로그 콘텐츠를 디지털화하거나, 콘텐츠를 제작할 때부터 디지털 형태로 제작하는 것이다. 문화관광부에서는 문화콘텐츠산업을 '문화적 요소'가 체계화되어 경제적 부가가치 창출된 산업으로 정의, 즉 예술적, 문화적, 사업적, 기술적 감각이 요구되는 산업이고, 콘텐츠 비즈니스도 아이디어 집약형의 벤처형 비즈니스라고 구분하고 있다. 구체적으로 방송 영상 콘텐츠는 방송사는 공중파, 케이블, 위성, 데이터, 인터넷 방송사를 말하고, TV 프로그램은 드라마, 교육, 오락, 다큐, 애니메이션 제작사를 의미하며, 애니메이션은 애니메이션 제작 및 개발사, 플래시 애니메이션, 포털 사이를, 뉴미디어는 IPTV, UCC 콘텐츠를 포함하고 있으며, 영화, 비디오,

DVD제작사, 배급사, 투자사 등도 포함된다.

3) 콘텐츠 산업의 특성

유통창구의 급격한 증가로 인한 경쟁 가속화로 소비 측면에서는 소비자에게 전달되는 콘텐츠에 대한 소비자 선택권이 증가했음을 의미하는데, 사업자 측면에서는 기존의 배급영역을 독점하고 있던 사업자 힘은 약화되고 대신 콘텐츠를 제작하고 판권을 가진 사업자들의 교섭력이 증가함을 의미하고 있고, 또한 다양한 경쟁으로 인해 가격이 낮아지는 현상을 뜻한다. 콘텐츠 산업의 주요 경제적 특성이라면 전 세계적으로 이미 차세대 핵심산업으로 부상하고 있으며, 고속성장산업이라는 점이다. 2000년에 향후 10년간 7대 전통산업 연평균 성장률이 3.3%로 예측된 데 비해, 영화, 음반, 방송, 게임 산업은 이러한 성장률을 훨씬 상회하는 것으로 예측되었고, 지금 현실이 되었다. 그 외에도 이미 한류('韓流')를 통해 우리 역사에 대한 관심을 세계적으로 고양시켰고, 관광 및 팬시, 의류, 가전제품 등 이미지 제고에 기여하고 있으며 관련 산업으로 영향력이 퍼져나가는 윈도(Window) 효과를 발휘하고 있다.

또한, 디지털화로 인해 콘텐츠가 미디어 또는 플랫폼으로부터 분리되면서 다중 콘텐츠, 다중 미디어나 플랫폼의 형태로 발전하고 있으며, 디지털 기술을 통해 정보가 표준화되고 압축기술의 발달로 다량의 정보 전송이 가능하며, 디지털화로 인하여 모든 정보를 통합적으로 제작, 편성, 전송이 가능하다.

관련법	법조항
문화산업 진흥기본법 (제2조)	3. "콘텐츠"란 부호·문자·음성·음향 및 영상 등의 자료 또는 정보를 말한다. 5. "디지털 콘텐츠"란 부호·문자·음성·음향 및 영상 등의 자료 또는 정보로서 그 보존 및 이용의 효용을 높일 수 있도록 디지털 형태로 제작하거나 처리한 것을 말한다.
온라인디지털 콘텐츠산업 발전법 (제2조)	제2조(정의) 이 법에서 사용하는 용어의 정의는 다음과 같다. 1. "디지털 콘텐츠"라 함은 부호·문자·음성·음향·이미지 또는 영상 등으로 표현된 자료 또는 정보로서 그 보존 및 이용에 있어서 효용을 높일 수 있도록 전자적 형태로 제작 또는 처리된 것을 말한다. 2. "온라인 디지털 콘텐츠"라 함은 정보통신망 이용촉진 및 정보보호 등에 관한 법률 제2조 제1항 제1호의 규정에 의한 정보통신망(이하 "정보통신망"이라 한다)에서 사용되는 디지털 콘텐츠를 말한다.

4) 콘텐츠 산업의 분류

콘텐츠 산업은 문화산업으로서 문화콘텐츠, 즉 내용물을 기획, 제작하고 유통하는 사업분야라고 간단하게 말할 수 있다. 협의로는 영화, 방송, 음악, 게임, 애니메이션, 캐릭터, 출판만화 등 오락적 성격이 강한 부문을 지칭하는 것이고, 광의로는 당연히 출판, 인쇄(신문, 잡지), 광고, 공연, 미술(디자인) 전통문화 등을 포함한다.

이때 문화적 요소를 포함하고 있는 콘텐츠라는 상품(product)은 미디어를 통해서만 서비스되고 판매된다. 따라서 비즈니스가 가능해지는 것이다. 이는 마치 전기(콘텐츠)가 전선(미디어)을 통해서 공급되고 소비되는 것과 같은 이치다. 이 전체를 우리는 미디어 산업이면서 내용상으로는 콘텐츠 산업으로 이해한다.

03 시각 커뮤니케이션의 개념

1) 시각 커뮤니케이션의 의미

우리는 하루에도 수많은 영상 이미지, 즉 상품 디자인, 광고, 쇼윈도 디스플레이, 사진, 텔레비전 등을 접하고 있다. 즉 영상 시대의 시각적 이미지의 홍수 속에 살고 있는 것이다. 따라서 우리의 생활양식과 의사소통의 과정에서 이전의 어느 때보다 영상의 이미지, 즉 시각의 중요하다는 것을 실감하고 있다. 어쩌면 우리가 영상 이미지를 바라보는 것이 아니라 오히려 영상 이미지가 우리를 바라보고 있다는 느낌이 들 정도이다. 우리가 지식과 정보를 습득하는 데 있어 보는 행위를 통해서 얻어진다는 사실을 고려한다면, 영상 이미지들은 단지 보이는 것이 아니라 우리의 의식 속으로 자연스럽게 스며들어 사고와 행동양식을 규정한다.

존 버거(John Berger, 1977)는 보는 방법(Ways of Seeing)을 통해 인간

의 시선은 끊임없이 살아 움직이기 때문에 사물을 그것 하나로 인식하는 것이 아니라 그것을 둘러싸고 있는 주변의 대상과 관계 지움으로써 인식하게 된다고 설명하고 있다.

이것은 시각을 통한 커뮤니케이션을 의미하는데, 바라본다는 의미와 같다. 그렇다면 본다는 것은 무엇인가?

본다는 것은 일차적으로 감각의 과정이다. 대상을 볼 수 있도록 눈으로 충분한 빛이 눈으로 들어오는 것이다. 인간의 두뇌는 분리의 기능을 수행하는데 눈은 빛을 집약시키고 초점을 모으며, 바라볼 대상을 고르고 선택된 대상에 집중하도록 유도한다. 이것은 '선택의 과정'이다. '지각'은 선택된 것에서 의미를 찾는 것이며, 지각된 것은 '기억'되고, '학습'되며 '이해'의 과정을 거친다. 감각→선택→지각→기억→학습→이해는 선형적인 과정이 아니라 순환적 고리를 형성한다.

사진을 보는 것은 눈 안으로 빛이 들어와서 '사진'이라는 대상을 선택하고, 그것을 '사진'라고 지각한다. 사진에 대해서 기억하고, 사진이란 어떤 것인지 의미와 기능을 학습하고 이해한다. 우리는 감각으로부터 이해의 순환과정 속에서 바라본 대상이 어떤 것이고, 대상이 놓인 맥락 속에서 어떻게 이해할 것인가에 대한 전체적인 통일성을 형성한다. 형태와 패턴의 인간 지각을 연구해온 게스탈트(gestalt) 심리학은 실험을 통해서 인간의 경험은 단편적인 것이 아니라 조직된 전체로서 형성된다는 것을 밝혀왔다. 따라서 우리가 사진의 기호들을 분절적으로 보는 것이 아니라 전체의 의미와 관계 속에서 인식한다.

우리가 대상을 보는 것은 심리적 과정 속에서만 진행되는 것만이 아니다. 보는 것은 우리가 이미 알고 있는 것이나 믿고 있는 것을 통해서 본다는 것이고, 보여지는 대상이 우리에게 무엇인가 말하는 것이다. 또한 사회나 문화가 어떤 것이라고 규정한 것을 보는 것이다. 그러므로 본다는 것은 바라보는 나(주체)와 보여지는 대상 사이의 대화면서, 대상이 놓이는 사회적, 문화적 맥락 속으로 위치되는 행위이다.

우리가 사회적 진공 상태에서 사는 것이 아니기 때문에, 많은 영상이미지들은 어떤 사회적 관계를 맺고 있다. 한 장의 보도사진을 보면, 거기에는 사진기자의 의도, 신문사의 정책, 보이지 않는 권력관계 등이 매개되어 있다. 이와 같은 관계들은 보도사진 속에 들어 있는 다양한 기호들을 통해서 자연스럽게 표현된다. 우리가 영상언어에 관심을 기울이는 이유 중의 하나는 수많은 영상기호들이 어떻게 사회적 관계를 맺고 있는지 이해하기 위해서이다.

2) 영상의 시지각 원리

카메라가 포착한 영상의 시지각은 기본적으로 수용기로서 감광물질이 있으며, 이 감광물질이 빛을 수용하여 생화학 반응을 일으키고 전기신호로 변환시켜 전달하는 과정을 포함한다.

즉, 시각 장치에 의해서 받아들여진 정보는 일관된 장면이나 색채를 구분하거나 거리를 파악하도록 인식하게 하는 처리 부분으로 전달되고 걸러지게 된다. 따라서 크기, 깊이, 밝음, 색채, 등 시각처리의 가능성과 효과적인 시지각을 위한 고려가 필요하다.

사람의 눈과 카메라의 구조를 살펴보면 먼저, 각막은 빛을 굴절시켜 망막에 상이 맺히도록 하고 홍채는 빛의 양을 조절하며 수정체는

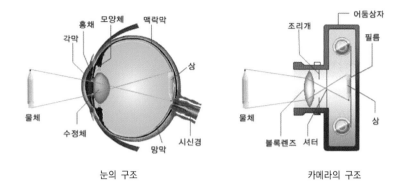

〈그림〉 눈과 카메라 눈의 구조

초점 조절에 해당한다. 동공은 조리개 역할을 하며 빛의 양이나 거리
에 따라 수축과 팽창을 한다. 그리고 망막은 카메라의 필름에 해당하
고 물체의 상이 맺히는 곳이다.

04 시각 커뮤니케이션의 의미

시각 커뮤니케이션은 바라본다는 의미에서 시선과 같다.

※ 출처: 한국과총, 과학 2.0(동아 사이언스 2007. 6. 8일자 기사 재인용)

[그림 설명] 광고사진에 등장하는 이효리(가수)와 김태희(탤런트)의 시선을 통해 정면응시와 비정면 응시의 차이를 볼 수 있다.

우리가 많이 접하게 되는 광고 속의 모델들을 볼 때, 사진 모델이 렌즈를 바라볼 때와 그렇지 않을 때 시선을 끄는 정도가 다르게 느껴진다. 즉 모델이 도발적으로 렌즈를 바라볼 때 시선을 더 끈다. 즉 어딘지 모르게 바라보는 대상(모델)을 바라보는 것(보는 사람)과 같은 느낌을 준다. 따라서 광고 속 모델이 시선을 카메라를 향해서 사진 정면을 응시하도록 하는 것은 보는 사람의 시선을 묶어 두려는 고도의 전략이 담겨 있다.

동아 사이언스(2007)에서도 소개하고 있는 바와 같이 최재경(고등과학원 수학과, 2007)은 "사진 속 인물이 자신을 바라보는 것처럼 느끼는 것은 시선이 가진 기하학적 특성 때문"이라고 말한다. 일반적으로 사람의 시선은 직선으로 간주된다. 직선은 말 그대로 두 점을 최단거리로 잇는 선이다. 사람의 시선에서 바로 그 두 점의 역할을 하는 것이 수정체와 망막 중심점(황반)이다. 수정체는 빛이 눈동자에 처음 부딪히는 점이고, 망막은 이 빛이 맺히는 점이다. 일상에서 "눈길이 마주쳤다"거나 "눈이 맞았다"고 하는 경우는 두 사람의 시선이 서로 겹쳐 한 직선을 이룰 때다.

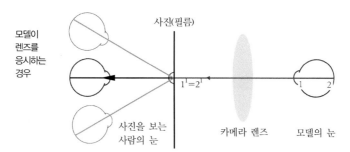

※ 출처: 한국과총, 과학 2.0(동아 사이언스, 2007. 6. 8일자 재인용)

[그림 설명] 두 사람의 수성체(1)와 황반(2)이 일치할 때 "눈이 맞았다"고 한다. 사진에서는 모델의 수성체(1')와 황반(2')이 한 점에 모이기 때문에 항상 눈을 맞출 수 있게 된다.

사진을 찍을 때도 마찬가지다. 카메라도 눈의 구조와 유사하기 때문이다. 렌즈를 통과하는 모든 직선(빛)은 필름에서 각각의 점으로 맺힌다. 그런데 렌즈를 바라보는 모델의 시선은 사진에서 직선이 아니라 한 점으로 겹쳐 나온다. 사진은 2차원 평면이기 때문에 모델의 시선도 수정체와 망막 중심점이 겹쳐 한 점이 되어 버리는 것이다.

따라서 이 점에서 나오는 모든 직선은 모델이 사진 속에서 보내는 시선이 된다. 점에서 나오는 직선의 수는 무한하기 때문에 모든 방향에서 쳐다보는 것처럼 보이는 것이다. 이리저리 위치를 바꿔 봐도 사진 속 모델과 마주 보는 것처럼 느껴지는 이유는 우리 눈과 한 점으로 바뀐 사진 속 모델의 시선이 일치하기 때문이다.

사실 '눈 맞춤'이 이런 광고 사진에서만 나타나는 것은 아니다. 미술관에 전시된 초상화 인물의 시선도 마찬가지다. 이리저리 자리를 옮겨 봐도 그 시선은 항상 나를 따라오는 것처럼 보인다. 15세기 이탈리아 화가 레오나르도 다빈치가 그린 '모나리자'가 어느 자리에서나 나를 쳐다보는 것처럼 느껴지는 이유도 사진 속 시선의 원리를 그대로 따른다. 물론 사진이나 그림 속 인물이 항상 우리를 쳐다보는 것은 아니다. 아무리 자리를 옮겨 봐도 눈을 맞추기 힘든 경우도 많다.

동아 사이언스(2007)에 따르면, 최재경(고등과학원 수학과, 2007) "이 중 눈을 맞추기 힘든 경우는 인물이 정면(화가의 눈)을 응시하지 않을 때"라고 말한다. 사진에서는 모델이 카메라 렌즈를 쳐다보지 않는 경우다. 이때는 사진이나 그림 속 모델의 망막 중심과 수정체가 겹치지 않고 서로 다른 두 점이 된다. 이런 경우 시선은 점이 아니라 사진 위에 이 두 점을 지나는 직선으로 나타난다.

만일 억지로라도 눈을 맞추고 싶다면 직선의 연장선 위(사진이 놓

[그림 설명] 모나리자는 스푸마토 기법인 사물 간의 윤곽선이 뚜렷하지 않게 표현하는 기법과 원근법을 사용하고 있는데, 특히 모나리자의 알 수 없는 미소가 신비하고 매력적으로 느껴지는 이유는 사람 시선이 이동함에 따라 표정이 바뀌게 만들어진 미술적 표현 때문이라는 것이다.

인 평면 위)에 눈을 갖다 대야 한다. 사진을 앞이 아닌 옆에서 봐야 한다는 것이다. 사진이나 그림 속 인물과 눈을 맞추기는 거의 불가능하다고 볼 수 있다. 실제로 광고 사진에 여러 인물이 등장할 때 정면을 응시하는 인물에게 좀 더 눈길이 가는 것도 이런 이유에서다. 이유는 3차원 공간에 사는 사람을 2차원인 평면에 투영했기 때문에 일어나며 입체공간이 평면으로 납작해지면서 일어난 하나의 시각적 착란이라고 볼 수 있다.

코리아메티케어(kormedi) 뉴스(2010. 3. 15.)에 따르면, 오스트리아 잘츠부르크대학 플로리안 허츨러 교수팀은 보는 사람 시선이 이동함에 따라 모나리자의 미소가 바뀐다는 이전 연구들을 참고해 그림이 아닌 실제 여성의 사진으로 모나리자의 미소와 같은 효과를 내게 하고 이에 대한 사람들의 반응을 관찰했다.

연구진은 우선 실험 참여자에게 미소 짓고 있는 얼굴, 무표정의 얼굴, 이 두 얼굴을 교대로 제시함으로써 모나리자 효과를 내는 얼굴을 각각 보여줬다. 모나리자 미소 효과를 내기 위해 연구진은 참가자의 시선을 사진의 눈에서 입으로 옮기게 하고 그들이 눈을 깜박이는 사이 미소 짓는 사진과 무표정한 사진을 번갈아 보여줬다. 참여자는 그림이 바뀌고 있다는 것을 느끼지 못했다.

실험결과 참여자들은 모나리자 미소 효과를 흉내 낸 얼굴이 각각 미소 짓는 얼굴과 무표정한 얼굴보다 더 매력적이고 믿음이 간다고 응답했다. 또 모나리자 미소 효과를 흉내 낸 얼굴이 미소 짓는 얼굴인지에 대해 참가자들은 자신 있게 "미소를 봤다"고 대답하지 못했다.

연구진은 사람들이 모나리자의 미소를 신비하고 매력적으로 느끼는 것은 이 그림을 그린 레오나르도 다빈치가 '스푸마토'라는 미술 기법으로 공간주파수를 낮게 그려 시선이 이동함에 따라 표정을 다르게 인식하게 하기 때문이라고 밝혔다.

스푸마토 기법은 안개와 같이 색을 미묘하게 변화시켜 색깔 사이의 윤곽을 명확히 구분 지을 수 없이 자연스럽게 옮아가는 명암법이다. 공간주파수는 단위 면적당 선이 반복되는 빈도를 뜻하며, 공간주파수가 높아지면 세부를 잘 보여주고 공간주파수가 낮으면 전체 윤곽이 잘 드러난다.

따라서 모나리자의 눈, 얼굴 등 다른 부분을 보면 주변 시야를 배경으로 모나리자의 입이 미묘한 미소를 짓는 것처럼 보인다. 그러나 모나리자의 입으로 시선을 돌리면 그 엷은 미소는 살그머니 사라진다.

이 연구결과는 '심리과학(Pyschological Science)'에 발표됐으며 미국 건강웹진 헬스데이 등에 보도되었다(kormedi 뉴스, 2010. 3. 15일자 참조).

05 시각 커뮤니케이션의 효율성

본다는 것은 선택하는 행위를 통해서 가능하다. 예를 들면 영상을 본다는 것은 사진이나 영화 또는 텔레비전을 본다라는 점에서 3가지의 의미를 지니고 있다.

첫째, 영상을 통해 세계를 본다는 것은 실존의 세계를 보는 것으로 필름에 비친 영화배우를 본다는 것이다. 즉 실존하는 배우를 본다는 것으로 007 시리즈에 등장하는 로저무어를 본다. 두 번째는 영상위의 세계를 본다는 것으로 영상위에 존재하는 인물을 본다. 즉 캐릭터를 보는 것으로 007 시리즈에 등장하는 주인공 제임스본드로 본다. 세 번째로는 영상으로서의 세계를 본다는 것으로 필름 전개에 의해 만들어지는 하나의 역할을 본다는 것이다. 즉 007 시리즈에 등장하는 007이 로저무어이건 숀코넬리이건 피어부로스넌이건 모두 007로 본다는 것이다.

이렇게 시각은 선택적인 행위를 통해서 커뮤니케이션을 원활하게 해 주는 효율성을 지니고 있다. 그 이유는 시각 커뮤니케이션은 보편성, 전달속도와 양이 많다는 특징 때문이다. 구체적으로 살펴보면 다음과 같다.

첫째, 보편성을 지니고 있다. 즉 여러 계층의 수용자가 이해할 수 있는 언어로 되어 있으며, 이미지의 언어, 예를 들면 광고, TV, 영화 영상들은 시각정보를 전달하고 있어서 누구나가 이해하는 폭이 넓다. 둘째, 전달속도가 문자보다 더 짧은 시간에 내용을 이해시킬 수 있다. 즉, 백문이 불여일견이라는 말처럼 한 번 보여주는 것으로도 단시간에 설명보다 빠르게 전달할 수 있다. 셋째, 전달의 양이 상황과 내용을 한꺼번에 전달하므로 전달 양이 문자정보보다 많다.

따라서 시각커뮤니케이션의 특징은 언어적인 정보에서 점차 비언어적인 정보로 변화한다는 것이다. 이는 지적으로 동질한 사회형성을 가능케 하는데, 매스컴에 의해 영상물이 대량 전달되므로 공유정보가 많아지므로 대중의 이해가 쉽고 지적으로 동질한 사회형성을 용이하게 한다.

II. 영상의 종류

영상의 대상은 현대사회에서 시각적인 이미지를 통해 커뮤니케이션이 이루어지는 모든 것으로 영상물은 정보 전달의 수단이다. 영상물은 영상물의 외적 형태에 따른 분류를 통해 정지된 영상물과 움직임이 있는 영상물로 구분된다.

정지영상은 일반 회화물, 사진, 기호(지표, 도상, 상징물), 만화, 포스터, 컴퓨터 그래픽이 포함되며 동영상은 영화, 광고, TV, 애니메이션이 해당된다.

01 정지영상과 동영상

1) 정지영상

(1) 동굴 벽화

인류 최초의 영상물이라고 할 수 있는 것은 알타미라 벽화이다. 문자보다 먼저 발명되어 사용되었으며 동물의 모습을 담고 있다.

※ 출처: 선사시대의 동굴벽화 - '들소', 스페인 알타미라(기원전 15000 ~ 10000년, 195cm)

[그림 설명] 스페인 북부 피레네 지방의 깊이 270m의 동굴에 그려진 벽화로 1879년 한 여행자의 5살 난 딸에 의해 처음 발견되었으며, 천장에 들소, 말, 사슴 등이 윤곽선과 농담이 있는 채색이 매우 사실적으로 묘사되어 있다.

(2) 회화

르네상스 시대의 원근법의 발견은 인식론적 혁명이 일어나던 15세기에 발명되어 단 하나의 시점에서 본 세계상을 그려 내는 기하학적 기술이라고 할 수 있다.

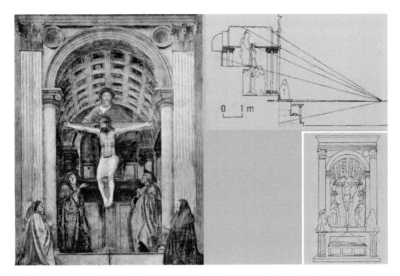

※출처: 마사치오, 성삼위일체, 성모, 성효한과 헌납자들, 1427경, 피렌체(프레스코, 667×317cm)

[그림 설명] "성 삼위일체"라는 주제로 십자가에 못 박힌 그리스도, 하나님, 양옆에 성모 마리아와 사도 요한, 렌치 가(家)의 사람들로 밝혀진 봉헌자들을 그린 것이다. 높이가 다른 채플과 제단으로 이동분된 이 그림의 구조를 보면, 위쪽의 채플은 공간이 안으로 들어가 있고 아래 석관은 밖으로 돌출되어 있다. 따라서 채플 뒤의 원형 아치까지 모두 합하면 최소한 여덟 겹이나 되는 복잡한 공간층으로 구성되어 있음을 알 수 있다. 십자가에 못 박힌 예수와 그를 부축하고 있는 누 팔 벌린 하나님은 마치 실제로 매달린 듯한 착각을 잃으키게 할 만큼 자연스런 사실감이 느껴진다. 이는 마사치오가 적용한 단축법이 얼마나 정확했는지를 단적으로 보여주는 것이다. 인물들의 의상의 색감과 주름, 옷 속에 들어 있는 신체의 각 부분들은 자연광선의 명암으로 처리하여 실제적인 공간감을 재현하였다. 이 제단화 속에 적용된 투시도의 선이 한 곳으로 모이는 소실점(The Vanish Point)은 바로 그리스도의 머리 부분이다. 과학적인 선원근법을 시각적으로 성공적으로 적용한 이 작품 이후로 르네상스 회화는 혁신적인 발전을 꾀하게 되었다.

전근대적으로 시선이 변화하기 시작한 것은 인상주의에 의해서 이다. 선근대적 회화법은 그리는 대상이 명백함이나 확실성 위주였다. 대표적인 예를 들으면 '이집트 벽화'가 있다. 이 이집트 벽화는 음영효과가 없고, 벽에 밀착된 것처럼 평면적이고 형상의 세부묘사가 생략되어 있다. 아름다움보다는 기록을 목적으로 하였다고 한다.

인상파는 19세기 후반 1860~1890년대에 걸쳐 프랑스를 중심으로 일어난 미술 사조로대상을 있는 그대로 표현해 내기 위해 수많은 시간을 보내야만 했던 기존 화가들과 달리 주제에 있어 과거의 신화, 종교적 주제, 초상화 등에서 벗어나 보다 더 현실에 가까워진 일상의 풍경들을 색채현상으로 파악하여 순간순간 변화하는 색의 미묘한 변화를 표현하고자 했다.

※ 출처: 이집트 그림

[그림 설명] 벽에 밀착된 것처럼 평면적인 구성으로 원근감이 표현되지 않고 있다.

※ 출처: 인상 – 해돋이(Impression, The Sunrise: soleil levant)(1872년, 48×63cm, 유채 · 캔버스, 마르못탄 미술관(Musée Marmottan), 파리 프랑스)

[그림 설명] 인상파의 명칭의 유래가 된 가장 크로드 · 모네(Oscar – Claude Monet, 1840~1926)가 그린 가장 유명한 작품의 해인인 이 작품은 1874년에 열린 제1회 인상파전에 화가가 출전한 작품이다.
이 작품은 화가의 가장 특징적인 수법인 색채분할을 이용해서 르 · 아브르(Le Havre) 항을 그린 작품이다. 시시각각 변화하는 해면과 거기에 반사하는 햇빛의 변화, 태양 빛에 의한 자연계에서의 미묘한 색채의 변화를 표현하고 있다.

(3) 사진

사진의 시작은 카메라 옵스큐라(Camera Obscura, 암실장치)에서 시작 비롯되었다고 볼 수 있다.

암실 만들고 한쪽 벽에 구멍을 뚫어 빛의 작용으로 피사체가 암실 벽면에 거꾸로 투영되는 장치이다. 카메라 옵스큐라는 1568년 이탈리리 다니엘로 바바로(Danielo Barbaro)에 의해 발표된 것으로 바늘구멍 사진기라고도 할 수 있는데, '빛을 가린 방'이란 뜻이며, 그림 등을 그리기 위해 만든 광학 장치로, 사진술의 전신이다.

* 카메라 옵스큐라   * 지로-다케리오 타임 카메라   * 라이카

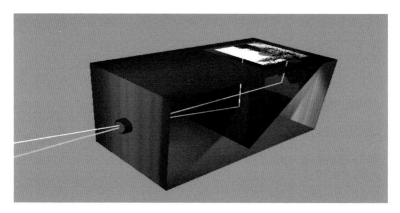

※출처: 카메라 옵스큐라(어두운 방)-바늘구멍 사진기

[그림 설명] 카메라 옵스큐라는 카메라가 발명되기 훨씬 이전인 B.C. 4C에 아리스토텔레스가 태양의 일식을 관찰하면서 암상자의 원리에 주목하면서부터 시작되었다고 할 수 있다. 이 암상자의 원리, 즉 카메라 옵스큐라의 원리와도 같은데 어두운 방의 한쪽 벽 가운데에 작게 뚫린 구멍을 통하여 들어오는 빛이 방 바깥쪽 세상에서 일어나는 장면들, 예를 들면 원근감, 다양한 색채, 그림자, 미세한 움직임 등의 구멍의 맞은편 벽면에 거꾸로 맺히는 것을 말한다. 이 암상자에 빛이 들어오는 구멍이 커지면 커질수록 상은 흐려지고 작아질수록 상이 선명해지는 특징을 가지고 있는데, 이것은 지금의 카메라 조리개 역할과 같은 것으로서 그 구멍을 가리켜 '바늘구멍'이라고 불렀다. 이와 같은 카메라 옵스큐라의 원리에서 바늘구멍의 크기에 의해 이미지가 뚜렷해지는 것에 착안하여 어떻게 하면 더 사실적이고도 뚜렷한 상을 얻을 수 있을까 연구하면서 초기의 카메라 옵스큐라에서 한 단계 발전시켜 렌즈를 부착하게 되었다. 이보다 조금 더 발달된 형태는 현대적인 반사경식 카메라를 닮은 것으로, 기존의 상자 맞은편에 상이 맺혀지는 것이 아니라 상자 윗부분에 젖빛 유리가 씌워지고 그 바로 밑에 45도 각도로 거울을 위치시켜 빛이 렌즈→거울→반사→유리를 거쳐 상을 맺게 하였다.

처음 카메라 옵스큐라는 큰 방 형태로 만들어져서 오두막 형태로, 그리고 오두막 형태에서 가마형태로, 천막형태로 그 크기가 점차 줄어들게 되었다. 17세기에는 이동형 암상사 카메라 옵스큐라가 사용되었고 화가들은 텐트 안 어둠 속에 있아 꼭대기에 설치된 렌즈와 거울에 의해 만들어진 상을 관찰하고 도화지 위에 연필로 따라 그렸다. 화가들에겐 창의적 미를 추구하되 사실적인 묘사와 원근법을 기본으로 할 것이 요구되었는데 여기서 카메라 옵스큐라는 무엇보다도 사실적인 표현과 원근법을 쉽게 할 수 있도록 도와줄 수 있었기에 화가들이 사용하였다. 그리고 일반인들이라 할지라도 그대로 따라 그리기만 하여도 그림이 완성되는 놀라운 위력을 보여주었다. 특히 서투른 화가들에게 예술적 결함을 메워 줌으로써 현실을 포착하고 사실적인 묘사를 가능하게 해 주는 데 도움을 주었다.

1826년 최초의 사진은 1826년 불란서의 석판인쇄 기술자 조셉-리쎄프로 니엡스(Joseph-Nicephore Niepce)는 감광물질을 발견하게 되었다. 백납(Pewter)판에 아스팔트 화합물을 발라서 그것을 화가들이 쓰는 카메라 옵스큐라에 넣고 창턱에 8시간이나 놓아두었다고 한다. 그 결과, 백납 판에는 창밖 농장의 영상이 맺혀 있었다.

※출처: 한국 카메라 박물관(http://www.kcpm.or.kr)

〈그림〉 니엡스(1765~1833년) 최초의 사진(Helio graphy)(1826년)

〈그림〉 1839년 다게르(Daguerre)의 다게레오 타입

[그림 설명] 1839년 1826년 이후 니엡스는 파리의 무대배경 디자이너이며 인쇄업자인 다게르(Louis Jacque Mande Daguerre)를 만나 서로 공동연구를 하였고 다게르도 니엡스처럼 카메라를 조금 개량하게 되나 그보다 중요한 일은 종전보다 훨씬 감도가 좋은 은판 감광제를 발견하게 된 일이다. 1833년 니엡스가 사망하자 다게르 자신의 연구 결과와 니엡스의 연구 실적을 정리하여 1839년 8월 19일 세계 처음으로 프랑스 학사원에서 열린 과학 아카데미 회의석상에서 30분 만에 사진이 나오는 놀랄 만큼 빠르고 실용적인 다게레오 타입(Dagrerreo Types)의 은판사진 제작법을 공표했다.

❋출처: 마릴린 먼로

[사진 설명] 마릴린 먼로(Marilyn Monroe, 1926~1962)
는 미국의 헐리우드와 브로드웨이 등에서 활동했던 여자
영화 배우이자 희극 배우이다. 이 배우의 사진 이미지를
재해석하였다.

카메라 이전에 인물의 모습을 영구 보존하기 위해서는 화가들의 역할이 절대적이었다. 그러나 르네상스 초기에 카메라는 발명되고 사진술이 발달하게 되었다. 발달한 사진술 중 원근법은 사람의 눈에 중심을 두는 것이었다. 이는 우주가 신을 중심으로 배열되듯 현상계가 바라보는 주체인 사람에게로 수렴되는 것이었다.

사진은 시간과 공간을 통해서 이미지가 제약을 받았고 복제가 가능해졌다. 이러한 기술복제는 예술의 권위를 부수거나 제거했으며 대중과 예술이 만남을 의미하게 됐다. 사진 복제로 유명한 예술가로는 앤디 워홀이다. 앤디 워홀은 일상적인 사물을 예술로 만들었으며, 그것을 복제법을 활용해서 작품을 만든다. 그는 마릴린 먼로의 초상의 다양한 색상의 실크스크린으로 제작하고, 늘 먹는 캠벨수프 통을 소재로도 작품을 만들었다. 그의 이미지는 현대사회에 무수히 반복되어 쏟아져 나오는 대중적 이미지로서 시대의 허상을 보여주는 것이다. 결국 기계적인 실크스크린 기법을 통해 예술 작품을 반복적 생산함으로써 이젤 회화의 전통을 타파하고, 전통적인 예술가의 개념을 변화시켰을 뿐 아니라 예술 작품의 고유성에 의문을 가하면서 예술가와 예술의 범위를 무한히 확장시켰다.

(4) 그래픽 영상

그래픽 영상은 영화나 기업, 광고, 상품 등을 알릴 목적으로 포스터나 작품을 만드는 그래픽 디자인에서 비롯되었다.

그래픽 영상의 종류는 포스터, 타이포그래피(활자체) 그리고 그래픽 심벌로 나누어진다. 그래픽 디자인은 내용이 분명하고 눈에 띄고 재미있고 내용을 적절히 표현해야 좋은 그래픽 디자인이라고 할 수

❋출처: 마릴린 먼로(실크스크린, 앤디 워홀)

[그림 설명] 앤디 워홀은 실크스크린 기법을 통해 마릴린 먼로와 엘리자베스 테일러등 유명인들을 표현했다. 이러한 그림 가운데 일부를 발췌하여 재해석 하였다.

있다. 그래픽 디자인의 주요 접근법(역사, 예술적 경향)은 첫째, 자유 형태(Free From)적 접근법으로 아르누보(Are Nouvenu)가 대표적이다. 아르누보는 생활 그 자체를 예술적 대상으로 하는데, 1986년 프로방스 거리에 있는 점포의 장식을 할 때 곡선적으로 한 것이 주목을 끌어 생겨난 이름이다. 화려하고 장식 과잉적인 면은 있었지만 흐르는 물, 백합, 백조, 공작, 가늘고 긴 형태를 주로 표현한다.

그래픽의 역사는 다다이즘(Dadaism)으로 1910년 후반 세계대전 후 정치, 사회적 구조에 불만을 품은 예술가들이 무질서하게 예술세계를 표현하면서 불만을 표시한 사조를 말한다. 부적절하고 비대칭적인 디자인을 사용하거나 조화와 균형을 회피하고 서로 다른 크기의 활자 이용하는 불균형적인 스타일을 말한다.

아르데코(Art Deco, 장식 미술)는 1925년, 물 흐르는 듯한 형태의 굴곡이 있는 산 세리프 활자 등을 활용하는 것으로, 유연한 곡선을 사용하는 것이 특징이다.

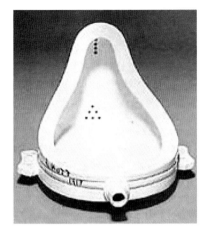

[사진 설명] 다다이즘의 가장 대표적인 작
가인 뒤샹의 "샘"이라는 작품으로 '오브제'
를 발견된 오브제라고 명명하고 기존의 일
상적 물건이 제목을 달아 줌으로써 그 근
본 의미가 변하는 것을 목표로 하였다.

[사진 설명] 급격한 산업화의 영향으로 신소재에 대한 호기심과 열망으로 산업적이고 기계적인 디자인이 유행하게
되었다.

※ 출처: 리히텐슈타인의 작품 - 만화적 기법

[그림 설명] 리히텐 슈타인은 만화적 기법을 통해 표현했다. 이러한 그림가운데 일부를 발췌하여 재해석하였다.

팝 아트(Pop Art)는 1950년대 60년대 산업사회 복제물이 성행한 현상으로, 진지한 예술적 관심을 기울일 가치는 없지만 사회대중문화의 일부로 여겨지는 대상물들을 이용한 것을 말한다. 앤디 워홀(Andy Warhol)이 대표적 작가이다.

둘째로 격자(Grid)형 접근법은 기하학적 접근법을 말하는데, 디 스티즐(De Stijl)은 네덜란드에서 시작되었다. 특히 신문, 잡지 등에 영향을 많이 미친 격자형 편집법으로 선, 일상적인 형태, 빨강, 노랑, 파랑 등 감정적인 색의 사용으로 이상적인 세계인의 협동정신을 촉구할 수 있으리라 믿었다. 네모난 틀을 이용한 접근 방법(De Stijl) 잡지, 신문 격자 편집에 사용되었다. 바우하우스(Bauhaus)는 1919년 월터 그로피우스(Walter Gropius)의 영향을 많이 받아 디자인 학교 중심으로 시작된 운동이다. 디 스티즐보다 개별적인 자유를 좀 더 부여하였고, 유용하고, 단순하고, 명확하게 정의된 형태들에 대한 강조를 하고 있다. 이러한 역사를 거쳐 그래픽은 상징으로서 심벌에도 활용되었다.

〈그림〉 그래픽 사례 – 베이징올림픽 심벌

〈그림〉 그래픽 사례 – 배구 심벌

〈그림〉 그래픽 사례 – 포스터 – 알림장

〈그림〉 2000년 시드니올림 〈그림〉 1908년 런던올림 〈그림〉 제1회 월드컵축구
픽경기대회 엠블럼   픽경기대회   대회 포스터

〈그림〉 영화포스터

이 외에도 인포그래픽이 있다.

인포그래픽은 신문기사 내용에 도움을 주기 위해 이용되는 도표나 차트 그리고 도형을 말한다. 1980년 창간된 USA Today에 많이 이용되

었는데, 내용을 재미있고 이해하기 쉽게 하기 위하여 사용되었다.

인포그래픽의 종류는 통계그래픽이 있다. 여기에는 차트와 데이터 도표가 있다. 차트는 수치데이터로 나타내는 것으로 간결하고 이해하기 쉽게 시각적으로 제시한다. 종류에는 설명차트, 원형차트, 도형차트, 유가변화, 얼굴, 외환보유액 추이 등이 있다.

데이터 도표는 지리적 정보와 숫자 데이터가 포함된 것이 있다. 주로 날씨와 지역별 산출량이 대표적이며, 태풍이 지나간 후의 가옥 파손 도표나 1933년 런던 지하철 도면형태도 포함된다.

또한, 비통계 인포그래픽으로는 팩트박스와 표가 있다. 팩트박스는 일련의 사실, 기사의 주요 포인트를 요약한 상자, 연대, 배경, 기계동작 방법을 순서대로 나열한 것으로 행사일정표가 대표적이다. 표는 여러 사실을 여백을 이용하여 가로와 세로를 이용하여 질서정연하게 정렬해 놓은 것을 말하는데 선거법상 허용, 위반 사례표, 주식 시세표 등이 대표적이다.

(5) 만화

만화(漫畵, 이야기그림) 또는 코믹스(Comics)는 시각예술의 일종으로, 말풍선이나 자막 형태로 적힌 글과 그림의 조합으로 이루어진 것이 일반적이다. 초기에는 캐리커처로서나 간단한 이야기를 통해 재미를 주기 위해 사용되었으나, 현재는 많은 하위 장르를 가진 예술매체로 발전해 있다.

인쇄만화는 크게 신문이나 잡지의 코믹 스트립(대체로 4컷으로 이루어짐)과 만화책으로 나뉜다. 코믹 스트립은 대체로 특정 난에 한정되어 부속물로서 역할을 하는 반면, 만화책은 전체 혹은 대부분이 만화로 이루어져 있다.

만화의 기원은 만화의 정의에 따라 달라지는데, 15세기 유럽이 될 수도 있고, 심지어는 이집트 상형문자로 거슬러 올라갈 수도 있다. 그러나 (컷과 그림 안의 말풍선을 가진) 현재의 만화 형식 및 '만화'라는 단어 자체가 생겨난 것은 19세기 후반이다.

만화의 정의에 대해서는 학자들 사이에 의견이 엇갈린다. 인쇄 형식이 가장 중요한 요소라고 주장하는 이가 있는 한편, 그림과 글의 상호연관성이나 연속성을 강조하는 이도 있다. 또한 만화의 매체에 대해서도 이견이 있다.

1985년, 윌 아이스너는 "그림을 잘 엮으면 만화가 된다(Comics and Sequential Art)"를 발표했다. 여기에서 아이스너는 만화를 정의하기보다는 단순히 코믹 스트립이나 만화책의 형식들의 모임을 지칭하는 것으로 보았다. 그는 만화의 매체와 그 안에 사용된 언어를 구별하였으며, 후자를 연속예술(sequential art)이라 이름 짓고 "그림과 단어를 배치하여 이야기를 만들거나 생각을 각색하는 것"이라 정의했다. 그는 1996년에 "Graphic Storytelling"을 발표했는데, 여기에서 그는 만화를 최종적으로 "만화책 등에서 삽화와 말풍선이 순서에 따라 나열된 것"으로 정의했다.

만화는 점차 발전해 나가고, 세계화되어 갔다. 자연스럽게 컷도 점차 늘어나고 만화로 이루어진 책까지 출간되기에 이르렀다. 인류는 끊임없고 하염없이 '만화에서 소리가 나는 법은 없을까' 하다가 들리는 소리를 보이는 소리로 전환함으로써 의성어를 말풍선 안에 채워 나갔다. 이 방법은 점차 진화하면서 그림에 표현되었으며, 크기나 모양 등을 구현하여 소리가 나는 듯한 착각까지 일으킨다.

만화의 종류는 인쇄 만화와 애니메이션으로 구분할 수 있다.

인쇄 만화는 먼저, 단일 프레임으로 이루어지는 ① 캐리커처(Caricature) – 정치성을 띤 대상이나 유명인을 풍자, 해학적으로 재미있게 표현, ② 논평 – 특정 정치 이슈를 단일 프레임으로 표현, ③ 개그만화 – 일상적인 문화, 관습을 풍자, 우스꽝스럽게 표현하는 3가지 형태로 구분할 수 있다.

다음은 복합 프레임으로 구성되는 ① 연작 만화(Funnies)는 몇 개 프레임 안에 논평을 담거나 사건을 제시하는 형태로 예를 들면, 고바우 영감, 왈순 아지매, 광수 생각 등을 말한다. ② 만화책은 줄거리가 있는 만화를 말하는 것으로, 만화책, 단행본 등 2가지로 나누어 볼 수 있다. 인쇄만화는 다음 표에 제시되는 기술이 이용된다.

〈표〉 인쇄 만화에 적용되는 기술

적용기술	내용	비고
프레임 (Frame)	하나의 장면을 담고 있는 박스, 내레이션이나 설명을 담은 박스	
세팅 (Setting)	배경그림들	자세하게 그리느냐에 따라 상황의 심각성 달라짐.
레벨링 (Leveling)	현실적인 요소들이 만화에서 제거되는 정도	배경이 단순한 경우 – 레벨링 적게 적용: 현실적으로 느껴짐 배경이 복잡, 사실적인 경우 – 레벨링 많이 적용
캐릭터 (Character)	과장된 표현이나 단순, 유머스러운 표현	대략묘사나 유머는 우스꽝스러움을 캐릭터 특성을 자세히 표현하면 현실적인 내용
모션라인 (Motion Lines)	움직이는 선	정지된 프레임이 상황 안에서 움직임이나 동작 표현, 공이 움직이는 방향, 움직임의 경로, 속도 표현

타이포그래피 (Typography)	활자	인쇄 만화 대사 표현, 모양, 크기에 따라 분위기 달라짐. 예) 외침 – 크고 진한 글씨, 보통대사 – 보통 활자체
풍선 (Ballon)	캐릭터들의 대화에 원을 치는 방식	• 실선 – 정상적인 대화 • 점선 – 속삭임 • 뾰족선 – 외치는 목소리 • 선 대신 뭉게구름 – 생각표현 • 지그재그선 – 전화나 TV, 컴퓨터 등에서 나오는 소리
기타	패닝(Panning), 퀵컷(Quick-Cut), 편집, 몽타주(Montage), 연속효과	

만화영화(Animation) 즉, 애니메이션은 하나의 줄거리를 소설적 얘기로, 움직임 화면으로 표현하는 것을 말한다. 애니메이션은 만화가 동영상으로 되면서 많은 시청자를 확보하였으나, 사회적 영향력이 증가한 만큼 폭력성과 선정성 그리고 사업성과 사회적 문제 등이 대두되었다. 최근에는 컴퓨터 만화 영화의 등장으로 화질이 좋아졌으며, 채색 시 시간 단축의 과수정 용이의 효과를 비롯하여, 컴퓨터 특수효과를 낼 수 있게 되었다.

애니메이션은 비슷한 그림을 여러 장 그려 연속적으로 보여줘 영화적 효과를 나타내는 것이다. 제작 과정은, 기획→인물원화→동화→제록스→트래킹(Tracing: 필름에 담음)→채색→배경→검사→35mm 촬영→File(Negative)→Film Editing→Dubbing(음성녹음)으로 이루어진다.

[그림 설명] 찰리 브라운과 애완견 스누피를 중심으로 한 캐릭터들이 귀여운 겉모습과 어울리지 않는 초현실적인 인생관을 전개하는 개그 만화이다. 이 가운데 일부를 발췌하여 재해석하였다.

[그림 설명] 캐리커처로 표현된 조지 부시 전 미국 대통령과 반기문 UN 사무총장을 풍자하거나 해학적으로 재미있게 표현하여 시사적으로 사용.

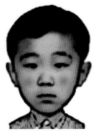 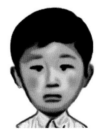

Jun ha   Jun woo

[그림 설명] 일러스트로 표현된 김준우, 김준하.
사랑스럽고 귀여운 아이들의 모습과 같이 인물 또는 사물들의 특징을 살려 캐릭터화하고 있는 모습.

2) 동영상

동영상이란 영어의 Moving Picture(motion picture)로부터 온 것으로 추정된다. 이는 사전적 의미로는 다수 영상의 빠른 연속을 통해서 끊김 없이 움직이는 듯한 착각을 줌으로써 일련의 스토리를 상연하는 형태를 의미한다. 영화가 이 세상에 등장한 최초의 움직이는 영상이었기 때문에 motion picture는 곧 영화 그 자체를 의미하는 용어이기도 하다. 그러나 기술의 발전에 힘입어 영화 이외의 방송물, 뮤직 비디오, 게임, 3D 등 연속성을 가지는 다양한 콘텐츠가 등장함에 따라 이들을 통칭하는 용어가 필요하게 되었는데, 영상에 의한 움직임 표현이라는 의미론적 특성이 강조되면서 점차 움직이는 영상물이라는 포괄적 의미로 사용되었다.

따라서 동영상은 다수 영상 이미지의 빠른 연속성을 통해서 마치 실제로 움직이는 것과 같은 시각적인 착각을 통해 내용이나 정보를 전달하는 매체라고 볼 수 있다.

뿐만 아니라 컴퓨터로 제작되어 바로 재생이 가능한 컴퓨터 그래픽 애니메이션이나 플래시 애니메이션 등도 영상의 연속성을 표현하고 있으므로 동영상 범주에 해당된다.

따라서 동영상의 분류는 다음 표와 같다.

〈표〉 동영상 분류

분류	내용
영화	극장용, 비디오, 케이블, DVD, 인터넷 영화
방송	공중파, 케이블, IPTV, 인터넷 방송, 웹캐스팅, 3DTV, 스마트TV, DMB
애니메이션	만화영화, 셀, 점토, 3D 애니메이션
게임	아케이드 게임, 비디오 게임, PC게임, 온라인 게임
에듀테인먼트	멀티미디어 동영상 자료
기타	뮤직 비디오, 화상회의, 원격진료, 플래시

(1) 영화 - 시네마토그라피 탄생

최초의 영화로 인정받고 있는 '기차의 도착'은 시네마토그라프라
는 촬영기와 영사기를 활용하여 만든 1분 미만의 짧은 영상물로 1895
년 뤼미에르 형제가 그랑카페에서 최초로 상영한 것을 시초로 하고

〈사진〉 기차의 도착. 1895. 뤼미에르형제.

[사진 설명] 세계최초의 영화로 오귀스트 뤼미에르와 루이 뤼미에르 형제가 1895년 12월 28일 파리의 그랑카페
에서 상영. 이 영화는 씨오타 기차역에 도착하는 화물열차의 모습을 시네마 포토그라픽이라는 기계장치로 촬영한
무성필름.

있다. 이와 함께 1896년 3월 22일 렌가에 있는 국민공업장려회에서 '뤼미에르 공장의 점심시간'이라는 제목의 필름을 시사했고 정부로부터 특허를 얻었다. 이것을 영화의 탄생으로 보는 것이 오늘날 통설이다.

어둠 속 환등기를 사용하여 이미지를 투여하는 방법으로 24장의 사진을 빠르게 촬영 영사하는 기술이 합쳐 탄생한 것이다. 이는 빛의 작용에 의해 생산되는 환상과 꿈을 보고 싶어 하는 대중욕구에 의해 발전되었다.

영화(映畵)는 순간을 기록한 장면을 연속하여 촬영하여 기록한 동영상을 같이 기록한 음성과 함께 하여 어떤 내용을 전달하게끔 꾸며서 만든 영상물이다. 초기에 한국과 일본에서는 영어의 모션픽처(motion picture)를 직역하여 '활동사진'이라고 하였다. 그 밖에 무비(movie)・시네마(cinema)・필름(film) 등으로도 불린다. 종래에는 광학적인 방법으로 필름으로 촬영한 다음 편집 제작 과정을 거쳐를 통해 여러 사람이 볼 수 있도록 극장에서 상영하였다. 최근에는 텔레비전과 멀티미디어 컴퓨터의 발달로 많은 영화가 제작부터 감상에 이르기까지 디지털 방식을 많이 이용하고 있다.

1889년에는 미국의 발명왕인 토머스 에디슨이 한 번에 한 사람씩 볼 수 있는 키네토스코프(kinetoscope)를 발명하였다.

프랑스의 멜리에스(Georges Melies)는 월세계 여행(1902)을 통해 극영화를 선보였다. 줄 베르느와 H. G. 웰즈의 소설에서 힌트를 얻었는데 다분히 공상적인 장면을 전개하여 영화를 무대란 생각으로 촬영했고 마치 객석에서 무대를 바라보고 있는 듯한 촬영법을 통해 15분에서 20분 내외의 필름으로 촬영되었다. 뤼미에르가 현실을 기록하는 것이 영화라고 생각했다면, 멜리에스는 꿈을 그리는 것으로 생각했다.

초기의 영화가 활동사진으로 불렸다는 것도 이러한 현실과 꿈이 영화의 표현력이라는 것에서 비롯되었다. 한편, 영화가 공개된 시기는 일본이 1896년이고, 한국에서는 1903년, 만주에서는 1901년이었다. 그리고 미국에는 할리우드, 프랑스에는 파테나 고몽이 창설되었고 독일에는 비오그래프, 영국 파카에서는 영화사를 창설되는 시기였다.

프랑스의 필름 다르(film dart)에서는 1909년 '기즈공의 암살사건'을 필두로 아나톨 프랑스나 빅토르 위고, 에드몽 로스탕 등의 작품을 스크린에 옮겼다. 사라 베르나르·마담 레잔느·막스 디어리 등 무대배우가 출연했고, 레지나 파테, 트레하노바 라벨같은 무용가들이 발레 영화를 제작하면서 필름 다르 운동은 영화에 풍부한 스토리를 도입했다. 또한, 본격적인 연기자를 출연하게 하는 등 공로도 많았으나 한편으로는 영화를 무대의 종속물처럼 만들었다는 비판이 있었다.

무성영화의 중기(1910~1920)에는 영화 표현법을 모색했으며, 이탈리아, 사극영화, '폼페이 최후의 날', '쿼바디스', '카비리아'(모두 1913년) 등에서 스펙터클이라는 영화 분야를 확립했다. 미국의 데이비드 그리피스는 작품 '국민의 창생'(1915)과 '인톨러런스'(1916)를 만들어 미국 영화사상뿐만 아니라 세계 영화사상에 불멸의 이름을 남겼다. 미국의 남북 전쟁을 배경으로 한 '국민의 창생'은 영화사상 처음 보는 박진감이 넘치는 스펙터클한 것이었으며, '인톨러런스'는 파르타자르 왕조의 바빌론, 그리스도의 생애, 산 바르톨로메 학살, 현대의 계급적인 갈등 등 네 개의 에피소드를 엮은 20시간이 넘는 대작으로 만들었다.

이 시기의 대표적인 영화인은 찰리 채플린이다. 무성영화 시대의 희극을 대표하는 채플린은, 영국 무대에서 미국으로 건너가 처음에는 희극 단편의 주연자이었으나, 실크 햇과 퉁탕거리는 헐렁한 구두를 신은 독특한 차림으로 성공을 거두어 한 사람의 배우에서 감독으로까지 진출했고, '개의 생활', '키드', '거리의 등불', '황금광시대', '독재자' 등의 수많은 명작을 만들었으며 스스로 감독과 주연을 겸했다

한편, 소련에서는 영화의 예술성을 확립하는 시대가 진행되었다. 소비에트 몽타주 이론(Soviet montage theory)의 확립된 것인데, 1925년 세르게이 에이젠슈테인의 '스트라이크', '전함 포템킨', 푸도프킨의 '어머니', 그리고 1927년에는 에이젠슈테인의 '10월', 푸도프킨의 '성 페테르부르크의 최후' 등이 대표하는 것처럼 이 두 작가는 혁명과 대중을 주제로 하여 러시아의 역사적인 의의를 강조하였다. 몽타주 이론이란 영화예술의 특수성이 영화의 편집에 있다고 보는 입장이다. 특히 에이젠슈테인은 몽타주란 단순한 필름에 절단과 연결의 작업으로서의 편집(editing)이 아니라 메트릭 몽타주, 리드믹 몽타주, 토널 몽타주, 오버톤 몽타주, 지적 몽타주 등을 요약해 영화 속에 몽타주적인 변증법적 이론을 내세웠다. 그는 동양의 문자가 갖춘 상형성에서 몽타주의 원리를 찾기도 했다. 몽타주 이론은 그리피스에서 영향을 받아 이들에게 와서 독특한 영화 이론을 이루었으며 무성영화시대의 대표적인 미학을 이루기도 했다.

(2) 텔레비전

1920년대 전자파가 소리뿐 아니라 그림도 전달할 수 있다는 것을 알게 되면서 텔레비전이 개발되기 시작했다.

최초의 텔레비전은 1925년 영국의 기술자 베어드가 니코프 디스크(Nipkow's Disk)를 이용해 최초의 방송시스템을 개발한 것에서 비롯된다.

〈사진〉 베어드와 텔레바이저의 모습(1925년)

〈사진〉 베어드가 발명한 기계식 텔레비전으로 전송한 최초의 영상

〈사진〉 니코프 디스크(Nipkow Disk)를 실용화한 1920년대 텔레비전

　이후 전자식 텔레비전을 발명한 사람이 바로 즈보리킨과 판즈워드이다.

(3) 광고

광고란 경영학적 입장에서는 마케팅의 한 부분으로, 상품이나 서비스 판매촉진의 하나이다. 미국 마케팅 협회가 내린 광고의 정의도 광고주에 의한 아이디어, 상품 또는 서비스의 비대인적 제시와 판매촉진의 유료적 형태라고 되어 있다. 커뮤니케이션학의 입장에서는 광고주와 소비자들 간의 커뮤니케이션 현상으로 설명하였다. 라이트, 윈터와 자이글러가 내린 광고의 정의도 매스 커뮤니케이션 미디어라는 수단에 의한 통제된 정보의 제공과 설득이라고 되어 있다.

광고의 기능을 보비와 아렌스는 5가지로 나누었다. 첫째는 마케팅 기능으로 상품의 정보를 제공하여 궁극적으로 상품구매를 유도한다. 둘째, 커뮤니케이션 기능 으로 광고의 정보 제공인데 상품정보와 부가적 기능을 알게 해주는 것이다. 셋째는 교육적 기능으로 소비자 교육기능이다. 넷째는 경제적 기능으로 상품의 효율적 유통을 촉진하여 상품의 가격을 낮추고 품질개선과 향상에 이바지 하는 것이다. 다섯째는 문화, 사회적 기능으로 광고가 사회문화 현상을 이끄는 것이다.

흔히 광고를 20세기의 현상으로 생각하나 사실은 기원전부터 존재했었다. 고대 이집트의 파피루스 광고에는 노예를 수배하는 내용이 있는가 하면, 기원전 3000년의 바빌론 진흙판에도 연고 취급상과 신발제조업자에 관한 내용이 있다.

현대 광고는 대량생산·대량소비 체제에서 알림에서 설득으로 그 기능이 전환되었다. 1930년대 미국의 광고대행사협회(AAA), 전국광고주협회(ANA)가 설립되고, 1950년대 TV의 발전으로 시청각을 이용한 광고효과가 극대화되었다. 1980년대에는 케이블TV와 위성방송 광고가 등장했으며, 최근에는 인터넷의 등장으로 광고의 질적 변화를 가져오고 있다.

우리나라는 1876년 강화도 조약 체결 이후 근대적 광고 형태가 등장하였다.

1881년 '조선신보'의 마지막 면에 있는 광고란과 1886년 '한성주보' 창간호에 실린 광고를 권장하는 글이 등장하고 있다. 1925년에는 일제의 경제침략으로 잡화·약품·화장품을 중심으로 광고가 있었고, 1960년대 KBS, 동양TV, MBC 등의 개국과 동시에 광고 방송이 제공되었으며, 1970년대 TV의 시대가 본격화되면서 광고대행사가 정착되었다. 최근에는 통합 마케팅 커뮤니케이션(Integrated Marketing Communication, IMC)으로 광고주에게 기존의 매체 의존형 광고에서 모든 커뮤니케이션 채널을 사용할 수 있는 통합적 커뮤니케이션의 광고로 변화를 안겨주었다. 슈츠(Don E. Schultz)는 IMC란 목표 수용자에게 영향을 끼칠 목적으로 회사나 상표의 모든 접촉을 고려하여 다양한 설득 커뮤니케이션 형태를 기획하고 시행하는 과정이라 정의하고 있다.

통합적 마케팅 커뮤니케이션이 필요하게 된 이유는 ① 대중매체 광고의 효과에 대한 의문이 제기되고 있다. ② 소비자 개개인을 대상으로 하는 개별마케팅으로 사고가 전환되는 시점에서 지금까지 부수적으로 행해졌던 판촉, 이벤트, 홍보 등의 마케팅 전략들이 더 이상 대중매체의 보조적 역할을 하는 데 그치고 있지 않다. 즉 새로운 환경에 적합한 경쟁적 비교 우위를 제공한다. ③ 명확하고 일관된 메시지 전달을 가능하게 한다. ④ 높은 커뮤니케이션 투자수익률을 창출한다는 이유 등이다.

(4) 애니메이션

애니메이션(Animation)이란 말은 희랍어의 'Animal(동물)', 라틴어의
'Anima'라는 단어에서 유래하였다. 애니마는 영혼, 정신, 생명을 뜻한
다. 이 말의 동사형인 'Animate'는 '생명을 불어넣다. 활동시키다'라는
넓은 의미이다. 따라서 애니메이션이란 생명이 없는 사물에 움직임을
연속으로 만들어 생명을 불어넣는 동영상 작업을 총칭한다. 좁은 의
미에서는 사물에 생명정신을 부여하는 행위라 볼 수 있으며, 움직임
이 없는 무생물적인 존재를 여러 번에 걸쳐 변형을 시키고 이를 연속
촬영 또는 기타 영상적 기법을 이용하여 마치 움직이는 듯한 눈의 착

※출처: 라이언킹(뮤지컬, 브로드웨이, 2007)

[사진 설명] 라이언킹은 1994년 월트 디즈니 피쳐 애니메이션에서 제작하고 월트 디즈니 픽처스에서 개봉한 영
화로 애니메이션의 상징이 되었다.

각을 일으키도록 하는 기술이다.

1905년 프랑스 에밀콜(Emile Chol)은 최초로 간단한 선의 움직임으로 동영상을 표현하는 팡타스마고리(Fantasmagrie)라는 새로운 패러다임을 개척하면서 애니메이션의 창시자가 되었다.

애니메이션의 유형은 셀 애니메이션과 3D 애니메이션이 있다. 셀 애니메이션은 1913년에 개발된 것으로, 캐릭터의 움직임을 조절하기 위해 펀치방식이 개발된 데서 비롯되었다. 3D 애니메이션은 컴퓨터 그래픽을 통해 모델을 만들고 만들어진 가상의 캐릭터를 콘티에 따라 움직임을 주는 작업을 말한다. 점토 애니메이션은 스톱모션 애니메이션이라고도 하며, 한 프레임 한 프레임을 직접 촬영하여 이것을 연결하여 상영함으로써 움직임을 주는 작업을 말한다.

(5) 뮤직비디오

1969년 뉴욕 근교의 한 농장에서 벌어진 우드스탁 축제의 공연실황을 담은 필름을 시작으로, 1980년대 초반 대중음악 산업이 경제적 불황을 맞으면서부터 본격적인 뮤직비디오가 제작되었다. 처음에는 앨범을 제작할 때 앨범의 판매촉진을 위한 전략의 일환으로 뮤직비디오 클립을 제작하기 시작하였으나, 오히려 이제는 노래보다 이미지들이 음악을 압도하여, 뮤직비디오 인기를 업고 노래가 성공하기도 한다.

미국의 유선방송 MTV를 디딤돌로 하여 뮤직비디오의 급속한 성장이 가능하였다.

(6) 컴퓨터 그래픽스 영상

① 컴퓨터 그래픽스

컴퓨터 그래픽은 컴퓨터를 이용하여 이미지를 제작·변형·수정한 결과물을 말한다. 컴퓨터 그래픽스는 2차원 정지영상인 포스터, 광고제작뿐만 아니라 2차원 동영상물인 영화의 특수효과, 그리고 3차원 동영상인 입체영상과 가상 물체제작에도 사용된다.

대표적 컴퓨터 그래픽 프로그램의 종류로는 2차원 정지영상 프로그램인 포토샵, 일러스트레이터 등이 있고, 2차원 동영상 프로그램에는 프리미어(premiere), 애프터 이펙트(after effects) 등이 있으며, 3차원 영상제작 프로그램에는 3D MAX 등이 있다.

컴퓨터 그래픽은 컴퓨터의 발전과 궤를 같이한다(다음 <표> 참조).

〈표〉 컴퓨터 그래픽스의 발달

구분		
1940~1950년대	기기의 탄생시기	• 세계최초의 진공관 컴퓨터 탄생: 애니악(ENIAC) • UNIVAC-1: 세계 최초의 상업용 컴퓨터 • IBM 7090 탄생
1960년대	컴퓨터 그래픽이 가능해진 시기	• CAM/CAD 시스템, 3D 랜더리 고밀도 집적회로 개발 • 비디오게임의 등장: 기초적인 흑백게임
1970년대	더욱 사실적이고 생동감 있는 표현(고로드 셰이딩)	• 애니메이션 제작회사의 대거등장: 루카스필름, 인포메이션 인터내셔널 • 마이크로소프트사, 애플사 설립: 개인용 컴퓨터에서도 컴퓨터 그래픽 내장 • 루카스 필름의 부상: 스타워즈(star wars) 제작

1980년대	영화와 게임에 컴퓨터 그래픽 활용	• 특수효과를 담당하는 스튜디오 및 프로덕션들이 대거 출범 • IBM PC의 발표 - 1981년 인텔사 • 맥킨토시: 1984 개발, 1980년대 말 멀티미디어PC 등장 • 1985년 멀티미디어 컴퓨터 최초 CD-ROM 개발, 만화영화에 CG 도입 • 1986년 디즈니사 "쥐의 탐정"에 컴퓨터 그래픽 사용 • 픽사의 등장: 1986년 루카스 필름에서 독립, 컴퓨터 특수효과 제작사 등장
1990년대	윈도 3.0 발표. CG가 모든 영상에 사용	• 디지털 영화의 대거 등장: "터미네이터", "쥬라기 공원", "어비스" • 국내 영화에 컴퓨터 그래픽 도입: 몰핑기법 "구미호", "은행나무 침대", "퇴마록"
2000년대	CG 영상시대 도래	• 영화, TV(가상 스튜디오), 광고(버츄얼 광고) 등 모든 영상에 컴퓨터그래픽 사용: 디워, 태왕사신기 등

② 컴퓨터 그래픽스의 특수효과

컴퓨터 그래픽스는 2차원 정지영상의 특수효과에서 주로 사용되는 복사, 잘라내기, 붙이기의 단순 효과가 사용된다. 즉 단순 명령어로 이미지 전체 색상이 변화하는 색상 보정이나 분위기를 바꾸거나 이미지의 명도와 대비, 색상,

※출처: MBC 태왕사신기 포스터(2007)

채도를 조절할 수 있는 기능들이 사용된다. 이 외에도 이미지의 모든 색상을 반전시키거나 검정색과 흰색으로만 표현하는 양극 네거티브라든가 포스터라이즈, 즉 색상의 가짓수를 낮추는 효과 등이 사용되었다. 아울러 이미지 변화와 특정부분을 부각시키기 위한 필터 등이

〈표〉 컴퓨터 그래픽스의 동영상 특수효과

구분	효과	사례	활용
합성	한 이미지를 잘라내어 다른 이미지에 붙이는 것	포레스트 검프(케네디와 검프가 악수 나누는 장면)	(1) 순수미술 (2) 포스터 일러스트레이션 (3) 표지/문자/패션디자인 (4) 건축/실내장식/제품디자인 (5) 만화/애니메이션 (6) 인터넷 홈페이지 (7) 컴퓨터게임/CD타이틀 (8) 영화/CF
이미지 보정	이미지의 크기, 색감, 물체의 편집, 색상, 명암의 농도 등을 조정		
각종 필터 기능	모자이크 처리화면	뉴스	
몰핑 (MORPHING)	2개 이상의 이미지를 서로 변하게 하는 방법	터미네이터: 죽었던 사이보그가 다시 형체를 만들어 살아나는 모습	
3차원 입체	물체를 변형하거나 이것을 다른 영상물에 합성시켜서 이용	• 영화 "ABYSS"에서 물 속 액체 • "다이하드3"에서 물의 효과(쏟아지는 물)	

사용되었다. 필터에는 미술적 효과를 내는 필터로서 사진을 수채화나 파스텔화로 보이게 하는 효과를 내거나 대바구니와 무늬효과나 물방울 무늬효과 그리고 타일 효과 등의 효과도 사용되었다. 한편 2차원이나 3차원 동영상에는 특수효과가 사용되었는데 주요 효과는 표와 같다(다음 <표> 참조).

컴퓨터 그래픽스는 영상물의 세계를 넓혀 줌으로써 다양한 영역에 응용되어 이용된다는 의의가 있다.

(7) 상호작용적(Interactive Multimedia) 영상

상호작용적 영상(Interactive Multimedia)은 이용자의 의지가 개입되는 영상을 말한다. 즉 이용자가 원하는 내용을 선택해서 사용할 수 있는 것으로 이용자와의 커뮤니케이션 관계를 만들어 갈 수 있고, 컴퓨터를 이용한 멀티미디어 데이터 처리가 가능하게 되며 교육용 CD Title과 같이 이용자 교육 수준에 맞게 선택하는 영상물이다. 구체적으로 디지털 형태로 된 텍스트, 그림, 사운드, 비디오, 애니메이션 등의 미디어를 복합적으로 사용하여 사용자의 요구에 따라 변하는 내용물을 제공하는 것으로 컴퓨터의 처리기능을 이용해 대화기능(Interactivity)을 제공하는 것이다. CD-ROM의 개발은 1985년부터 시작되었는데, 1987년에 멀티미디어 게임이 가능해졌으며, 1989년에 CD-ROM 재생기 표준의 발전과 윈도의 개발(1990) 그리고 컴퓨터 처리 속도의 증가(1980~1990)로 교육용 영상물이 많이 소개되기 시작했다. 최근에는 에듀테인먼트로서 게임과 교육이 연계하는 형태도 나타나고 있다.

상호작용적 영상의 종류와 특징은 <표>와 같다.

〈표〉 상호작용적 영상의 종류와 특징

구분		
상호작용적 영상의 종류	온라인 방식 (통신이용)	1990년대 멀티미디어 상호작용적인 게임은 어드벤처, 전략 시뮬레이션, 액션, 스포츠 등의 장르를 이루며 발전함. • Sim City(가상도시 개발 만드는 전략 게임), Tomb Raiders • Star Craft: 인터넷 게임방의 확산
	오프라인 방식 (게임기나 CD-ROM 이용)	• 아케이드용 게임기 - 1970년대 단순그래픽 형태의 흑백화면 총 쏘는 게임(PONG, SPACE INVADERS) 1980년대 말 90년대 전투게임 실감나는 게임(Galaga, Pacman, Donky Kong, Street fighter), 3차원 게임으로 발전, 핸들 오토바이 등의 시뮬레이션 게임장. −90년대 말 개인용 컴퓨터 게임 환경 조성, 온라인 접속 제공(인터넷 게임방) −아케이드(오락실) 게임은 성인 도박용 게임으로 바뀜. • 개인용 게임기(컴퓨터 PACK게임) −시초: 1975년 소개된 아타리(Atari)사의 가정용 퐁(Pang)게임 −가정용 게임기는 1985년 닌텐도(Nintendo)사가 내놓은 8비트 NES(Nintendo Entertainment System)으로 보급이 확산됨: Mario −NES시스템 세가사(Sega)시스템 게임화면: Sonic −90년대 32비트 64비트 보급 평면, 3차원 게임 제공: 3차원 공간 여행하는 느낌 −단순 오락용 게임 CD, 용 디스크 이용, 오락용 게임, 유아용 게임

상호작용적 영상의 사회적 영향은 이용자의 선호도가 중요시됨으로써 이용자에게 언제 어떻게 이용되는가의 선택권을 부여했고, 영상물과 이용자가 영상물에 몰입함으로써 현실세계와 가상세계를 구분하지 못하고 영상물에 점점 동화되는 부작용도 나타나게 되었다. 상호작용적 영상의 미래는 커뮤니케이션 테크놀로지, 컴퓨터 등의 기술 발달로 더욱 많이 이용되고 그 영향력이 증가될 전망이다.

02 이미지의 사례

시각 커뮤니케이션을 위해 사용되는 이미지들이 다음과 같은 흐름을 가지고 있다.

1) 영상물을 표시하는 형태

① 실체적: 그림 그대로 표현
② 통념적: 회화로 표현
③ 설명적: 생략하여 도형으로 표현
④ 규약적: 미리 약속된 기호로 표현

시각 커뮤니케이션을 원활하게 하기 위해서는 이미지들이 다음과 같은 특징을 가지고 있을 때 효율적이다.

2) 표시물이 갖춰야 할 조건

① 가시성: 형태, 색상, 문자 등의 시각 정보로서 보고 판별하기 쉽게
② 주시성: 표시물 쪽으로 시선을 유도하는 기능
③ 기억성: 정보를 정확하고 인상 깊게 기억시키는 것
④ 적확성: 보내려고 하는 정보에서 혼란을 일으킬 요소를 최소화
시키는 것
⑤ 조형성: 표시물이 시각적으로 아름다운 것
⑥ 시대성: 그 시대 대다수의 사람들의 취미나 기호에 맞는 것

3) 이미지 사례

(1) 눈에 보이는 모습-상(像): 우리 눈에 사물이 보이면서 그것이

※출처: 맨해튼 – 선망 좋은 날 촬영(2007. 2.)

무엇인지 판단하게 하게 되는 과정을 말한다.

(2) 연출이 이루어진 모습: 사물을 멋지게 보이게 연출하는 것으로 높은 마천루 건물로 높이를 자랑하는 것뿐만이 아니라 세계 경제문화 중심지로서의 위용을 보여주며 밤과 낮을 구분할 수 없을 정도로 조명을 통해 건물 각각의 정체성을 나타내도록 연출한 모습이다.

(3) 공간이 이야기해 주는 모습

에드워드 호퍼(Edward Hopper)는 1930년대 미국 풍경화파(American Scene Painting)의 대표작가로서 텅 빈 거리, 무표정한 사람들의 표정 등 그림 속에서 느껴지는 공허함을 통해 1920년대 이후 산업화 사회

[그림 설명] 번잡한 도시의 한 귀퉁이의 같은 공간에 앉아 있으나 모두가 혼자인 사람들에 관한 풍경이다. 길거리에 위치한 카페의 불빛은 어둠에 대비되어 더욱 창백한 흰빛을 내뿜고 바에 앉아 술을 마시는 사람들 역시 흰 불빛처럼 생기가 없기는 마찬가지이다. 그림 왼쪽에 홀로 앉은 사람처럼 그림 중앙에 동행으로 보이는 남녀 역시 각기 서로 다른 생각에 잠겨 있는 듯 그다지 친밀해 보이지는 않는다. 말쑥한 정장에 중절모를 쓰거나 붉은 드레스를 차려입었으나 이런 복장은 그들의 관계를 더더욱 사무적이고 의례적인 것으로 보이게 할 뿐이다. 그들의 이런 쓸쓸하고 적막한 풍경을 부추기는 건 창밖의 어둠이다. 어둠은 이 그림 속 카페의 삭막한 실내 분위기를 더 도드라져 보이게 한다.

그림 속의 사람들은 자신이 감당해야 하는 도시에서의 삶의 실재를, 그 삶을 견뎌내야 하는 자신의 피로를 환한 불빛 아래 송두리째 드러내 보이고 있는 중이다. 창밖에서 카페의 내부를 들여다보는 화가의 시선처럼. 그림을 보는 이의 시선은 아무런 의도 없이도 자연스럽게 도시인이 감춘 고독과 소외의 감정을, 그런 풍경들을 감싼 채 정지한 밤의 메마른 공기들을 호흡하게 된다.

로 본격 진입하면서 변화된 미국사회의 현실을 설득력 있게 그려낸 작가이다. 그림이 평범해서, 눈여겨볼 만한 것이 없어 느껴지는 허전함이 아니라, 그림 속의 대상이 지닌 공허함을 실감나게 표현하고 있다.

※출처: 밤늦은 사무실(1940년, 캔버스에 유화, 56.2×63.5cm, Des Moines Art Center, Iowa.)

[그림 설명] 사람이 사무실을 바라볼 수 없는 위치에서 공간을 표현한 것으로 외로움을 나타낸다.

(4) 관능적인 모습

SF영화 "베어울프"의 예고에 등장하는 포스터 중에서 안젤리나 졸리의 모습이다.

※출처: "베어울프" 에고 포스터(2007년)

(5) 기억 속에서의 모습

영상 이미지는 기억 속의
모습을 통해 현재와는 다른
과거를 알려주고 있다.

※출처: Rodeo. New York City. 1955년. Robert
　　　 Frank(American. born Switzerland, 1924년)

〈사진〉 Gelatin silver print; 13×9 1/16 in.

※출처: 카우보이 미국(러셀, 1907년), 화가 러셀의 작품(Gelatin silver print; 13×91/16in, 33×23cm)

〈그림〉 1955년도 카우보이의 모습

※출처: 현대 카우보이의 모습(2007. 5. 미국, 와이오밍주 코디, 로데오 경기 모습)

(6) 상징주의 이미지들의 모습

회화를 통해 상징적인 이미지
를 표현하고 있다.

(7) 역사적 기록의 모습

사진을 통해 대한민국 임시정
부의 가료들의 모습을 기록하고
있다.

※출처: 마돈나(몽크, 1895~1902년)(석판,
60.5×44.2cm, 오슬로 뭉크 미술관 소장)

[그림 설명] 여자의 요염함과 성적으로 남자를 자극하
면서 동시에 스스로 사랑을 만끽하는 모습을 나타내려
고 한 것이다. 그러나 어둡고 음침한 색들을 보면 단지
가장 아름다운 여인 혹은 가장 탐스러운 여인을 그리려
고 한 것이 아니라 그런 여인의 이면에는 어둠이 도사
리고 있다는 점을 표현한 것이다.

※출처: 남북 정상의 만
남(남북 공동 취재단)

[사진 설명] 2000년
6월 13일 비행기에서 내
린 김대중 대통령을 영
접 나온 김정일 국방위원
장과 손을 맞잡은 모습

(8) 위엄을 나타낸 이미지

※출처: 나폴레옹 황제와 조세핀 황후의 대관식
　　다비드(Jacques Louis David, 1806~1807년, 캔버스에 유채, 621×979cm, 파리 루브르 미술관)

[그림 설명] 1804년 12월 황제의 공식화가로 임명된 다비드의 대관식 그림으로 나폴레옹은 로마 황제에게 황제의 관을 받아 스스로 썼다고 하는데, 다비드는 이 장면대신 이미 황제의 관을 쓴 나폴레옹이 조세핀에게 황후의 관을 씌워 주는 장면을 섬세하게 묘사한 그림이다. 인물들이 중심 사건을 둘러싸도록 구성한 것으로 깊이감을 돋보이게 하고 관객이 실제로 그 의식에 참여하는 듯한 느낌을 표현한 것으로 다비드의 정교한 붓질과 색채감각은 의식에 참여한 사람들이 두른 모피와 보석들을 화려하게 재현시킨 위엄을 나타낸 그림이다.

(9) 고발하고 호소하는 이미지

※ 출처: 뉴욕 타임스 인터넷(2009년)
  타이 지겔, 리니 클라인 부부(왼쪽), 지뢰로 한쪽 다리를 잃은 앨런 저메인 루이스 일병(오른쪽 위), 폭탄테러로 얼굴이 일그러진 조세프 모스너 병장(아래)

[사진 설명] '퍼플 하트(purple heart)'는 미국 초대 대통령 조지 워싱턴 시절부터 전쟁터에서 부상당한 장병들에게 주는 상이훈장이다. 그러나 지난 8일부터 뉴욕 맨해튼의 젠 베크만 갤러리에서 열리고 있는 작가 니나 버먼의 단독 사진전 '퍼플 하트'에 등장한 이라크 전쟁 부상자들의 모습에는 일그러진 전쟁 훈장이 나타나 있다.
뉴욕 타임스 22일자 아트 섹션에 실린 결혼 기념사진 한 장이 미국인들에게 큰 충격을 줬다. 더 이상 구구한 설명이 필요 없을 정도로 전쟁의 참상을 웅변하고 있기 때문이다. 무표정한 표정으로 붉은 장미 부케를 든 신부 레니 클라인(21)과 그 곁에 묵묵히 서 있는 해군 복장의 타이 지겔(24). 지겔은 2년 전 이라크에서 자살폭탄 공격을 받은 트럭에 갇혀 있다 얼굴이 녹아 내렸다. 19차례 수술을 했지만 어릴 적부터 연인이었던 신부 클라인이 기억하는 얼굴로 돌아오진 못했다. 왼쪽 가슴에 달린 여러 개의 훈장과 계급장만 온전할 뿐이다.
작가 버먼은 2003년부터 이라크전에 참전한 미군 병사들의 부상 이후 모습들을 촬영해오고 있다. 그는 "아무도 이들을 촬영하지 않아서 내가 한다"고 말했다. 갤러리에 전시된 사진 중에는 사담 후세인 벽화가 새겨진 담장에 깔려 척추를 다친 병사, 뇌와 시력을 잃은 병사의 모습 등이 담겨 있다.

(10) 의사소통을 위한 이미지

※ 출처: 중앙선거관리위원회 홍보광장
(http://www.necpr.go.kr/election4/election_14.jsp)

[사진 설명] 17대 대선과 관련한 홍보 협약을 담은 사진으로 플래카드와
기념사진이 행사의 내용을 설명하고 있다.

(11) 움직임에 대한 동경을 나타낸 이미지

※ 출처: 별 찬란한 밤(Starry Night, Vincent Van GOGH, 1889, 캔버
스 유화, 73×92cm)(The Museum of Modern Art, NY.)

[그림 설명] 별들이 소용돌이를 이루고 모든 것이 구심적인 운동과 통일
된 움직임을 나타내는 장대한 밤의 시를 묘사한 것으로 자연과 사물의 내
면에 와 닿는 것에 대한 서정성과 신비성을 담고 있다.

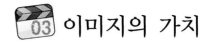

이미지의 가치

우리는 종종 의식하지 못하는 사이에 사회적, 문화적 역사적 의미를 발견하고 이러한 과정에서 이미지를 보는 커다란 즐거움을 느끼게 된다. 실제로 이미지를 통해 읽을 수 있는 몇몇 정보는 문화적 가치를 인식하는 것과 깊은 관련이 있다. 이는 이미지의 사회적 가치가 어떻게 주어지는가에 대한 의문을 낳는다. 이미지 자체는 가치를 지니지 않지만 이러한 의미가 사회적, 문화적, 경제적 맥락에서 의미를 지닐 때 비로소 그 가치가 인정되기 때문이다. 예술품은 고유성, 진정성, 시장의 가치에 의해 평가되고, 텔레비전 뉴스의 이미지는 정보와 접근성, 신속한 전파성에 따라 평가된다.

1) 회화작품의 가치

1991년 로스앤젤레스의 게티박물관에 5,380만 달러에 매입된 고흐의 아이리스라는 작품은 미학적 스타일과 그 작품의 진정성(진품)과 독특함에 대한 믿음(모더니즘의 진보적인 회화양식)이 가격에 반영되었고, 작품이나 작가를 둘러싼 사회적 신화(광기 어린 예술가의 삶이 작품에 의도되지 않은 자연스러운 창조성을 발휘했을 거라는 생각) 역시 가격의 한 원인이 되었다.

이 외에도 가치를 높이는 방법으로 전시된 방식(금박을 입힌 프레임액자)을 격조 높게 하는 것이다. 다빈치의 모나리자도 유리케이스에 진열하여 가치가 높은 작품임을 강조하고 있다.

※ 출처: 고흐의 아이리스(1889년 작)로 1987년 3월 30일에 뉴욕의 소더비즈에서 539만 미국 달러라는 기록으로 팔렸다(왼쪽 그림). 가셰 박사의 초상(1890년 작)은 1990년에 8,250만 달러(한국 돈으로 약 580억 원)에 팔려 미술품 경매 사상 최고가 기록을 세웠다(오른쪽 그림).

2) 뉴스의 이미지 가치

　베이징 대학살(Beijing Massacre)을 보도하고 있는 사진으로 1989년 6월 4일 중국 민주화를 요구하며 천안문 광장에서 연좌시위를 하던 학생, 노동자, 시민들을 계엄군이 전차와 장갑차로 발포해 가면서 싹 몰아낸 사건으로, 많은 사람들이 죽었기 때문에 피의 일요일이라고 불렸다.

　이 사건은 당시 고르바초프의 중국 방문 취재를 위해 베이징에 머무르던 외신기자, 특히 CNN이 천안문 광장 근처 빌딩의 옥상에 설치해 놓은 카메라가 천안문 사태의 진행을 라이브로 전 세계에 중계했기 때문에 알려지게 됐다.

※ 출처: 전차를 막고 있던 사람(이른바 Tank man)(1989년)
　　1989년 6월 천안문 1989년 6월 5일 오전, 중국 베이징의 천안문 광장에 진입한 계엄군의 탱크를 가로막고 선 왕웨이린. 제프(Widener) 촬영, AP 통신 보도

[사진 설명] 취재가 제한된 상황에서 역사적인 순간을 성공적으로 포착한 1989년 천안문 광장 시위사진 또는 보도사진으로 사건의 신속한 보도가 가치 있는 사진이다. 탱크를 저지하려는 단순사진에서 군부에 대항하는 자유를 향한 저항의식, 이것은 정치적인 이슈와 정보제공이라는 가치와 문화적 맥락에서 인간의 의지를 상징하는 것이었다.

04 영상 이미지의 구조

1) 미디어와 시각의 변화

  인상주의자들이 빛을 사용함으로써 불확실한 시간의 개념을 그림 안으로 끌어들였다. 빛의 흐름에 따라 대상이 변하기 때문에 전근대적 시각이 전제하고 있던 대상의 확실성이나 명백함보다는 대상의 불확실성이 빛이라는 요소를 통해서 표현됐다.

  이로써 그림에 대한 시선이 변화하기 시작하였다. 한편, 사진은 바라보는 방식을 직접적으로 변화시켰다. 르네상스 초기에 형성된 원근법은 사람의 눈에 중심을 두는 것이었다. 이는 우주가 신을 중심으로 배열되듯 현상계가 바라보는 주체인 사람에게로 수렴되는 것이었다. 그러나 사진의 원근법은 다양한 카메라의 렌즈로 원근법을 과장하거나 축소했다. 사진이 등장하기 전에는 시간성이 거의 없었으나 사진은 순간적으로 형상을 포착하기 때문에 이미지의 시간성이 순간성으

구분	회화	사진	텔레비전, 영화
거리 (주체와 대상)	화가와 대상 사이 일정한 거리 유지	사진사와 대상 사이 유동적인 거리	주체와 대상 사이 거리파괴
프레임	화면의 생략과 첨가	파인더로 대상 분리	단편적인 대상의 조합
원근법	유지	어느 정도 유지	파괴
시점	객관적	객관적/주관적	다 시점

로 나타났다. 또한 사진은 시간과 공간을 통해서 이미지가 제약을 받았고 복제가 가능해졌다.

이러한 기술복제는 예술의 권위를 무너뜨렸으며, 대중과 예술이 만남을 의미하게 되었다. 이로써 대중예술의 미디어로 가능성을 제시했다.

특히, 영화는 영화작가의 시점을 강조함으로써 주체와 대상 사이의 거리를 좁히고 다시점적으로 이동하게 되었다. 즉 객관적 시점, 상호주관적 시점, 작가적 시점 등으로 사고나 표현이 맥락 의존적이고 일상생활과 밀접한 것으로 연결되었다.

즉, 영상미디어의 등장으로 바라봄의 방식은 내가 세계를 바라보는 방식에서 세계가 나를 바라보는 방식으로 바뀌었으며, 대상은 하나의 눈으로 드러나는 것이 아니라 다양한 시선의 총체라는 인식의 변화를 가져왔다.

2) 영상언어의 특성

영상언어(picture language)란 텔레비전의 모든 프로그램의 배경 장면이 보여주고 전하는 언어를 말한다. 즉 영상을 통해 전달하는 메시지라고 할 수 있다.

라디오가 쇠퇴하고 텔레비전이 나타나면서 텔레비전에서는 음성언어보다는 텔레비전의 영상이 생명력을 가지게 되었다. 백 번 듣는 것보다 한 번 보는 게 낫다(百聞不如一見)는 말처럼 한 장면의 영상이 백 마디 말 이상의 효과를 보여준다.

즉 영상으로 표현된 모든 것은 전부 언어로서의 기능을 지니고 있다. 무엇을 표현하고 전달하고자 하는 내용을 가지고 있다면 그것은 이미 전달, 곧 커뮤니케이션으로서의 언어의 기본적 기능을 가지고 있음을 뜻하는 것이다. 이러한 영상은 언어로서 미디어 기술의 발달에 따라 영향력을 확대해왔다.

구체적으로, 미디어 기술의 발달은 구술문화, 문자언어, 영상언어의 변화를 가져왔다.

맥루한(McLuhan)은 문자 이전의 시대(구술문화), 문자시대, 전자시대로 구분했고, 옹(Ong)은 제1 구술문화, 문자미디어 문화(인쇄술), 제2 구술문화로 나누었다. 드브레(Debray)는 구어중심 세계, 문자중심 세계, 비디오(영상)중심 세계로 구분했다.

〈표〉 언어와 문화: 구술, 문자, 영상언어

구분	구술언어 중심세계	문자언어 중심세계	영상언어 중심 세계
이상적 인간집단	단일(도시국가, 왕국) 절대주의	전체(국민, 민족, 정부) 민족주의와 전체주의	개인(인구, 사회) 개인주의와 아노미
시간이 존재	원(영원, 반복) 고대중심	선(역사, 진보) 미래중심	점(시사성, 사건) 자아중심
기준세대	선조	성인	젊은이
매혹의 패러다임	신화(신비, 도그마, 서사시)	이성(유토피아, 시스템)	영상(정서와 환상)
상징기구	종교(신학)	체제(이데올로기)	모델(도상학)
정신적 계급	교회(예언자와 사제) 신성, 도그마	지식인 신성 ,지식	미디어 송신자 신성, 정보
정당성	신성한 것	이상적인 것	효율적인 것
복종의 원동력	신앙(광신주의)	법(독단주의)	의견(상대주의)
영향력	설교	출판	출연
흐름통제	성직자집단	정치집단	경제 집단
개인지위	명령해야 할 신민	설득해야 할 신민	유혹해야 할 소비자
동일시	성자	영웅	스타
상징적 권위	보이지 않는 것(기원), 증명할 수 없는 것	읽을 수 있는 것(근거, 원리), 논리적 진리	볼 수 있는 것(사건), 그럴듯한 것
사회적 지도력	상징적 실체: 왕 (왕조 계승의 원칙)	이론적 실체: 대표 (이데올로기적 원칙)	산술적 실체: 지도자(통계원칙, 인기도)
주체성	영혼	의식	몸

※ 출처: 드브레(Debrav)의 미디어 환경 분류

구술언어 중심의 세계는 고대 중심으로 신화, 종교, 신성한 것, 보이지 않는 것 등이 지배하는 사회이다. 설교는 영향력을 행사하는 수단이고 동일시의 대상은 성자이며 증명할 수 없는 영혼의 세계가 지배하는 사회이다. 문자 중심의 세계는 알파벳과 인쇄술의 발달, 이성과 합리성을 축으로 하는 근대적 사고와 불가분의 관계를 맺고 있다. 이성적 사고가 정당성의 준거가 되며 개인 자체가 아니라 동일한 언어를 읽고 쓰는 집단으로 간주되었다. 영향력 있는 커뮤니케이션 수단은 출판을 통한 책이었다. 영상언어 중심 세계는 개인 그 자체가 이상적 인간 집단으로 간주된다. 영상이미지가 상징적 기구의 지배적인 수단으로 사용되고 미디어가 생산해 내는 정보가 지식을 대체한다. 따라서 개인은 소비자의 위치에서 대상을 바라보며 동일시의 대상은 미디어가 만들어 내는 스타가 되었다.

현대사회에서 다양하게 적용되고 있는 영상의 개념은 처음에는 이미지를 번역하여 '심상(心象)'만을 의미했다. 그러나 카메라 옵스큐라를 통한 사진의 발명 이후 시네마, 텔레비전과 같이 움직이는 화상을 통해 대중적인 보급이 가능하게 되었고, 영상의 개념은 보편화되었다. 개념도 점차 변화하여 사전적인 의미에서의 영상은 '광선의 굴절 또는 반사에 의하여 비추어진 물상 혹은 영화, 텔레비전 등에 비추어진 상, 그리고 머릿속에 그려 내는 것의 모습과 광경'으로 정의되고 있다.

움직이는 화상을 통해 심상을 전달하는 영상은 시네마와 텔레비전의 기술적 발전과 상업적인 성공을 바탕으로 문화의 확장을 거듭하면서 영상의 영역을 넓혀갔으며, 영상세대의 대두, 개인매체로서의 텔레비전의 보급까지 시대의 문화적 환경을 변모시켜 왔다.

즉, 영상은 특정 기술에 따라서 표출된 객관적 대상이자, 인간들 간의 만남을 창조해 내는 공간이며, 동시에 인간 내부의 지각상이자 심적인 상의 대리자로서 역할을 한다고 말할 수 있다. 이때 영화나 텔레비전은 메시지를 전달하는 것과 동시에 사회제도의 한 형태이며, 사회 담론을 이끄는 매체이다.

영상은 움직임과 시간성을 바탕으로 다각적인 의미와 주제를 전달함으로써 관객과 시청자에 대한 강한 흡입력을 가지며, 영상을 전달하는 다양한 매체의 환경적인 특성을 바탕으로 강력하고 독자적인 특성을 가지고 있다.

또한, 움직이는 영상을 표현하는 매체는 메시지를 수용자에게 전달하는 것이 궁극적인 목적이기 때문에 이들 매체는 근본적으로 언어의 속성을 강하게 가지고 있으며, 이러한 속성에 의해 영화와 텔레비전 프로그램은 자연언어(구술언어, 청각언어, 문자언어)와 대응되는 개념으로서 '영상언어'라고 할 수 있다.

흔히 우리는 텔레비전을 본다고 말한다. 그러나 텔레비전도 만든 사람의 의도와 목적을 가지고 영상언어로 말을 한다.

3) 영상이미지의 정서적 관여

(1) 선망의 대상

영상이미지가 대상을 매혹적으로 보이게 하고 선망의 대상으로 만든다. 과거 귀족 계급이 자신의 부와 정치적 지위를 표상하기 위해 화가에게 초상화를 그리게 했던 것처럼 17세기 상공업의 발전으로 사회계층의 신분상승은 사진사에게 초상 사진을 찍게 했다.

사진을 찍는다는 것은 자신의 계급 상승을 다른 사람에게 과시하고 사회적 평판을 누리는 계층 속에 스스로 귀속시키는 상징적 행위인 것이다. 초상사진의 상징적 의미는 현대에서도 대상이 사진으로 찍혔을 때나 영상으로 이미지가 제시될 때 일상적인 대상이 선망의 대상으로 바뀌어 보인다는 것이다.

선망의 대상은 광고이미지에서 더 아름다운 것, 더 가치 있는 것, 더 소중한 것을 줄 수 있는 것처럼 약속한다. 뿐만 아니라 영화나 텔레비전 드라마에서도 나타난다. 광고이미지는 선망의 대상으로서의 소비자의 모습을 보여준다. 그러나 광고 모델이 보여주는 것과 소비자가 사용하게 됨으로써 얻는 것은 별개의 문제이다. 영화에서 정의에 불타 악을 물리치고 주인공이 부와 권력을 얻게 되는 선망의 대상은 이미지를 꾸며대는 것과 비슷하다.

대부분의 영상물은 찍는 사람에 의해 매혹적인 것만 선택되어 방영하기 때문에 시청자들로 하여금 계속 보고 싶게 만드는 속성이 있다. 게다가 사람들은 심리적으로 자신이 좋아하고 관심 있는 것을 위주로 영상물을 선택하는 경향이 있다. 그래서 지속적으로 보게 되면 자기도 모르는 사이에 한쪽으로 치우친 생각을 하게 되거나 편견에 사로잡힐 수 있다.

(2) 나르시스즘

영상 이미지는 대상을 자기도취의 우물에 빠뜨린다. 거울 속의 나는 평소의 내가 아닌 좀 더 신비로운 아름다운 존재로 느껴질 때가 있다. 거울이든 사진이든 나를 보는 방식은 현재의 나를 보기보다는 개관적 거리를 두고 보기 때문에 이상화된 나를 들여다보는 것과 같이 늘 경험하는 나보다 신비로운 것이다.

텔레비전과 비디오 광고를 보는 것은 일종의 나를 들여다보는 행위인데, 미디어를 통해서도 나르시스즘을 느끼는 것이다. 이는 영상

미디어가 제시하는 영상이미지를 자기 자신과 동일시하기 때문이다.

영상이미지는 이상적 세계를 제시함으로써 개인에게 이상적 세계에 대한 그리움을 증폭시키고 이상적 세계를 일상적인 세계와 동일시하도록 만든다.

4) 이미지의 구성

이미지의 구성은 영상 요소들을 프레임 안에 배치하여 만족스럽고 통일성을 갖게 하는 것이다. 이미지는 선, 색, 부피, 빛, 배열, 시선 등 다양한 요소들을 배치함으로써 완성된다. 그러나 단순히 아름답게 배열하는 것이 아니라 구상 이상의 의미를 담고 있다. 즉 아름답고 조화로운 균형을 넘어서서 의미의 생산과 수용과정에 밀접히 관련이 있기 때문이다. 더욱이 이미지의 구성은 역사적으로 형성되어 온 미적 경험과 관습들로부터 영향을 받고 있다. 문자언어가 배열되는 방식, 회화의 전통들, 종교적 가치, 문화적 관습 등이 이미지 구성에 직접적으로 간접적으로 영향을 준다.

의미를 해독할 때는 이미지의 구성요소들이 부분적으로 의미를 담고 있기도 하고 상호작용하여 전체 의미를 만들어 내기도 하는데, 이들은 이미지의 배열과 현저성, 그리고 프레이밍의 상호 관련된 체계 속에서 의미작용을 한다.

(1) 이미지의 배열

　이미지의 배열은 각각의 요소들이 서로 연결되거나 이미지를 바라
보는 독자와 연결되어 있는 방식으로 왼쪽과 오른쪽, 위와 아래, 중앙
과 주변에 부여된 특별한 의미들이다. 각각의 이미지 배열에 따라 이
미지 효과는 다르게 나타난다.

LEXUS ENGINEERS ARE BORN, NOT MADE.

※ 출처: 도요타 렉서스 광고(2010년)

[사진 설명] 도요타의 고급 브랜드 렉서스 광고인데, 유모차를 수리하고 있는 아기. 렉서스의 엔지니어는 만들어지는
게 아니라, 태어난다는 의미를 담고 있는 이미지 배열로 자동차를 만드는 사람의 정신과 기술에 대한 이미지를 부여하
고 있다.

(2) 현저성

　현저성은 구성요소들을 바라보는 사람의 주의를 끌게 하는 정도로

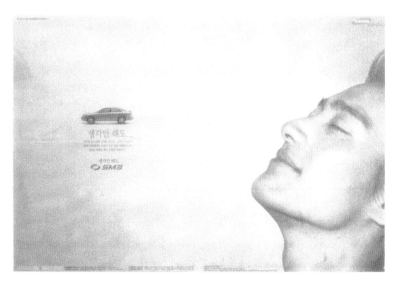

[사진 설명] 모델의 현저성이 두드러지게 나타나는 광고로 모델은 실제 사람의 모습과 유사한 크기로 확대되어 있는 반면, 상품은 작게 표현되어 소비자가 새로 나오는 제품에 대해 상상하는 듯한 이미지를 나타내고 있다.

서, 전경과 배경의 위치, 상대적인 크기, 색의 대비, 명료성의 차이 등에 의해 구체화된다.

이미지의 위치가 중심에 있음으로써 다른 이미지보다 집중되고 현저성이 높아져 소비자로 하여금 판매할 제품 이미지에 주목하게 만든다.

(3) 프레이밍

프레임은 분리선인 프레임을 통해서 이미지들의 요소들이 분해되거나 연결되는 방식으로, 프레임의 존재와 부재에 의해서 구성요소들은 함께 하기도 하고 그렇지 않기도 하다.

❖ 출처: 폴로 랄프로렌 향수 광고(보그,1996)

[사진 설명] 전체적으로 향수 병의 프레임 안에 폴로 경기를 하는 모습을 삼
각구도를 통해 역동적으로 배치함으로써 삼각형 비율은 안정적인 느낌을 주
고 있다. 향수병의 금색과 진초록의 조화는 귀족적인 느낌의 스포츠를 표현하
는 색채로 프레임 안에는 주로 활동적인 귀족 스포츠의 이미지가 주를 이루고
있고 아래 프레임 안에는 광고하는 제품에 대한 활동적인 메시지를 담고 있어
제품의 특성과 브랜드의 이미지를 표현하고 있다.

영상 구조와 화면 구성

1) 영상구조

사람의 눈과 카메라의 공통점은 보고 그림을 만들어 낸다는 것이고, 차이점은 처리과정과 인식과정에 있다. 눈은 망막에 착상된 이미지는 시신경을 통해 두뇌 전달, 컬러, 크기, 깊이, 움직임 등을 처리하며 흥미와 관심, 이해와 경험비교와 단순화라는 무의식적인 작용에 의해 이미지를 인식하고 해석하여 시각이라는 감각으로 받아들이게 된다. 즉 물체에 대해 주관적 형태로 판단하고 인식하게 된다.

반면, 카메라는 렌즈를 통해 이미지 형태로 되는데, 빛을 광학적 화학적 처리를 하는 필름이나 CCD에서 전기신호로 변환되고 처리되어 전자매체 혹은 디지털 기록매체에 데이터형태로 저장된다. 이때 객관적 기계적 처리나 앵글, 피사체 심도, 조명에 대한 노출로 시각으로 느끼는 것보다 다르게 인식될 수 있다.

2) 화면구성

　화면구성은 이미지가 만족스럽고 통일성을 갖도록 하기 위해 모든 시각요소를 화면에 배치하는 것으로, 이미지 통합은 선, 컬러, 부피, 빛을 가장 쾌감을 주는 위치에 배치시키는 것이다. 화면구성의 요인은 빛, 컬러, 연기의 형성 여부, 카메라의 움직임 등 특정 요소이고, 화면 구성의 구조는 이미지의 주어진 맥락에서 적절성 여부, 앞뒤 쇼트와의 관계, 프로그램 장르의 시각적 스타일과 전통, 현재의 유행과 스타일, 조명, 배경의 관계성, 프레임, 밸런스, 밝고 어두움의 관계성, 선, 부피와 선의 원근감, 컬러 등이 모두 포함된다.

　화면구성의 미적 기준은 문화와 유행에 따라서 변화한다. 좋은 화면 구성은 이미지를 무리 없이 효과적으로 표현하거나 제시하거나 강조하고 이미지가 만족스럽고 통일성을 갖도록 하기 위해 모든 시각요소들을 프레임 안에 배치하는 것을 말한다.

　즉 이미지의 통합 또는 완성을 선, 컬러, 부피, 빛을 가장 쾌감을 주는 위치에 배치시키는 것이다. 특정 이미지의 주어진 맥락에서 적절성 여부, 앞뒤 쇼트와의 관계, 프로그램 장르의 시각적 스타일과 전통 드라마의 호흡 등 현재의 유행과 스타일에 의한 영향을 주는 것이다.

　여기에는 조명, 형체와 바탕, 배경의 관계성, 형태, 프레임, 밸런스, 밝고 어두움의 관계성, 선, 부피와 선의 원근감, 컬러, 내용들을 모두 포함한다.

　이때 미적 기준은 문화와 유행에 따라서 변화하게 되는데, 중요치 않은 시각적 요소들이 관객의 관심을 빼앗지 않도록 하기 위해, 관객의 관심을 특정 주제의 적절한 부분들을 관통하는 의도적 통로로 유도시킬 수 있어야 한다. 즉, 추가 설명 없이도 이미지가 갖는 모든 것을 설명할 수 있어야 한다. 좋은 화면 구성은 관객이 정보를 구성하는 방법에 도움을 주게 된다.

3) 화면 구성 요소

(1) 미장센

미장센(mise en scene)은 무엇을 찍을 것인가, 어떻게 찍을 것인가를 말하는 것이다. 미장센에는 화면 속에 담길 모든 조형적 요소들을 고려한 세팅, 조명, 의상, 배열, 구도, 인물의 행위, 카메라의 각도와 움직임들이 포함된다. 즉, 미장센은 카메라에 찍힐 수 있도록 그림을 짜고 움직임을 만드는 연출기획자의 모든 작업을 말한다.

미장센은 프레임 안에 적절하게 소재와 배우를 위치시켜 의미를 만들어 내고, 그 의미를 간단하고 명료하게 시청자에게 지각시킬 수 있도록 눈에 드러나지 않는 강조까지 하게 되는데, 이러한 과정 안에는 단순한 피사체들의 배치뿐만 아니라 카메라의 구도, 앵글, 색의 배치, 조명의 톤, 세트의 구성, 그리고 연기자와 카메라의 움직임까지 매우 다양한 미학적인 요소들이 조절과 통제를 통해 이루어지게 된다. 미장센은 이러한 모든 요소들을 결합하여 의미를 만들어 내는 과정이다. 영상 요소는 사회적 의미가 부여되는데, 영상을 이루는 대상, 색, 화면의 구성 등 여러 요소들을 우리는 주관적인 방식으로 해독하는 것처럼 느끼지만, 영상 요소의 대부분은 사회적으로 의미가 부여되어 있다. 즉, 우리가 그동안의 영상경험을 통해서 익숙해져 있는 색, 형태, 피사체의 상징성 등을 차용해서 의미를 생산한다. 따라서 화면의 구성은 메시지를 수용자에게 전달하기 위한 중요한 요소로 기능을 한다. 프로그램 제작자는 여러 가지 요소들을 화면 안에 적절히 위치 또는 배치시키고 조절함으로써 보는 이의 관심을 의도적으로 원하는 방향으로 유도하고, 필요한 정보를 제공하며, 화면의 미적인 구성까지 만들어 내게 된다. 이들 요소들은 독립적인 성격으로 의미를 만들어 내기도 하지만, 서로 결합하여 다층적인 의미를 만들어 내기도 한다. 그 채움의 과정과 내용을 통해서 시청자들에게 이 화면 안에서 무엇을 보고 그 의미가 어떠한 것이라고 설명하거나, 또는 시각적으로 유의미한 것으로 인도하여 주는 신호방식이 바로 미장센이다. 즉 '장면을 채운다(putting in the scene).'라는 뜻의 무대연출을 가리키는 용어로, 연극 연출가가 무대 위에 무엇을 배치할 것인가를 구상하는 것이 미장센이라면 영상은 프레임(frame)을 무엇으로 채울 것인가의 문제라고 볼 수 있다. 화면 속에 담겨질 모든 조형적 요소들을 고려하는 것, 세트, 조명, 의상, 배열, 구도, 인물의 행위, 카메라의 각도와 움직임, 카메라에 찍힐 수 있도록 그림을 짜고 움직임을 만드는 연출자의 모든 작업을 총괄하는 개념이다. 미장센은 단일한 샷으로 이미지를 만들어 내는 작업을 가리키는데, 한 샷 속에 담기는 그림을 통해서 특정한 의미를 전달하기 위해 공간을 조정하는 것을 말한다. 미장센에 적합한 기법은 샷을 길게 찍는 롱 테이크(long take)와 화면의 심도를 살린 딥 포커스(deep focus) 촬영기법이 있다. 롱 테이크 기법은 가능한 한 흐름을 단절시키지 않고 긴 호흡으로 사실감을 유지시키면서 화면구성과 여백의 조화를 통해 다층적 이미지를 전달하려는 의도에서 사용되는 경우가 많다. 이럴 경우 관객은 연출자가 구사한 미장센의 의미를 분석하고 음미하면서 화면 보기의 무한한 즐거움에 빠져들게 된다. 반면에 딥 포커스 기법이란 카메라에 비교적 가까이 있는 물체로부터 멀리 떨어져 있는 물체까지 모두 초점이 맞도록 촬영하는 피사계심도(depth of field)를 극대화시키는 촬영법이라고 할 수 있다. 딥 포커스로 촬영된 화면은 깊이와 입체감을 지니게 되며 우리 눈이 현실에서 사물을 보는 것과 가장 유사한 느낌을 갖게 한다. 또한 초점이 맞는 범위가 넓어질수록 관객은 화면 속에 배열된 물체들을 더욱 많이, 더욱 자세히 보게 되므로 딥 포커스를 사용하려면 화면구성이 미장센에 충실해야 한다.

(2) 몽타주

몽타주(montage)는 어떻게 보여줄 것인가에 대한 요소가 중요하며, 몽타주는 동적이다. 기본개념은 영상언어의 기본으로서 샷과 샷을 결합시켜 의미(meaning)를 전달하는 것을 말한다. 일반적으로 몽타주는 '편집(editing, cutting)'과 동의어로 쓰이고 있으며, 일차원적인 관점에서 볼 때 편집이란 하나의 짧은 장면조각을 다른 하나와 단순히 결합시키는 과정이며, 편집을 통해서 사진의 연속적인 흐름을 유지할 뿐 아니라 불필요한 시간과 공간을 제거하는 것을 말한다. 몽타주는 단순한 샷의 결합이 아니라 샷과 샷이 충돌하여 제3의 의미(이미지)를 만들어 내는 것이다.

원래 불어의 'monter', 즉 '조립하다'라는 뜻으로 사용되어 온 건축

용어인데 영화 편집의 의미로 사용한 것은 러시아의 영화감독 에이젠슈타인에서이다. 몽타주는 쇼트와 쇼트를 결합시켜 의미(meaning)를 전달하는 것으로 편집(editing, cutting)과 동의어로 쓰이며, 데쿠파주(decoupage, 장면 분할의 의미)와 유사한 개념이다.

(3) 시각디자인의 기초원리

시각디자인을 이루는 요소는 점, 선, 면에서부터 형태, 공간, 원근법, 규모와 비례, 그리고 질감 규모와 비례, 운동성 등이 있다.

첫째, 시각디자인의 기본 요소는 점, 선, 면의 다양한 배치이다. 점이 모여 선을 이루는데 눈에 보이지 않지만 점이 모여 하나의 기하학적으로 만들어 내면서 형태를 이루게 된다. 선은 모여서 면이 만들어진다. 선은 무수히 많은 점들의 집합이라고도 볼 수 있는데 선에 따라 의미가 달라진다. 수직선은 대립과 교차를 수평선은 단순하고 간결한 느낌을, 대각선은 운동감을 나타낸다. 또한 선이 교차된 모습을 통해서는 다양성을 느낄 수 있다.

면이 모여서 입체감을 형성한다. 기초적인 평면은 작품내용을 수용하는 물리적인 평면이지만 면이 중첩하면서 입체적인 공간을 나타낸다.

이렇게 해서 만들어진 형태는 기하학적인 형태와 유기적 형태가 있다. 기하학적인 형태는 도형적 형태로서 규칙성과 기술적 공식성 그리고 안정감을 느낄 수 있다. 예를 들면 조형물, 포스터, 상징적 기호 영상물이 있다. 유기적 형태는 자연계의 형태로서 곡선이나 시각적 유동성을 지닌 공원 조형물 등이 있다.

둘째, 공간은 크기에 의한 공간 표현법으로 같은 물건이라도 크기에 따라 멀리 있는 것은 작게 가까이 있는 것은 크게 표현함으로써 3차원 효과를 가지게 된다. 원근에 의한 공간 표현법은 가장 보편적인 방법이며, 중첩에 의한 공간 표현법을 통해 3차원 공간을 표현하고, 투명에 의한 공간 표현법, 즉 앞 물체를 반투명하게 하여 입체감을 통한 공간을 표현하기도 한다.

셋째, 원근법은 대기 원근법과 과장 원근법 그리고 다각 원근법이 있다.

대기 원근법은 색체나 명암의 조절하는 것을 말하는데, 멀어지는 것은 희미하게, 가까운 것은 또렷하게 표현할 수 있다. 과장 원근법은 화면의 극적 특성을 표현하는 것으로 과장되게 크게 하거나 밝게 하여 강조하는 포인트를 두는 경우를 말한다. 다각 원근법은 이집트 벽화의 그림에서 나타나는 바와 같이 빛과 그림자 표현을 위해 다각적으로 약간 튀어나오게 하는 방법이 있다.

넷째, 규모와 비례는 뚜렷한 점을 강조하는 데 이용하며 시각을 끄는 데 목적이 있다. 규모가 클수록 다른 요소를 압도하여 한 요소에 초점을 맞출 수 있다.

다섯째는 질감으로 촉감의 느낌을 표현하는 것으로, 재료에 의하여 표현하는 방법이 달라진다. 촉각적 질감은 거칠고 구겨진 느낌이며, 시각적 질감은 시각적으로 표현된 촉감을 나타낸다.

여섯째는 통일성과 균형이 있다. 통일성은 이미지의 통합적 분위기로서 규칙에 가까운데 근접과 반복 그리고 연속성을 말한다. 균형은 안정감(Blance)으로, 대칭(거울효과)과 비대칭이 있다.

일곱째는 운동성에 의한 표현으로 동작은 움직임을 말하며, 색이나 모양이 리드미컬하게 표현된 것이 있다. 예를 들면 말달리는 모습이나 움직이는 형태를 표현하는 경우이다. 리듬과 반복도 운동감을 나타내는데 시각적으로 리듬감을 표현하는 방법으로는 반복된 도형이미지가 있다. 그러데이션도 비슷한 도형이 비슷하게 흐르면서 단계적으로 변화하는 모양을 표현하는 운동감을 나타낸다. 이러한 시각디자인은 정지영상뿐만 아니라 동영상 이미지에도 적용되는 시각적인 표현 방법이기도 하다.

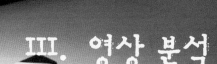

III. 영상 분석

영상미학 개념과 분석

1) 영상미학의 개념(Applied Media Aesthetics: Definition)[1]

인간 생활을 구성하는 의식주에서 우리는 계속적으로 미적, 기능적 선택을 한다(옷, 인테리어, 음식, 여행 등). 이러한 선택을 할 때, 우리는 적합한 미학적 기준을 가짐으로써 최적의 상태를 취할 수 있다. 마찬가지로 영상미학은 aisthanomai(지각하다)라는 그리스어에 그 뿌리를 두며, 일상생활과 상호 관련된 지각에 대한 연구, 즉 수많은 미학적 현상들과 인간의 지각적 반응을 다루는 학문으로서, 인간 일상생활의 중심에 자리 잡은 다양한 영상매체(TV, 영화, 비디오, 디지털 미디어 등)의 분석을 통해 효율적 메시지 전달과 기준을 제시하고 전달된 영상의 미학적 요소들의 영향을 이해하는 것이라 볼 수 있다.

영상 미학을 표현하는 기법은 귀납적 방식이다. 이러한 귀납적 방

---

[1] 허버트제틀 저 영상 미학의 미학적 원리와 방법을 비롯한 필자의 수업 자료 등에서 발췌한 영상 미학이론에 기초하여 영상 분석을 시도하였다.

식의 영상 미학에는 다음과 같은 다섯 가지 기본적 구성 요소들이 있다. 즉, ① 빛과 색상, ② 2차적 영역, ③ 3차원 영역, ④ 시간과 동작, ⑤ 음향 등이 그것이다.

2) 시지각 커뮤니케이션

(1) 시지각

시각 장치에 의해서 받아들여진 정보는 일관된 장면이나 색채를 구분하거나 거리를 파악하도록 인식하게 하는 처리 부분으로 전달되고 걸러지게 된다. 크기, 깊이, 밝음, 색채 등 시각처리의 가능성과 한계의 고려는 효과적인 시각적 인터페이스 디자인에 중요하다.

① 크기와 깊이의 지각

눈이 어떻게 크기, 깊이 그리고 상관된 거리를 지각하는가를 알기 위해서 시각에 대한 이해가 전제되어야 한다. 먼저 크기에 대한 지각은 원추체는 우리 시야 중심을 향하여 더 밀도 있게 모아진다는 사실이다. 따라서 읽거나 구분하는 능력은 초점으로부터의 거리와 반비례한다. 그리고 대상으로부터 반사된 빛은 망막상에 거꾸로 된 이미지를 형성한다. 그 이미지의 크기는 시각으로 분류된다. 대상의 크기는 우리의 지각에 영향을 주게 된다. 즉 오브제의 시각이 너무 작다면 우리는 그것을 전혀 지각할 수 없다. 시력은 자세히 지각하는 사람의 능력이다. 표준 시력 테스트에서 일반 시력을 가진 사람은 0.5초의 시각을 가지고 있는 단선을 파악할 수 있다. 사물의 시각이 사물이 멀어짐에 따라서 줄어든다고 할 때, 우리는 사물이 더 작은 것으로 지각한다고 기대할 수 있다. 그러나 실제로 사물의 크기에 대한 우리의 지각은 비록 그것의 크기가 변한다고 하더라도 일정한 것으로 지각하려는 항상성을 가지고 있다. 예를 들면, 사람의 키가 멀리 떨어져 있어도 일정한 것으로 지각된다. 이것은 크기 불변의 법칙이고 크기에 대한 우리의 지각이 시각보다는 인지에 의존한다는 것을 나타낸다.

또한, 깊이에 대한 지각은 우리가 보는 물체의 상관적인 위치나 거리를 결정하기 위하여 사용할 수 있는 일련의 단서들로부터 지각된다. 첫 번째는 만약 물체가 겹쳐 있다면 부분적으로 덮여 있는 물체는 배경에 있는 것으로 지각되며, 그래서 멀리 있는 것이 된다. 두 번째는 우리의 시계에서 물체의 크기나 높이는 그것의 거리에 대한 단서를 제공한다. 세 번째는 친밀성으로 만약 우리가 어떤 물체의 일정한 크기를 알고 있다면 그것이 있는 거리를 판단할 수 있다.

② 밝기의 지각

밝기는 사실상 빛의 단계에 따른 주관적인 반작용이다. 이것은 물체에 방사된 빛의 양인 휘도에 영향을 받는다. 물체의 휘도는 물체의 표면에 떨어지는 빛의 양과 그것의 반사적인 특성에 의존한다. 휘도는 물리적 특성이며 포토미더(광도계)를 사용하여 측정될 수 있다. 대비는 휘도에 관계된다: 이것은 물체의 휘도와 물체의 배경의 휘도의 작용이다. 밝기에 있어서 단지 지각할 수 있는 차이를 주는 휘도의 양으로서 묘사될 수 있다. 그러나 시각 시스템은 밝기에 따라 달라진다. 희미한 광선에서 간상체는 환영을 지배한다. 중심와에는 적은 양의 간상체가 있기 때문에 낮은 조명에서 응시했을 때 물체는 잘 보이지 않으며 주변 시야에서 더 잘 보인다. 일반 조명에서 추상체가 작용한다. 시력은 휘도가 증가하면 증가한다. 그러나 휘도가 증가하면 표시화면의 흔들림 또한 증가한다. 눈은 계속적으로 빛이 켜지고 꺼짐을 지각하게 되는 것이다.

③ 색채지각

색채는 보통 3개의 구성분 색상, 명암, 채도로 이루어진다. 색상은 빛의 분광파장(가시파장역)에 의해 결정지어진다. 파란색은 단파장이며, 초록색은 중간파장, 적색은 장파장. 약 150가지의 다른 색상이 일반사람에 의해 구별될 수 있다. 명암도는 색의 밝기이며 채도는 색채에서 백색 양의 포화도이다. 명암과 채도를 다르게 함으로써 7백만가지의 다른 색채대를 지각할 수 있다. 눈은 원추체가 다른 파장의 빛에 민감하기 때문에 색채를 지각한다. 색상은 중심와에서 최고이고 간상체가 퍼져 있는 주변에는 가장 적게 지각된다. 단지 중심와의 3∼4%가 파란빛에 민감한 원추체에 차지된다. 그러므로 파란색의 정확도는 낮다. 남자의 약 8%, 그리고 여자의 1%가 거의 흔하게 적색과 초록색을 구별할 수 없는 색맹이라는 것을 기억해야 한다.

④ 시각처리의 능력과 한계

시각처리는 빛에서 망막에 맺히는 완전한 이미지의 변형과 해석을 포함한다. 특히 기대는 이미지가 지각되는 방법에 영향을 준다. 예를 들면, 만약 물체가 특별한 크기라는 것을 안다면 그 물체가 얼마나 떨어져 있는가에 관계없이 그 크기로 지각한다. 시각처리는 망막의 이미지의 움직임을 보정하며, 그것은 우리가 그 물체 주위를 움직임으로써, 그리고 우리가 보는 그 물체가 움직임으로써 일어난다. 비록 망막의 이미지가 움직이고 있더라도, 우리가 지각하는 이미지는 고정되어 있다. 즉 물체의 색채와 밝기는 휘도의 변화에도 불구하고 일정한 것으로 지각하려는 시각의 특성을 가지고 있다.

(2) 시각의 기능

시각은 다음과 같은 기능을 가지고 있다. 첫째는 안정화 경향(Stabilizing the Environment)이다. 우리는 대개 사물의 복잡하고 세부적인 것들을 반복적인 형태나 단순한 형상으로 인식하려 하고, 물체의 크기를 그 물체와 떨어진 거리에 관계없이 일정한 것으로 느끼려 하며, 명암이나 빛의 변화와 관계없이 원래의 색상으로 인식하려고 하는 경향이 있다. 두 번째는 선택적 시각(Selective Seeing/선택적 지각 Selective Perception)이다. 우리는 원하는 부분만 선택적으로 보려는 경향이 있다. 이러한 시각 기능의 특성 때문에 선택적 방식으로 정보를 받아들이고 그 방식과 배치되는 것들은 여과시켜 버린다. 이러한 선택적 시각을 통한 지각과정에서 정보를 줄여 나가야만 지나친 정보로 인한 혼돈으로부터 벗어날 수 있다. 우리의 선택적 시각은 실제와는 왜곡된 세계를 보게 할 수도 있다. 세 번째는 미적 반응의 예측(Predictable Aesthetic Response)을 가지고 있다. 인간의 지각과정에는 일정한 논리가 있기 때문에 특정한 미적 자극이나 규칙이 있는 패턴에 사람들이 어떻게 반응할 것인지는 어느 정도 예측이 가능하다. 캔티드 샷(canted shot)은 이러한 원리를 이용한 샷으로, 예를 들면 화면의 수평선의 각을 기울여 달려오는 기차를 더 역동적으로 느끼게 할 수 있다. 네 번째는 감성적 지식(Emotional Literacy)을 지니고 있다. 선택적 시각에 의해 보이는 대로만 지각한다면 우리의 지각 기능은 오류를 범할 수 있다. 영상매체는 인간의 감성적 지식과 미적 능력을 확대하여 지각기능의 한계성을 어느 정도 극복할 수 있도록 도와준다. 즉 하나의 장면에 여러 사람의 시각에서 보여주거나 여러 가지 관점의 변화를 제시할 수 있다. 예를 들면, 공간과 시간과 빛에 따른 변화를 표현하는 입체파 혹은 인상파 그림 그리고 초현실주의 영화들이 그 예이다.

3) 영상미학의 구성요소[2]

(1) 1차원 영역

① 빛(Light)

텔레비전과 영화는 빛의 예술이며, 빛으로 모든 영상을 만들어 낸다. 그러므로 빛을 제어하는 조명은 영상의 특별한 의미를 전달하기 위하여 빛과 그림자를 이용하여 창의적인 영상을 만드는 데 중요하다. 빛은 일종의 복사 에너지이며 많은 에너지 미립자로 구성된 전자기 스펙트럼을 구성한다. 백색 태양광이 프리즘을 통과하면 무지개색이 나타난다. 이 무지개색의 파장은 가시 전자기 스펙트럼의 파장에 속하기 때문에 가시 스펙트럼색이라고 부른다. 우리는 광원이나 반사된 빛만을 볼 수 있으며 진정한 의미의 빛은 볼 수 없다. 영상제작과

---

[2] 영상미학의 1차원, 2차원, 3차원, 4차원, 5차원에 대한 내용은 H. Zettle의 영상미학을 중심으로 발췌되었고, 재해석하였다..

〈표〉 빛의 분류

분류	내용
외부광 (External light)	외부광이란 렌즈를 통해 들어온 빛으로 실내외 촬영에서 사용되는 빛을 말한다. 조명이란 외부광을 제어하는 것을 말한다.
내부광 (Internal light)	내부광은 TV화면에 사용되는 전자적 에너지를 말한다. CRT(Cathode Ray Tube: 음극선관)의 화상 원리 표시를 보자면, 그것은 한장 한장의 프레임을 주사선(raster)으로 구성하고 있다. 즉 전자총(electronic gun)으로부터 발사되는 전자음극선)가 화면 뒷면(＋극)에 부딪힐 때 생기는 빛으로 그림을 구성하는 것인데, 이때 전자총의 편향코일에 의해 전자의 음극선의 방향을 조절하여 좌우일렬로 된 주사선을 위에서 아래로 순차적으로 주사함으로써 한 장의 프레임이 우리의 눈에 보이게 된다. 일반적으로 CRT에서는 이 같은 과정을 1초에 30회 반복하므로, TV영상은 1초에 30장의 프레임으로 구성된다.

상영에는 두 가지 빛을 이용하는데, 외부광과 내부광이다.

② 조명(The Structure of Lighting)

조명이란 빛을 제어하여 주변의 물체들을 효과적으로 지각하도록 하기 위한 것이다. 조명은 외적 환경(시간과 공간에 따른 물체의 형태와 위치, 표면의 재질감)과 내적 환경(감정)을 연결시키는 외부지향기능(조명의 일반적 기능)과 내부지향기능(조명의 심리적 기능)이 있다. 이러한 기능은 그림자 제어와 깊은 관련이 있다.

조명을 통해 어떤 장면을 표현하고 강조하려면 그림자를 이용해야 한다. 예를 들면, 극적인 상황을 표현할 때 그림자를 조절하는 것이 효과적이다. 스포트라이트 같은 지향성 광원으로 물체의 입체감을 주거나 반사대를 이용하여 물체에 투광조명을 확산시키면 평면적인 조명으로 물체의 윤곽만 보인다. 물체에 만들어진 그림자의 종류에 따라 표면그림자와 투영그림자로 나눈다(레오나르도 다빈치).

첫째, 표면그림자는 어떠한 광원 상태에서도 물체와 분리될 수 없

❀출처: 맨해튼(2007. 6.) NBC 촬영현장

〈사진〉 반사판을 활용한 조명

으며, 표면그림자를 통해서 물체의 기본적인 형태나 질감을 알 수 있다. 조명의 방향에 따라 표면 그림자는 왜곡된 형상을 만든다(돌출된 부분과 움푹 파인 부분). 이러한 형태의 공간 표현법은 평면에 표면그림자를 넣어 굴곡을 나타낼 때 중요하다.

둘째, 투영그림자는 물체에서 독립되어 있으며 그 물체의 위치를 알 수 있게 해준다. 투영그림자는 물체와 연결될 수도, 분리될 수도 있다. 연결된 투영그림자는 연결된 투영그림자, 분리된 투영그림자는 분리된 투영그림자이다. 투영그림자는 다른 물체의 표면에 왜곡된 2차원 영상을 만들어 내어 시각적인 흥미를 유발시킨다. 그러므로 투영그림자는 단조로운 공간에 다양성과 흥미를 주거나 특정한 장소를 가리키거나 극적인 장면에 분위기를 고조시키는 데 효과적이다. 표면

그림자와 투영그림자의 효과적인 사용은 디자인에서 중요하다. 예를 들면, 물체가 움직이거나 광원이 움직일 경우에는 표면그림자를 변화시켜야 한다. 또한 투영그림자도 그 물체가 표면에서 멀어질 때 크기가 커지고 엷어지며, 물체가 표면을 향해 접근하면 투영그림자는 작아지며 진해진다.

셋째, 폴오프(falloff)는 빛과 그림자의 관계를 나타낼 때 사용하는 용어로, 빛과 그림자의 명암비나 명암의 변화 속도에 따라 폴오프가 빠르다 혹은 느리다고 표현한다. 폴오프를 조절하는 것은 물체 표면의 구조를 변화시키므로 빛의 지향성 기능을 이해하는 데 중요하다. 폴오프는 조명기구를 이용하거나 보조광 또는 반사판을 이용한 반사광을 이용하여 조절할 수 있다. 스포트라이트의 지향성 빔이나 태양광은 밝은 부분과 짙은 표면그림자 사이에 뚜렷한 명암의 차이를 만들어 폴오프를 빠르게 한다. 반면 투광조명은 폴오프를 느리게 하는데, 그것은 투광조명이 빛을 확산시켜 물체의 정면뿐만 아니라 측면까지도 비추어 표면그림자를 약하게 만들기 때문이다. 즉 폴오프의 속도가 빠른 것은 강한 빛으로 느린 것은 부드러운 빛으로 느끼게 된다.

A. 조명의 일반적 기능

조명의 외부적 기능으로 조명을 통해 시간과 공간의 지각, 물체의 형태, 표면의 질감, 그리고 주변 환경과의 관계를 알 수 있다.

첫째, 공간기능(Spatial Orientation)으로 조명은 물체의 기본적인 형태와 위치를 알려 준다(주광원, 표면그림자, 투영그림자).

둘째, 촉감기능(Tactitle Orientation)으로 조명은 공간기능에서와 마찬가지로 촉감기능에서 폴오프의 조절은 중요하다(예: 지향성 조명으로 막을 비추면 주름이 두드러지지만 확산조명으로 비추면 평면적으로 보인다. / 얼굴의 질감을 강하게 주기 위하여 폴오프를 빠르게 하거나 여성의 부드러움을 주기 위하여 폴오프를 느리게 한다. 즉 다양한 보조광이나 반사광을 이용한다).

셋째, 시간기능(Time Orientation)으로 빛과 그림자를 조절하여 시간이나 낮과 밤을 표현할 수 있으며 색온도를 바꿈으로써 계절을 표현할 수 있다. 예를 들면, 주간 조명은 밝고 밤은 배경이 어둡다. 즉 주간에는 광량이 많이 필요하고 맑은 날은 폴오프를 극단적으로 빠르게 하고, 흐린 날은 빛의 지향성이 약하므로 폴오프가 느리다. 밤은 조명을 선택적으로 사용한다. 시간은 투영그림자의 길이로 표현할 수 있다. 긴 투영그림자는 아침이나 저녁을 나타낸다. 한낮에는 그림자 길이가 짧다. 배경에 의도적인 투영그림자를 만들어 시간을 표현할 수 있다. 일반적으로 겨울에는 여름보다 햇빛이 약하고 한낮에도 약간 사각으로 비친다. 그러므로 여름보다 겨울의 투영그림자는 더 길고 부드러우며 색상도 푸른 기운이 감돈다. 겨울의 눈이 있는 장면을 찍을 때는 눈이 반사판 역할을 하므로 폴오프를 느리게 표현한다.

〈표〉조명의 일반적 기능

조명의 기능		영상(영화 '악마는 프라다를 입는다' 중에서)	분석
공간의 기능			높게 솟은 도시의 빌딩을 자연광으로 묘사
			빌딩 안으로 들어가는 모습으로 연결
시간의 기능	낮 시간		그림자가 90도 각도로 직선에 가깝게 차량 밑의 그림자가 드리워진 정오 모습
	해질녘		차량 밑의 긴 그림자가 드리워진 오후 모습
촉감 기능 폴오프(falloff)	빠른 경우		주름과 피부톤으로 세월의 흔적을 표현
	느린 경우		

B. 조명의 심리적 기능

첫째, 분위기 설정기능으로 조명은 인간의 심리상태를 바꾼다. 분위기를 조성하는 두 가지 조명 방식으로 키라이트(주광원)의 위치와는 관계없이 폴오프를 조절하는 로키조명(low-key)과 하이키조명(high-key), 그리고 키라이트(key light)의 높이를 기준으로 하이앵글(high-angle) 조명과 로앵글(low-angle) 조명이 있다.

둘째, 암시조명(Predictive Lighting)으로 사건의 전개가 어떻게 진행되는지를 예측하는 데 영향을 미치는 조명기법이다. 예를 들어, 하이키에서 로키로, 하이앵글에서 로앵글로 조명을 변환시키는 것은 시청자들에게 불길한 상황을 암시하는 효과가 있으며, 반대의 조명은 좋은 상황을 예상할 수 있다.

셋째, 극적인 요소는 조명과 조명기구를 통해 한 장면 내에서 극적인 효과를 표현하는 중요한 요소이다. 예를 들면, 태양광선, 자동차의 헤드라이트, 경찰차의 헤드라이트, 포로수용소의 감시탑조명, 깜박이는 간판 같은 실제 관원을 보여줌으로써 사건의 장면을 효과적으로 강조할 수 있다.

〈표〉 조명의 심리적 기능

조명의 심리적 기능	영상(영화 '더 퀸' 중에서)	분석
분위기 설정기능		하이키 조명으로 여왕과 총리사이의 심리적 관계를 묘사
암시조명으로 극적인 요소 표현		경호 차량의 조명으로 다이애너비에게 일어날 상황에 대한 극적인 요소를 암시조명

③ 색(color)

색의 3요소는 색상, 명도, 채도이다. 색상(hue)은 색깔 그 자체를 말한다. 파랑·빨강·노랑·초록 등을 나타내고, 채도(saturation)는 색의 선명도 또는 순도를 나타내는데, 유채색과 무채색으로 나누어진다. 명도(brightness)는 흑백사진에서 그 색이 얼마나 밝은가 정도를 나타낸다.

색입체(color models)는 색의 3요소와 이들의 상호관계를 설명하고 그 기준을 제시하기 위한 입체도표이다. 색입체에서 색상이 무지개 색채의 순서대로 시계방향으로 배열되어 있고, 중앙축은 명도축으로 그레이스케일이 수직으로 배열된 것으로 명도축에서 멀어질수록 채도가 높아진다. 가장 일반적인 색입체로는 만셀(Albert H. Munsell: 1858~1918)의 컬러 시스템(munsell Color System)을 들 수 있는데, 색상은 20가지로, 명도는 9단계로 나누어져 있으며, 채도는 색상마다 그 단계가 다르다. 예를 들면, 색의 3요소가 5Y 8/12일 때 노란색(5Y), 명도는 8, 채도는 12를 나타낸다. 색입체는 인쇄 시 중요한 기준이 되지만, TV나 영화 제작에 있어서는 너무도 많은 변수가 있고 필름의 색상재현 기준이 다르므로 색입체를 이용한다는 것은 의미가 없다. TV의 기술적 단계에서 TV 재생 시 모든 색상과 채도를 수치로 나타내어 도표로 그린 색도표(Chromaticity Diagram)를 기준으로 한다.

구분	영상	분석
normal한 촬영의 화면		화이트 밸런스를 맞추어서 일반적인 모드로 촬영한 화면
saturation을 낮춰 촬영한 화면		화면의 전체의 채도를 낮추어서 촬영한 화면, 색이 탈색되어 가을 분위기 표현
saturation을 높여 촬영한 화면		화면의 전체의 채도를 높여서 촬영한 화면, 단풍의 붉은 색이 좀 더 화사하게 표현

색의 합성법에는 가색법과 감색법이 있다.

먼저, 가색법은 빛의 3원색인 빨간색(red), 초록색(green), 파란색(blue)을 합성한 것으로 이들 3원색을 프로젝트를 통하여 비추면 빨간색에 초록색을 혼합하면 노란색이, 빨간색에 파란색을 합성하면 마젠타 색이 나타나며 초록색과 파란색을 합성하면 시안색이 나온다. 이들 세 가지 빛의 3원색을 모두 합성하면 흰색이 되며, 세 가지 색의 프로젝트를 모두 끄면 검정색이 된다. 프로젝트에서 나오는 빛의 세기를 조절하면 다양한 색상을 만들 수 있다. 컬러TV의 색재생과정은 카메라 렌즈를 통해 들어온 빛은 거울이나 프리즘의 가색법의 3원색으로 나누어진다. 이 3원색이 전자총을 통해 전기적으로 처리되어 TV의 모든 색을 표현한다. 예를 들어, 빨간색과 초록색 전자총으로만 타깃에 빔을 쏘면 노란색이 만들어지고, 빨간색·초록색·파란색 세 개의 전자총이 모두 최고의 세기로 빔을 쏘면 흰색이, 전자총이 모두 빔을 쏘지 않으면 검은색이, 세 개의 전자총이 모두 중간세기로 빔을 쏘면 중간톤의 회색이 만들어진다. 실제로 TV 수상기는 단지 가색법의 3원색을 보여주며, 한 부분을 확대해서 보면 가색되기 전의 3원색을 볼 수 있으며, 일정한 거리를 두면 색이 혼합된 것처럼 보이게 된다.

다음으로, 감색법은 물감의 3원색인 마젠타(magenta), 노란색(yellow), 시안색(cyan)을 합성한 것으로 3원색이 합성되면 검정색이 만들어지며, 이들 감색법의 3원색 중에서 두 가지 색들이 만나면 가색법의 3원색이 만들어진다. 감색법은 원하는 색을 제외한 모든 색을 걸러내는 방법이다. 예를 들어 파란색 물감은 파란색을 제외한 모든 광스펙트럼을 여과시켜 파란색만이 반사되어 우리 눈에 비침으로써 파란색 필터를 사용한 효과를 스스로 갖고 있는 셈이다. 감색법에서도 여러 가지 색상을 만들기 위해 빨간색을 흡수하는 필터, 초록색을 흡수하는 필터, 파란색을 흡수하는 필터가 필요하며, 감색법의 3원색인 시안은 빨간색을 흡수하고, 마젠타는 초록색을 흡수하며, 노란색은 파란색을 흡수한다.

A. 색의 상대성

색은 광량에 따라, 주변의 색에 따라, 그 표면의 반사율에 따라 밝거나 어둡게, 강하거나 약하게 또는 다른 색으로 보이기까지 한다. 색의 상대성에 영향을 주는 4가지 요소는 첫째, 주변광(surrounding lighting)이다. 한 장면에 어떤 종류의 빛이 얼마만큼 주어지느냐에 따라 색상이 달라진다. 색이란 필터를 거친 혹은 반사된 빛이기 때문에 어느 정도의 기본적인 광량이 있어야만 우리의 눈으로 그 물체의 색을 지각할 수 있다. 또한 광량이 지나치게 많은 것도 색상을 왜곡시킬 수 있다. 예를 들어, 어떤 물체에 투광조명을 하여 지나친 광량을 주면 카메라가 그 색상을 표현하지 못하고 하얗게 퇴색된 영상을 만들게 된다. 둘째는 색의 항상성(color constancy)이다. 이는 한 물체의 색을 다른 상황에서도 같은 색으로 보려는 경향을 말한다. 우리의 지각작용이 실제로 보이는 것(망막의 자극)에 의해서뿐만 아니라 우리가 보려고 하는 물체에 대해서 가지고 있는 생각에 의해서도 영향을 받기 때문이다. 우리는 또한 한 물체만 보는 것이 아니라 주변과 함께 봄으로써 상황문맥(context) 속에서 물체를 지각하는 과정에서 무의식적으로 그 상황을 안정시키려고 하는 경향이 있다. 이러한 지각기능의 특성 때문에 미묘한 변화는 무시하고 항상성을 유지하려 한다. 즉 색상, 패턴, 동작, 형태, 크기 등이 변화하지 않는 쪽으로 인식하려 한다. 예를 들어, 어떤 물체의 밝은 부분과 어두운 부분을 같은 색으로 지각하려는 것은 색의 항상성 때문이다. 그러므로 화면에서 패턴의 디테일이나 색상의 미세한 변화를 읽을 수 있어야 한다. 특히 TV 화면에서의 색의 항상성을 유지하는 데 어려움이 있으므로 조그만 색의 왜곡현상에도 주의해야 하며 시청자들이 화면 조정 시 색상의 기준으로 삼는 얼굴의 피부 톤을 보조광을 사용하여 가능한 충실히 색을 재현할 필요가 있다. 보조광의 사용으로 그림자가 부드러워지고 옅어지면서 색상재현이 잘 된다. 셋째는 표면반사(surface reflectance)이다. 하나의 유색물체가 빛을 너무 많이 반사하거나 너무 적게 반사하는 것은 그 물체에 떨어지는 광량 뿐만 아니라 그 물체의 반사율과 깊은 관계가 있다. 예를 들어, 벨벳은 반사율이 낮은 반면 거울은 거의 모든 빛을 반사시킨다. 그러므로 반사율이 높은 물체를 조명할 때는 반사율이 낮은 물체를 조명할 때보다 광량이 적게 필요하다. 넷째는 색지각은 빛의 종류에 많은 영향을 받는다. 일반적으로 백색광은 약간의 붉은 기운이 도는 빛과 약간의 푸른 기운이 도는 빛으로 나눌 수 있다. 태양광도 시간의 변화에 따라 그 색이 변하는데 한낮에는 푸른 기운이 돌며 일출 혹은 일몰시에는 붉은 기운이 많이 돈다. 이러한 빛의 색깔은 캘빈의 색온도로 나타낼 수 있는데, 푸른 기운이 많이 돌수록 색온도가 높고 붉은 기운이 많이 돌수록 색온도가 낮다. 그러므로 채광조건이 달라질 때마다 카메라의 색온도를 그 빛의 색온도에 맞추어 주어야 하는데, 이것을 화이트밸런스를 조정한다고 한다. 예를 들어, 태양광은 실내조명보다 색온도가 높으므로 야외용 필름으로 실내를 촬영하면 붉게, 반대로 실내용 필름으로 야외촬영을 하면 푸른 기운이 돌게 된다.

B. 색의 주변성

하나의 색은 그 색을 둘러싸고 있는 주변색에 의해서 또는 인접된 색상에 의해 영향을 많이 받는다. 예를 들어, 주변색의 색상과 명도를 다르게 하면 가운데 있는 색의 색상과 명도가 달라 보인다. 일반적으로 가운데 색은 주변색의 보색기를 약간 띠게 되는데, 이러한 현상을 동시대비(simultaneous contrast)라고 한다.

C. 색떨림 현상(color vibration)

타이틀 제작 시 같은 채도와 같은 명도의 두 가지 보색을 사용하면, 예를 들어 파란색 배경에 빨간색 글자로 타이틀을 제작하면 두 가지 색은 색상대비가 심하여 읽기가 어렵고 색떨림 현상이 일어날 수 있다. 이 색떨림 현상은 검은색의 가는 줄무늬가 있는 흰색 옷이나 물결무늬와 같은 좁고 대비가 심한 패턴에서 일어난다.

⑥ 색의 느낌

색은 인간의 감성과 지각작용에 직접적으로 영향을 미친다. 예를 들면 따뜻하거나 차가운 느낌을 주는 색, 빨간색은 가까워 보이고 파란색은 멀어 보인다든지, 따뜻한 색으로 채색된 상자는 시원한 느낌의 색으로 채색된 같은 무게의 상자보다 더 무겁게 보이며, 빨간색으로 조명한 방에서 보다 파란색으로 조명한 방에서는 시간이 빨리 지나가는 듯한 느낌이 든다. 난색계통이나 채도가 높은 색은 인간의 감정을 흥분시키고 한색계통이나 채도가 낮은 색은 감정을 진정시킨다. 이러한 현상들은 다른 미적 요소들과 상관관계를 갖고 있다. 예를 들면, 빨간색 기운을 띤 파란색은 따뜻한 느낌이 들고 파란 색 기운을 띤 빨간색은 차가운 느낌이 든다.

D. 색채의 의미와 특성

색채에는 의미와 특성이 있다.

〈표〉 색채의 의미

색상	색깔의 의미	적합한 제품의 예
빨간색	사랑, 따뜻함, 관능과 정열, 반항과 피, 잔인함과 파멸의 불 상징, 역동적이고 격렬, 반항과 정복, 에로티즘의 색	
자주색	엄격, 전통적이며 풍부 한 톤 낮춘 빨강- 건강하지 않음, 죽어가는 슬픈 것, 종교 의식 관련	제품의 기품을 보증 소화기, 남성용품 (스포츠카, 담배, 면도 크림)
적갈색	사치, 우아	초콜릿, 껌 등 충동구매 소비재 식료품
선홍색	관능적	
중간빨강	활동, 힘, 움직임, 욕망	경고 또는 금지문(패스트 푸드)
밝은빨강	힘, 에너지, 기쁨과 승리	
오렌지색	따뜻함, 불, 햇살, 가을, 열정, 자극, 젊음, 심장박동 빠르게, 가벼운 색	라비올리 이태리 국수, 통조림, 토마토 제품
노란색	생생, 명랑, 친근, 좋은 유머와 삶의 기쁨, 검은색과 배치될 때 집중시킴.	옥수수, 레몬, 선탠 로션
초록색	차분함과 휴식, 혈압 낮추고 모세혈관 팽창, 건강, 신선함, 자연 상징, 희망의 색	야채 통조림, 담배 제품
파란색	하늘, 물, 바다, 우주, 공기와 여행 상기시킴. 환상과 자유, 꿈과 젊음, 평화, 휴식, 현명함	얼음연상, 음료수, 생수, 맥주
밝은 파랑	하늘, 물, 바다, 우주, 공기와 여행 상기시킴. 환상과 자유, 꿈과 젊음, 평화, 휴식, 현명함	
갈색	흙, 나무, 열, 위안과 관련, 건강한 삶과 일상의 노동을 환기, 물질적 풍요를 찾는 소유의 욕망 표현	남성 제품
흰색	밝지만 조용하고 차가운 색채, 깨끗함, 완벽함. 유행, 순수, 정숙, 젊음과 평화. 모든 색을 포함하는 색이므로 색의 조합에 적합	음료, 전자제품
검은색	애도, 슬픔, 고독, 밤, 고귀함, 기품, 우아함	보석, 자동차, 주류
분홍색	소심하고 로맨틱, 부드러움, 여성스러움. 애정과 친밀감 암시	약품
회색	불확실한 분위기, 공포, 늙음과 죽음. 지저분한 색채	
파스텔 톤	친밀감, 애정, 혼자서 생각하기 좋은 것들. 색채의 특징을 온화하거나 약하게 만드는 데서 생겨났다고 함.	세제

〈표〉 색채의 특징

구분		특성
색온도	노란색, 오렌지색, 빨간색	자극적이고 다이나믹하며 흥분되는 따뜻함
시선집중색 (명도)	난색 계열(멀리서도 잘 보임)	노란색-오렌지색-초록색 -파란색-보라색의 순서
	어둡거나 약간 어두운 곳	빨간색-초록색-노란색-흰색 순
보색	빨간색+초록색=생생 대비의 효과 자주색+노란색=대비의 효과 흰색+검은색=대비의 효과	
색채의 무게	검은색-빨간색-회색-자주색-파란색-노란색 -흰색 순 어두운 색채는 물체 작게 보이는 효과 검은 바탕의 흰색-물체 크게 보임.	프랑스 국기 빨간색 37%<파란색 33% <흰색 30%
색채의 움직임	흰색-경계선 밖으로 검은색-뒤로, 빨간색-전진, 파란색-후퇴	
색채의 맛	녹황색, 노르스름한 초록색-신맛 분홍색-달콤 파란색, 갈색, 올리브 그린색, 자주색-쓴맛 노란색-매운맛, 그린 그레이와 블루 그린색-짠맛	
색과 후각	다홍색-고추 자주 엷은 자색-향미, 가볍고 불순물 없음.	
색과 소리	자주색-깊고 낮은 음성	

(2) 2차원 영역(The Two-Dimensional Field: composition)

TV나 영화 화면은 압축되어 있는 새로운 생활공간, 즉 미학적 표현을 위한 또 다른 영역을 제공해 준다. 이러한 화면공간은 면적 설정, 크기, 기본적 화면의 힘과 같은 주요한 구조적 요소를 갖고 있다.

① 면적 설정

TV나 영화 화면은 수직적이고 수평적인 방향이 이미 주어져 있으며 종횡비를 가진다. 종횡비는 수직방향의 사물이나 장면뿐만 아니라 수평방향의 것도 쉽게 영상화할 수 있도록 해 주며, 최근에는 좀 더 넓고 크게 만들기 위해 수평방향으로 확대되었다. 기본적으로 사람들이 수직적인 면보다 수평적인 면 위에서 세계를 경험하고 있기 때문에 TV나 영화 화면은 수평방향으로 이루어져 있다.

회화나 스틸사진의 경우 화면의 크기나 형태를 자유롭게 선택할 수 있지만 텔레비전이나 영화 화면은 그 크기나 형태가 정해져 있다. 종래의 영화 화면과 현재 텔레비전의 종횡비는 4:3, 표준 할리우드 영화는 1.85:1, 파나비전 영화 포맷은 2.35:1, HDTV 화면은 1.77:1이다. 가로가 세로보다 긴 이유는 인간의 시야가 세로보다는 가로가 더 길고, 인간의 생활도 수직면에서 보다 수평면에서 더 많이 이루어지기 때문이다.

이러한 화면의 종횡비는 고정적인 것이 아니라 특수효과 장비나 화면 처리, 다른 구조물 배치 등으로 바꿀 수도 있다.

Aspect Ratio Comparison

② 크기

같은 사건을 보여주더라도 큰 화면을 가진 영화의 영상은 TV의 작은 영상보다 더 힘 있게 느껴진다. 즉, 큰 영상은 작은 것보다 더 많은 미학적 에너지를 갖는다. TV는 사물이나 사진은 덜 강조되고 대신 사람의 행위가 강조되며 귀납적인 접근, 즉 일련의 세부사항을 통해 전체 사건으로 옮겨가는 방식을 사용하여 회상의 효과를 거둔다. 반면 영화는 사물과 마찬가지로 사람도 구경거리가 될 수 있고, 영화의 큰 화면은 전체를 비추어 준 후 세부 요소들로 카메라를 옮겨가면서 이야기를 전개시켜 나가는 연역적인 접근 방법을 사용한다. 영화를 볼 때는 대개 사건을 관망하는 것으로 그치지만 TV를 볼 때는 사건에 참여하여 자세히 관찰하게 된다.

화면에 나타난 물체의 크기를 알 수 있는 주요 근거는 다음과 같다.

① 물체에 관한 지식, ② 화면상의 크기, ③ 상황문맥, ④ 사람의 신체와 비교, 즉 우리가 그 물체의 크기를 알고 있으면 화면의 영상을 보고 곧 실제 크기로 환산할 수 있다. 그러나 우리가 모르는 물체의 경우에는 샷의 크기에 비례해 물체의 크기를 인식하게 된다. 그러나 여러 가지 물체가 화면에 나타나면 그중에서 기준이 되는 물체를 하나 정하고 나머지는 상대적인 비교를 통해 그 크기를 가늠하는데, 이때 가장 일반적인 기준은 인간의 신체라고 할 수 있다.

한편, 색에도 항상성이 있듯이 크기에도 항상성이 있기 때문에 화면의 영상 크기에 따라 같은 물체를 다른 크기로 느끼지는 않는다. 그럼에도 불구하고 영화 화면은 텔레비전 화면보다 더 큰 미학적 에너지를 가진다. 영화에서는 사람뿐만 아니라 물체도 큰 미학적 에너지를 가지는데, 텔레비전에서는 사람이 물체보다 훨씬 더 큰 미학적 에너지를 가진다.

③ 프레임의 힘

프레임의 힘에는 6가지 주요한 유형이 있다. 첫째, 수평선과 수직선은 일상세계를 반영하는 것으로, 수평선은 평화롭고 정상적인 상태라는 느낌을 주고 수직선은 힘과 형식 및 강력함을 나타낸다. 수평선이 상하로 움직이면 안정되고 정지되어 있는 샷에서 조차도 불안정성과 강력한 역동성을 가지게 된다. 둘째, 프레임이 가장자리, 특히 모서리는 화면 내부에 놓인 물체에 대해 강한 인력을 발산하며, 그래픽 질량이 적을수록 종속되어 있는 반면, 클수록 독립되어 있다. 즉 큰 그래픽 질량은 항상 적은 것보다 더 안정되어 있다. 셋째, 프레임 오른쪽에 놓인 물체는 왼쪽에 놓은 물체보다 더 주의를 집중시키는 경향이 있으며 프레임 좌측의 바닥에서 프레임 우측의 꼭대기로 그어진 대각선은 상승적인 경사면을, 좌측 꼭대기에서 우측 바닥을 향하는 대각선은 내려가는 경사면을 암시한다. 넷째, 움직이는 물체에 대하여 안정된 배경으로 장면을 구성하려는 경향이 있다. 물체가 배경으로 혹은 배경이 물체로 전환되는 기법을 혼란을 초래할 수도 있지만 오히려 경이롭게 표현적인 효과를 거둘 수도 있다. 다섯째, 화면 구성에 있어 혼란을 야기하는 부분을 분리하고 제거하는 정돈화와 화면의 기본 구성에 충분하지 못할 때 정보를 첨가하는 명료화가 이루어지는데, 이것을 통해 어떤 패턴을 만들어 낸다. 이것을 게슈탈트라 하는데, 어떤 물체들이 확실하게 서로 관련되어 있지 않을 때는 심리적 연결을 하려는 경향이 있다.

여섯째, TV나 영화에서는 그래픽, 지표, 동작 방향력이라는 세 개의 주요한 방향력을 가지는데 이들 방향력은 연속적이거나 수렴적이다. 동일한 방향으로 서로 나아가는 것을 연속적 방향력이라 하고, 서로를 가리키거나 상대방을 향해 움직이는 것을 수렴적 방향력이라 한다.

TV나 영화의 경우에는 그림 요소들이 끊임없이 움직이므로 구조의 변화를 다루어야 한다. 2차원적 영역을 구성하는 데는 방향력 분배를 통한 2차원 영역의 안정화와 질량 분배를 통한 2차원 영역의 안정화라는 2가지 중요한 과정이 있다.

방향력 분배는 지표 방향력과 동작 방향력이 충분히 뻗어 나갈 수 있도록 충분한 공간을 제시해 주어야 한다. 방향력 영역의 구조는 화면 영역을 넘어서 확장될 수 있고 여러 개의 화면에 동시에 확장될 수도 있다.

질량 분배는 화면 전체를 연결된 세부 면으로 조화 있게 나누는 면적 비율과 화면에 나타난 여러 가지 크기의 피사체들 사이의 상관관계를 의미하는 피사체 비율로 나누어진다.

면적비율을 다룰 때에는 황금분할의 비율을 고려하여야 하고 그래픽 질량과 상대적 무게를 고려해야 한다. 피사체 비율은 조작함으로써 2차원 영역 내의 긴장을 높이거나 낮출 수 있다.

그러나 균형이 잡혔다고 해서 화면이 안정화되었다고 볼 수 없고 방향력과 그래픽 무게가 고르게 분배되어 있어야 안정되었다고 볼 수 있다.

2차원 영역을 구성한다는 것은 궁극적으로는 화면 내의 시각적 요소들을 균형 있고 역동적이며 주기적으로 순환하는 상호작용 속으로 끌어들임을 말하는데, 이는 기본적 메시지를 설명해 주고 명확히 해

준다.

2차원 영역을 표현하는 것으로 대표적인 예가 TV 뉴스 보도 프로그램이다.

TV 프레임 영상은 기계에 의해, 카메라의 눈에 의해, 틀에 의해 메시지화된다. 또한, 움직임을 통한 재생단계에서 완성된 틀(frame)을 갖는다. 영상의 성격은 카메라에 의한 기계적인 것으로 나름대로의 시각기능을 가지며, 나아가서는 인간의 시각과 의식을 규정한다. 영상은 촬영된 상의 의미로 어떤 대상물에 빛을 주었을 때 광원의 반대편에 나타나는 울타리와 메시지의 한계이다. TV 뉴스는 평면적이고 지루한 줄거리의 전달뿐만 아니라 효과적이고 영상미학적으로 전달하기 위한 뉴스제작의 각 과정에서 새롭게 보강할 요소가 필요하다. 9시 뉴스의 영상적 의미는 뉴스 보도영상의 구성을 말한다.

보도 영상의 가장 중요한 주제의 구도는 3등분법을 따라야 한다(다음 <그림> 참조).

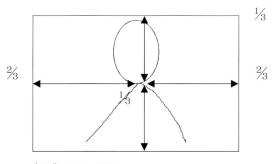

〈그림〉 인터뷰 3등분법

TV 뉴스는 다른 것과 달리 미결된 상태로서는 안 된다는(News Reporting and Writing)이론과 마무리가 중요하다는 (And Now the News)의 이론으로 나누어진다.

뉴스제작 현장에서 기자는 고유 직무 외에 촬영감독으로서의 기능과 음향 전달자로의 직무도 지녀야 한다.

보도 영상은 현실에 기초를 둔 정보를 하나의 영상 자체가 메시지가 되는 현실적 영상이다. 보도 뉴스의 화면구성은 2차원적 화면이지만, 음향과 기사의 내용이 5차원 영역을 형성, 현실적인 구성을 한다. TV 뉴스는 정치, 경제·산업, 범죄·경찰, 국제정치, 대공산권 외교, 법률, 문화, 사고·재난, 비공산권 외교, 복지·보건, 교육, 인간흥미 등으로 구성된다.

뉴스는 주제와 화면의 일치도 현장음의 유무 등에 따른 외적 형식과 주제와 기사의 복합성 정도에 따른 내적 형식을 갖는다. 따라서 현실적인 정보전달을 위한 미적 화면 구성에 집중되어야 한다. 보도 영상에 있어서 현장음, 인터뷰, 기자의 직접보고, 기자가 화면에 나타

※출처: CNN 뉴스 보도 화면(2011)

❋출처: CNN본사(2007, 조지아주 애틀랜타)

나지 않고 목소리만 들리는 것(Voice-over), 논평 등이 일반방송 영상보다 화면과 주제가 일치되도록 하는 것이 사실성을 높이는 지름길이다. 즉, 보도 영상은 영상과 언어가 각각 독립된 부호화 체계 속에서도 영상과 음성이 서로 조화를 이루어 기억 과정에 영상부분이 보다 효과적으로 작용할 수 있어야 한다.

(3) 3차원 영역(The three-dimensional field)

화면 입체감(Structuring the Three-Dimensional Field: Building Screen Volume)

화면의 구성: 시각화(Building Screen Space: Visualization)

① 3차원의 영역

3차원 영역의 가장 기본적인 구조는 화면상의 3가지 범위로 나뉜다. 전경, 중경, 후경이 그것이다. 전경은 카메라의 가장 앞, 즉 화면상에서 가장 가깝게 보이는 부분이며, 중경은 중간 부분, 후경은 가장 뒷부분을 말한다.

3차원 영역을 표현할 때는 피사체와 카메라의 움직임, 샷의 변화와 편집을 통한 연결 등과 같이 변화하는 모든 화면 구성 요소들을 고려해야 한다. 하나의 쇼트에서 다른 쇼트로의 컷(cut), 또는 단일 쇼트 내에서의 줌(zoom), 달리(dolly) 등의 카메라 이동, 그리고 Z-축상을 이동하고 있는 피사체 등은 모두 3차원 영역을 변화시킨다. 예를 들어, 카메라가 Zoom-in(혹은 Dolly-in)할 때, 중경은 새로운 전경이 되고 후경은 새로운 중경이 되어 전경은 화면 밖으로 밀려나게 되며, 카메라가 Zoom-out(혹은 Dolly-out)할 때는 반대의 현상이 일어난다. 그리고 편집을 통해 장면이 전환될 경우, 새로운 Z-축상의 공간구성이 생성되는 것이다. 텔레비전이나 영화에서는 3차원의 세계를 화면이라는 2차원 영역에 나타낸다. 화면상에서 3차원 공간이란 실제로 존재하지 않는 가상적인 영역이지만 미학적으로는 그 응용범위가 가장 넓다. 3차원은 가로(X축)와 세로(Y축) 이외에 깊이 Z-축(The Z-axis)을 가지고 있다. Z축은 화면과 얼마나 멀리, 카메라로부터 얼마나 멀리 떨어져 있는가를 말해 주는 것으로 미학적으로 그 활용도가 가장 높은 차원이다.

화면에서는 시청자의 반대방향으로만 향한다. 화면의 너비(X축)와 높이(Y축)는 공간적 한계가 있지만 화면의 깊이(Z축)는 사실상 무한하다고 할 수 있다. 따라서 Z축상에서의 카메라나 피사체의 움직임이 수평방향이나 수직방향으로의 움직임보다 훨씬 범위가 넓고 자유롭다.

※ 출처: 그랜드 티탄(2007)

※ 출처: 플로리다 비스케이아(2007)

[사진 설명] 근경 중경 원경이 한 화면에 표현됨으로써 3차원 공간감을 주고 있다.

　TV나 영화에서 3차원적 세계는 2차원으로 된 화면 표면에 투영되어야 하는데, 3차원은 착각 속에서 이루어지지만 미학적으로 가장 융통성 있는 차원으로 입증되었다. 폭 x축과 높이 y축은 분명한 공간 관계를 갖고 있으나 구도를 나타내는 z축은 실질적으로 한계가 없으므로 다른 축보다 동작과 시각의 면에서 훨씬 제약을 덜 받는다. 2차원적 표면에서 심도의 환상(착각)은 6가지로 나타난다. 중첩면(서로 부분적으로 겹치는 물체들), 상대적 크기(두 물체가 비슷한 크기를 가졌을 때 카메라에 가까운 물체가 멀리 있는 물체보다 더 큰 화면 영상을 갖는다), 면내의 높이(카메라가 지면과 평행할 때 카메라로부터 멀리 떨어져 있는 물체는 화면의 상부에 있는 것으로 인식하게 된다), 선적조망(같은 간격으로 떨어져 있는 물체들은 카메라에서 멀리 떨어져 있을수록 서로 더 가까이 놓은 것처럼 보인다), 공중조망(전경의 물체는 선명하고 명확하게 보이는 반면 배경의 물체는 덜 선명하다), z축 운동 방향력으로 나타난다. 광각렌즈나 광각위치에 있는 줌 렌즈는 3차원의 착각을 과장시키고, 반면 협각 렌즈 혹은 협각 위치의 줌 렌즈는 3차원의 착각을 감소시킨다. 광각렌즈를 통해 물체를 보면 그들의 실제 간격보다 더 많은 공간이 물체들 간에 있는 것처럼 보이는데 협각렌즈는 그와 정반대의 현상을 일으킨다. 광각렌즈는 흔히 물체나 카메라 운동 속도를 과장하며 z축, 방향력은 많은 양을 갖는데, 반대로 협각렌즈는 물체나 카메라의 운동 속도를 감소시키며, z축 방향력은 적은 양을 갖는다.

② 3차원적 영역을 구성 - 화면 입체감

A. 이중 양감의 구성과 조절

텅 빈 스튜디오가 피사체들로 채워지면 스튜디오의 부재적 공간이 실재적 양감으로 바뀐다. 즉 실재적 양감이 공간에 장소를 창조해 내는 것이다. 3차원 영역을 구성한다는 것은 이중성에 대한 면밀한 조작을 의미한다. 실재적 양감이 충만할 때 공간은 밀집되어 보이고 구

속감을 느끼게 한다. 반면에 넓고 잘 조화된 부재적 양감은 활동성을
가능케 해 준다.

B. z축의 형성

z축선 상의 실재적 양감과 렌즈의 광학적 성향을 이용하여 보는 사
람으로 하여금 보는 관점에 따라서 다양한 심도를 느끼도록 해 주는
것을 의미하는데, z축을 향하여 사용되는 협각 및 광각렌즈는 다양한
미적 효과를 가져다준다. 협각렌즈는 대개의 경우 공간을 압축시키
고, 사물을 서로 접근시키고 밀집, 접근, 집합, 입체적 감정을 유발한
다. 한편 광각렌즈는 심도와 감각을 증가시키고 장면을 조화시켜 준
다. 극도의 광각렌즈에 의한 왜곡현상은 극도의 긴장된 감정과 행위
와 같은 강력한 심리적 의미를 부여해 준다.

C. z축의 배열

장면을 z축 주변에 밀착시켜 배열시키는 z축의 배열은 화면이 작은
TV에 특히 효과적이다. z축을 잘 배열하면 심도의 감각을 크게 증가
시켜 주고 장면의 미학적 에너지에 도움을 준다.

D. 이중 z축의 배열

출연자들을 거의 이동시키지 않고도 하나의 환경에서 다른 환경으
로의 전환을 가능하게 해 주는데, 이러한 z축의 배열기법은 특히 길
고 계속적인 TV장면을 묘사할 때 유용하게 활용된다.

E. z축의 공간의 구성

z축의 영역은 한 장면의 단순한 관점에 의존하기보다는 연속적인 장면에서의 여러 관점(카메라 위치, 앵글)에 의한 3차원적 영역에 걸쳐 형성된다. 연속적인 운동방향은 z축의 배열에 따라 형성된다. 즉, z축은 연속적 스크린 영역의 구성에 크게 기여하는 것이다.

③ 화면구성 - 시각화(visualization)

시각화란 화면의 영역을 구성하는 것을 의미하는데 특정한 장면을 특정한 관점으로, 화면 이미지를 특정한 관점으로 관찰하는 작업이다.

A. 시계(視界)

우리가 보는 관점은 기본적으로 시계에 따라 변화되는데, 샷이 어느 정도의 범위를 포함하고 있으며 관람자가 사건을 얼마만큼의 거리를 두고 관찰하는가에 따라 변화한다. 시계의 설정은 장면의 환경과 해석 여하에 따라 결정된다.

B. 눈 위치의 상하

카메라를 피사체의 높이보다 낮은 위치에서 포착하면 같은 높이나 높은 위치에서 포착할 때보다 장면을 보다 강력하고 권위 있게 표현할 수 있다. 카메라를 피사체의 아래를 향하여 포착하면 피사체의 중요성이 감소된다.

C. 주관적 카메라

사건을 단순히 포착하는 것이 아니라 사건에 참여하는 카메라를 의미한다. 이때 카메라는 관객이 보고자 하는 등장인물의 관점을 표현해 주는 역할을 한다.

D. 앵글

카메라가 관점을 바꾸어 가면서 사건을 포착하면 앵글의 다양성이 창조되는데, 카메라 앵글은 사건의 환경에 따라 다르게 표현되어야 한다. 앵글은 화면 영역을 구성하는 유익한 요소로 크기와 구조에 변화를 주는 방향력 영역을 형성해 준다. 앵글을 최대로 변화시키면 넓은 방향력 영역이 형성되고 앵글의 변화를 적게 하면 반대로 좁은 영역이 형성된다. 카메라 앵글은 사건의 기존 영역을 그대로 옮겨 놓은 것이 아니라 사건의 새로운 현상, 즉 화면영역을 구성하여 준다. 한 샷에서 다른 샷으로, 한 장면에서 다른 장면으로, 혹은 하나의 시퀀스에서 다른 시퀀스로 발전해 나가는 것은 화면영역이 연속적으로 진행된다는 것을 의미하는데 이때 앵글은 방향력의 연속성 유지에 보탬이 된다. 카메라 앵글은 텔레비전이나 영화 화면 구성의 독창성을 결정한다.

④ 화면의 깊이를 표현하는 요소(Graphic Depth Factors)

A. 면의 중첩(Overlapping Planes)은 부분적인 면의 중첩으로 한 물체에 겹친 다른 물체를 볼 때, 겹치고 있는 물체가 겹친 물체보다 앞쪽에 있다는 것을 알 수 있는 것을 말한다.

※출처: 영화 '공동경비구역'의 마지막 장면(면의 중첩)

B. 상대적인 크기(Relative Size)

카메라에 가까이 있는 물체는 카메라에서 멀리 떨어져 있는 같은 크기의 물체보다 화면상 더 크게 나타난다.

C. 화면상의 높이(Height in Plane)

카메라가 수평앵글일 때 화면상에서 높은 위치에 있는 물체는 카메라에서 멀리 떨어져 있는 것으로 생각된다.

하이앵글이나 로앵글로 찍었을 경우 화면상의 높이는 아무런 의미를 가지지 못한다.

[사진 설명] 하이앵글로 찍었을 경우 화면상의 높이와 실제의 높이에 대한 의미를 나타내고 있다.

D. 선상원근법(Linear Perspective)

수평방향의 평행선들은 눈높이의 수평선에 만들어지는 소실점(vanishing point)으로 수렴한다. 이때 같은 간격으로 서 있는 물체들의 카메라에서 멀어질수록 그 간격이 좁아져 원근감을 느끼게 한다. 소실점은 항상 눈높이 혹은 카메라의 높이에 맺히게 된다.

E. 인위적 원근법(Forced Perspective)은 의도적으로 평행선을 빠르게 수렴하게 하거나 혹은 멀리 있는 물체의 크기를 작게 표현함으로써 인

위적으로 거리감을 만들어 줄 수
있다.

⑤ 공기원근법(Aerial Perspective)
은 피사계 심도가 얕을 때 Z축 상
의 어느 한 지점에 초점을 맞추고
그 이외의 다른 지점에는 초점이
맞지 않게 처리하여 원근감을 표
현할 수 있다. 물체의 명도가 배경
의 명도에 가까울수록 물체의 위
치는 카메라로부터 멀리 떨어져
있다.

(3) 렌즈의 심도 특성(Depth
     Characteristics of Lenses)

광각렌즈와 협각렌즈 중 어떠
한 렌즈를 선택하느냐에 따라 화
면의 깊이에 영향을 미치며 시청
자의 심리에 미치는 영향 또한 크
다. 광각렌즈(Wide Angle Lens)는
면의 중첩 효과를 감소시킨다. 그
리고 물체의 상대적인 크기를 과
장시킴으로써 Z축을 늘이는 효과

※ 출처: NewYork NewYork(2006년)

[사진설명] 선상원근법의 사례. 카메라에서 멀어질수
록 간격이 좁아져 원근감을 느끼게 한다.

※ 출처: 뉴욕 브루클린 브리지(2007)

[사진 설명] 인위적 원근법-평행선을 빠르게 수렴하여
멀리있는 물체를 표현함으로써 인위적으로 거리감을
만들 수 있다.

※ 출처: 뉴욕 브루클린 브리지(2007)

[사진 설명] 공기원근법의 사례. 물체의 명도가 배경
에 가까울수록 물체가 카메라로부터 멀리 떨어진 것
으로 느껴진다.

를 준다. 반대로 협각렌즈(Narrow- Angle Lens)는 면의 중첩 효과를 과장시킴으로써 Z축 자체를 실제보다 짧아 보이게 한다. 이 외에도 선택 초점 기법(Selective Focus)과 초점 이동 기법(Rack focus)이 있다.

① 주요 그래픽 기법(Major Graphication Devices)

그래피케이션이란 텔레비전 화면의 3차원적 영상을 신문이나 잡지의 사진과 같은 2차원적 영상으로 만드는 것을 말한다. 일반적으로 사용되는 그래픽 기법은 다음과 같다.

A. 선과 문자(Lines and Lettering)는 영상 위에 겹쳐 있는 선과 문자를 하나의 영상으로 지각하고, 선과 문자 뒤에 있는 실제 영상을 하나의 배경으로 인식하게 된다.

B. 제2의 화면(Secondary Frame)의 어깨걸이, 크로마키 화면 등이 있다. 제2의 화면 속의 장면은 사실적일지라도 약간 추상적인 느낌을 주게 되는데, 이와 반대로 제1의 화면 속에 있는 장면은 더욱 사실적으로 느껴진다.

C. 형태변화와 구조변화(Topological and Structural Changes)로 여러 가지 화면상의 효과는 형태가 변화된 화면에서 정상적인 텔레비전 영상으로 바뀌게 되면 시청자들에게 보고 있는 상황이 실제 상황이라는 느낌을 강하게 줄 수 있다.

(4) 4차원 영역: 시간과 동작(The Four-Dimensional Field: Time, Motion)

① 4차원의 영역의 구성

TV와 영화의 영상은 사물로서 존재하기보다는 사건 발생의 형태로 존재한다. TV와 영화에서 시간과 운동은 필수적인 미적 요소이다. 객관적 시간은 시계가 가리키는 시간으로서 측정이 가능한 시간을 말하며, 주관적 시간은 느끼는 시간으로서 양적이라기보다는 질적 형태의 시간이다. 사건의 농도(주관적 시간의 일정 기간 내에 발생하는 많은 사건들)와 사람들의 참여도(우리들의 행동에 배어 있는 사건발생의 수준)가 주관적 시간을 좌우한다. 적극적 참여란 주관적 시간이 짧게 느껴진다는 것을 의미하는데, 참여의 농도가 낮을수록 느린 주관적 시간을 느끼게 된다.

시간은 객관적 시간과 주관적 시간 그리고 생리적 시간으로 구분할 수 있다. 첫째, 객관적 시간은 시계로 측정하는 시간, 양적인 개념, 시계 시간의 길이를 나타내는 수평 벡터로 표시한다. 둘째, 주관적 시간은 우리가 "느끼는" 시간을 말하며, 질적인 개념, 몰입도를 나타내는 수직 벡터로 표시한다. 이때 주관적 시간 벡터의 크기에 영향을 끼치는 세 가지 요소는 상황의 강도가 있다. 이는 에너지가 작은 상황보다 에너지가 큰 상황에 더욱 관심을 집중하게 되고, 결과적으로 주관적 시간 벡터의 크기가 커진다. 다음으로 상황의 밀도로 짧은 객관적 시간 내에 많은 일이 일어났을 때 더 큰 반응을 보이며 더 집중하게 된다. 그리고 경험의 강도로 동시에 혹은 대단히 빠른 속도로 벌어지는 연속적인 경험의 수, 그리고 그러한 일들이 우리에게 미치는 영향을 말한다. 셋째, 생리적 시간은 습관에 의해 만들어지는 시간을 말한다.

현재는 지금이 현재라고 생각하는 그 순간, 그 특정한 시점은 과거가 되어버리기 때문에 주관적 시간으로 보아야 한다. 생방송은 현장의 장면과 방송되는 장면이 동시에 발생하고 있다는 것을 의미하며 현장의 객관적 시간 벡터에 얽매여 있다.

객관적 시간 벡터의 크기는 조절할 수 없지만 주관적 시간 벡터의 크기는 다양한 제작기법 등 접근방식을 통해 조절할 수 있다. 편집된 비디오테이프와 필름에서의 시간 벡터는 실제 상황과는 독립적이며, 편집과정에서 객관적 시간 벡터와 주관적 시간 벡터를 조절할 수 있다.

영화에서는 시간을 마음대로 조작할 수 있기 때문에 영화의 방향력을 마음대로 뒤바꿀 수 있고, 사건의 리듬이 통제될 수도 있다. 그러나 생방송 TV 경우에 영상은 단지 사건에 따라서만 변화하므로 시간은 사건에 종속되어 있다. TV의 녹화 및 편집은 TV적 시간이 아닌 영화적 시간에 밀착되어 있다.

② 4차원의 영역의 구성: 시간의 조절과 동작

타이밍이란 TV와 영화에서의 시간 조절을 뜻하는 것으로 아주 중요한 요소가 된다. TV와 영화의 객관적 시간에는 6가지 유형이 있다. 스폿타임(spot time)은 어떤 사건이 발생되는 당시의 시간을 말하며, 프로진행표에는 프로의 시작과 끝나는 시간인 스폿타임이 나열된다. 진행시간(running time)은 TV와 영화의 전체 길이를 의미한다. 스토리 시간(story time)은 스크린에 나타난 실제 사건의 객관적 시간의 길이를 의미하며, 샷시간(shot time)은 샷이 지속되는 실질적인 길이를 말한다. 신시간(scene time)은 하나의 신을 묘사하는 데 소요되는 시간을 말하며, 시퀀스시간(sequence time)은 진행 시간의 일부로서 몇 개의 신시간을 합친 것을 말한다. 이런 유형의 시간들을 극적이고 리드미컬한 자극적인 형태의 작품을 제작하기 위해 시간조절이 필요하다.

③ 4차원적 세계의 구성의 요소

A. 동작의 역설

환경의 여하에 따라 다른 물체와 비교하여 어느 물체가 움직일 수도 있고 움직이지 않을 수도 있다는 것을 뜻하는데, 어떤 고정관념을 유지하면서 다르게 묘사하여 새로운 관념을 부여하는 것을 말한다.

B. 빠른 동작과 느린 동작

TV와 영화의 느린 동작은 정상속도의 화면보다 화면의 밀도가 높고, 빠른 동작은 정상속도보다 화면의 밀도가 더 낮다. 느린 동작은 움직이는 물체에 중력을 걸어 부드럽게 나타내는 슬로모션 효과를 보이며 반면에, 화면 밀도가 낮은 빠른 동작은 마치 물체에 프로펠러를 설치하여 불규칙하게 치닫게 보인다.

C. 동작과 질량

스크린 동작에 대한 감각은 움직이는 물체의 질량 여하에 달려 있다. 즉, 물체의 질량이 크면 클수록 관성도 커지는데, 이러한 법칙을 통해 물체의 동작을 강화시켜 주는 변경의 원리에 활용할 수 있다. 동작에는 세 가지 기본유형이 있는데, 사건의 움직임으로써 카메라 앞에서 일어나는 모든 동작을 의미하는 제1 동작, 카메라 자체의 움직임(팬, 틸트, 크레인, 붐, 돌리 등)인 제2 동작, 편집에 의하여 발생하는 동작인 제 3동작이 있다.

④ 4차원적 영역의 구성: 영상화

4차원의 영역을 구성하기 위해서는 연속적 운동인 제3의 운동과 스크린의 사건을 구성해 주는 편집이라는 두 가지 분야의 개념을 알고 있어야 한다. 두 과정은 모두 사건을 영상화하기 위한 도구가 된다. 시각화(visualization)는 개개 샷들의 방향성을 조작하는 작업을 말하며, 영상화(picturization)는 연속적인 샷(shot), 신(scene), 시퀀스(sequence)의 연속성의 조작을 의미한다. 제3의 동작인 연속동작은 장면전환방법인 컷(cut), 디졸브(dissolve), 페이드(fade), 특수전환법 중에서 한 가지 혹은 몇 가지 방법을 사용하여 조작된다.

컷(cut)은 하나의 영상이미지에서 다른 영상이미지로 즉각적으로 전화하는 방법으로, 장면을 설명하고 강조해 준다. 행동에 계속성을 부여하고 시퀀스를 잇고 구성시켜 주며 장소를 변화시키고 세부적인 모습을 보여주고 사건의 농도를 증감시키고 동시에 일어나는 사건을 보여주며 과거, 현재, 미래의 사건을 교체시키고 사건의 리듬을 설명해 주며 사건의 농도를 강화시켜 준다.

디졸브(dissolve)는 샷과 샷의 점진적인 교체, 즉 두 개의 이미지를 순간적으로 겹치는 것을 의미한다. 연속성을 부여하고 화면의 리듬을 실제 사건의 리듬과 무드에 적응시켜 주고, 격리되어 있는 공간과 시간의 간격을 연결시켜 주고 별로 연관성이 없는 것처럼 보이는 사건의 주제나 구성 간에 연관성을 부여한다.

페이드(fade)는 화면의 이미지가 점차적으로 사라지거나 나타나는 현상을 말하는데, 사건이나 시퀀스 혹은 신의 시작(fade in) 또는 끝

(fade out)만을 암시해 준다.

편집은 화면 사건을 창조하는 작업을 의미하는데, 이 작업은 사건의 부속품들을 하나의 통일된 스크린의 경험세계로 결합시키는 방법으로, 사건의 설명에 목적을 둔 연속편집과 사건의 강도를 주목표로 하는 복합편집이 있다.

몽타주(montage)는 복합편집의 기본적인 구성요소로 두 개 혹은 그 이상의 별개의 사건 이미지들이 화면에 동시에 나타날 때 이들을 결합시켜 주는 역할을 한다. 사건의 주제와 구성요소를 합성시켜 그것들을 확대된 사건으로 발전시키는 분석적 몽타주(montage)와 직접적으로 연관성이 없는 두 개의 이미지를 제3의 의미로 창조하기 위하여 결합하는 주제 연상 몽타주(montage)가 있다.

⑤ 편집

일련의 상황을 가장 효과적으로 설명하고 강조하기 위해 사건이나 장면, 샷 등을 선택하고 연결하는 것(일련의 사건을 구성하는 것). 편집 과정은 상황문맥적 요소들(기획의도, 관객, 매체의 특성, 연출자의 개성 등)에 따라 달라질 수 있다.

동시편집은 사건이 진행 중일 동안 샷을 선택하고 조합하는 것으로 TV 공개방송, 생방송의 경우에 사용된다. 포스트프로덕션 편집은 미리 녹화된 자료를 통일된 전체로 만들기 위해서 의도적으로 선택하고 순서를 맞추는 작업이다. 그리고 연속편집과 복합편집이 있는데, 연속편집은 사건의 설명에 목적을 둔 편집방식이며, 복합편집은 사건의 강조를 주목적으로 하는 편집방식이다. 연속편집은 사건의 설명에 목적을 둔 편집방식이고, 복합편집은 사건의 강조가 주목적이다.

(5) 5차원 영역: 음향(The Five Dimensional Field: Sound)과
   음향의 구조(sound structures)

① 5차원 영역 – 음향과 영상

5차원 영역은 ① 음향과 소음, ② TV와 영화의 음향과 그 기능, ③ 문자적 음향과 비문자적 음향, ④ 설명적 음향과 표현적 음향, ⑤ 음향과 요소 다섯 가지의 주요 분야로 분류된다.

음향은 문자적 음향과 비문자적 음향으로 양분된다. 문자적 음향이란 어떤 대상을 지칭하는 음향을 말하며 대화, 해설, 직접적인 전달을 통해 나타난다. 그것이 뜻하는 바가 중요하며 정보전달 기능 이외에 사건의 본질, 상황소개의 기능을 한다. 문자적 음향을 통해 영상보다 사건에 관한 더 많은 사실을 관객에게 전달해 주기도 한다. 비문자적 음향은 실제적 의미를 갖고 있지 않으며 상징적인 성향을 갖고 있지 않기 때문에 어떤 사물이나 사건을 상징적으로 묘사하지 않는다. 설명적 비문자적 음향은 어떤 사물이나 사건이 어떤 형태를 띠고 있으며 어떤 여건을 갖고 있는가에 관하여 설명해 주는데, 프로그램 음악이 이 범주에 속한다. 표현적 비문자 음향은 어떤 감정이나 분위기를 자아내는 역할을 한다. TV와 영화음향의 기본기능은 첫째, 기본적인 정보와 추가적인 정보를 제공하는 기능, 둘째, 분위기를 조성하고 미학적 에너지를 추가하는 기능, 셋째, 영상 방향력의 영역에 리듬구조를 보충하는 기능으로 분류된다. TV에서는 저감도의 영상 이미지가 주로 귀납적으로 표현되기 때문에 음향이 중요한 기능을 갖지만 TV수상기는 좋은 음향 재상장치를 가지고 있지 않기 때문에 수월치 않다. 그러나 영화에 있어서 대개의 경우 음향의 질이 TV보다 우수하다.

② 5차원 영역의 구성 - 음향과 영상의 조화

5차원적 영역을 구성하기 위해서는 기본적인 음향의 구조와 영상과 음향의 결합이 필요하다. TV와 영화에서는 음향이 하나의 거대한 영상음향의 형태로 결합되어 있어야 한다. 영상과 음향의 결합방식에는 음향원과 음향원의 음향발생장면이 화면에 나타나는 음향원 결합방식과 화면에 나타난 실체와 들리는 음향이 서로 다른 음형은 분리방식이 있다.

영상과 음향이 결합할 때 영상이 지배적이고 음향이 이를 뒷받침해 주는 경우, 음향이 주도적이고 영상이 뒷받침해 주는 경우, 영상과 음향이 차례로 주도권을 갖는 경우, 영상과 음향이 서로 독립적으로 나타나지만 제3의 영상·음향의 형태를 구성하는 4가지 경우가 있다. 음향의 선택은 배경의 여건에 따라 결정되는데, 중요한 음향은 가장 주도적인 음향을 사용되고 다른 음향은 배경으로 사용된다. 영상의 방향력과 음향 방향력이 일치되어야 조화를 이룰 수 있는데, 화면에 어떤 물체가 클로즈업되면 음향도 멀리서 들리도록 처리되도록 해야 한다는 것이다.

영상에 음향을 맞출 때는 역사, 지리, 주제, 음조 및 구조적인 결합에 의하여 처리되는 것이 원칙이다. 예를 들어, 18세기의 모습을 보여줄 때는 18세기의 음악을 사용하고 사랑을 속삭이는 연인들을 비출 때는 낭만적인 음악을 결합시켜야 한다.

때때로 영상과 음향의 결합은 의미전달을 방해하기도 하는데, 이를 영상·음향방해라고 부른다. 음향의 정보가 영상과 비교하여 너무 많거나 너무 적게 취급되는 경우 발생하는 정보적 방해, 영상에 비해 음향이 너무 시끄럽거나 너무 부드럽게 느껴지는 음향의 크기에 따른 방해, 영상의 역사와 주제와 분위기 등이 음향에 맞지 않는 역사·주제·음조적 부조화, 영상과 음향이 리듬 부조화를 일으키는 경우에 일어나는 구조적 방해가 있다.

영상 미학적 분석 사례 (1)
— 아바타

1) 1차원 영역

3D 영상으로 새로운 영화세계를 선보인 아바타를 통해 영상미학의 사례인 1차원(빛, 조명, 색), 2차원(구도), 3차원(화면의 깊이와 볼륨), 4차원(시간과 동작), 5차원(음향)을 분석을 통해 들여다보기로 한다.

'아바타'는 영상미학적으로 빛과 색이 가장 중요하다고 말해도 과언이 아닐 정도로 빛의 활용이 큰 영화이다. 조명도 자연광은 물론 인공광까지 포함하며 빛을 조절하는 행위로서, 피사체를 효과적으로 표현하기 위하여 장면에 적절한 알맞은 광선을 선택하고 있다. 아바타에서 주로 볼 수 있는 색의 느낌은 차가운 색이다 일반적으로 우리는 빨간색은 따뜻하고 파란색은 차갑다고 생각한다. 아바타에서 이같이 푸른 계열의 색을 쓴 이유는 푸른 계열의 색이 신비로워 보이기 때문이다. 또 차가운 느낌을 주기 때문에 사람이 아닌 기계적이고 인공적인 느낌을 살리기 위하여 이같이 색을 사용했다고 볼 수 있다.

〈표〉 제1차원 화면 분석

영상미학 차원(1차원)		영상(영화 '아바타')	분석
아바타에서의 빛	장소		비행기가 이동하는 장면으로서 태양광을 이용한 장면
	분위기		인위적인 빛을 이용하여 생물체가 빛나고 있는 신비한 느낌
	시간기능		빛을 통해 낮과 밤 시간을 구분
아바타에서의 조명	공간 표현		아바타 세계의 마을의 장면인데 조명을 비춤으로써 물체의 기본적 형태와 그 위치를 알려주고 물체의 형태를 짐작할 수 있게 해 준다.
	촉감 표현		질감표현을 위해 풀오프를 느리게 한 장면. 왜냐하면 부드러운 인상을 표현하였기 때문

아바타에서의 조명	분위기를 조성		• 이 장면은 로키 조명을 사용한 장면으로서 적은 광량을 사용하여 선택적으로 풀오프를 빠르게 하는 조명이며 야경 표현. • 램브란트 조명방식으로 화면의 특정부분만 조명을 하고 나머지 부분은 의도적으로 조명을 하지 않거나 혹은 아주 약하게 조명 • 이 장면에서 날아다니는 물체의 조명을 밝게 주어 사람과의 구분을 명확하게 함.
아바타에서의 색	푸른색		아바타에서 주로 볼 수 있는 색은 차가운 푸른색. 푸른 계열의 색을 쓴 이유는 이 색이 신비로워 보이고 차가운 느낌을 주기 때문에 사람이 아닌 기계적·인공적인 느낌을 살리고 있음.

2) 2차원 영역

화면은 우리에게 미학적 표현을 위한 새로운 공간을 제공하고, 그 공간을 이용할 수 있게 해 준다. 여기서 공간이란 우리들의 일상적인 생활공간이 아니라 영상화면 속의 공간을 말한다. 구도에서 말하고자 하는 것은 우리가 보는 것이 아니고 카메라 렌즈의 시각에서 보는 것이다. 화면구성은 이미지가 만족스럽고 통일감을 갖도록 하기 위해 모든 시각적 요소들을 프레임 안에 배치하는 것을 말한다. 이미지의 통합 또는 완성은 선, 면, 크기 등을 가장 적절한 위치에 배치시킴으로써 만들어진다.

구도의 기본 원칙은 다음과 같다.

-통일성: 화면은 단 하나의 이야기를 가득 담은 것이어야만 한다.

아바타는 인간과 아바타 세계를 왔다 갔다 하며 인간의 이기심
과 욕망을 주제로 담고 있다.

- 조화: 관련 있는 물건을 조립한다는 뜻이다. 아바타에서는 아바
  타 세계를 푸른 계열로 조화롭게 구성하였다.
- 다양성: 다른 어떤 것보다도 시청자의 주의를 끄는 것이다.
- 속도: 일련의 샷의 속도는 영상의 리듬과 템포를 만들어 낸다.
- 균형: 선 ,모양, 색깔, 빛 모든 요소가 조화를 이루어 고르게 짜여
  있어야만 효과적인 화면이 된다.
- 평형: 우리는 반 자의적으로 화면에 대해 평형상태를 요구하게 된다.
- 강조: 화면의 중요한 부분에 시선을 끌게 하려면 의도하는 부분
  을 강조해야 한다.

〈표〉 제2차원 화면 분석

영상미학 차원(2차원)		영상(영화 '아바타)	분석
구도	횡의 구도		두 사람이 대화하는 장면인데, 횡의 구도라 하는 것은 두 인물이 수평적 위치에서 마주 앉아 대화하는 경우를 말한다. 횡의 구도는 평면적인 2차원의 공간감을 주는 효과
	종의 구도		상하의 관계를 암시하고 질서감과 함께 권위주의적인 느낌을 상징적으로 묘사하기도 한다.
프레임의 안과 밖	프레임 밖의 공간		남자가 화면 밖을 응시하고 있다. 그의 시선이 프레임 밖으로 향하고 있는 장면은 화면 바깥쪽에 뭔가 있다는 기대감을 갖게 만들면서 관객들의 긴장감을 높이는 효과를 준다.

영상미학 차원(2차원)		영상(영화 '아바타)	분석
프레임의 안과 밖	프레임 안에서의 구도		프레임 안에서의 구도에서 카메라에 보다 가깝게 위치하고 있는 연기사는 멀리 위치한 연기자보다 더 큰 지배력을 갖는다. 카메라를 정면으로 바라보며 연기하는 연기자는 옆모습만 보이는 연기자에 비해서 관객의 시선을 한층 더 많이 끌어 모을 수 있는 구도
	시선을 끌어내는 방식		여러 사람들이 등장하지만 맨 앞의 사람에게 시선이 쏠린다. 다른 연기자들과 떨어져 혼자 서 있는 연기자는 모여 있는 연기자보다 많은 시선을 받게 되는데, 이는 관객의 시선을 끌어내는 방식과 카메라가 해석해 내는 방법 사이에 놓여 있기 때문
구도의 기본 원칙	강조		화면의 중요한 부분에 시선을 끌게 하려면 의도하는 부분을 강조해야 하는데, 아바타를 강조하기 위해 카메라 앞쪽에 배치
	삼각구도		안정된 구도로서 삼각구도를 연상시키는 장면
구도	곡선구도		곡선구도를 그리며 역동적이며 리듬감이 느껴지는 구도
	속도감		장면은 연속성을 지니며 마치 움직이고 있는 듯한 속도감이 느껴지는 구도

영상미학 차원(2차원)		영상(영화 '아바타')	분석
프레임의 자력	화면의 자성: 프레임의 가장자리		프레임의 가장자리는 마치 자석과 같은 역할을 하면서 가까이 있는 물체를 끌어당기려고 하는 속성을 가지고 있다. 왼쪽 장면은 인물을 왼쪽 끝에 배치함으로써 왼쪽으로 물체를 프레임 밖으로 끌어내려 하는 경향
			인물을 오른쪽 끝에 배치함으로써 물체를 오른쪽으로 끌어내려 하는 경향
	안정적인 프레임: 중앙		옆의 왼쪽 장면은 물체를 가운데 배치함으로써 안정적인 프레임의 형태를 가지고 있다. 또 너무 클로즈업되어 있지 않아서 어색하지 않은 화면구성이다.

3) 3차원 영역

깊이감을 만들어 내는 것으로 화면의 깊이를 느끼게 하는 요소 중에 가장 직접적인 요인은 면이 겹치는 현상이다.

〈표〉 제3차원 화면 분석

영상미학 차원(3차원)		영상(영화 '아바타')	분석
깊이감	면의 깊이		아바타에서 나온 아바타의 세계로 가는 장면인데, 바위들이 뒤로 갈수록 층층이 겹쳐 있어 화면의 깊이감을 많이 느낄 수 있는 장면이다. 관객들은 자연스럽게 앞에 있는 바위가 뒤쪽에 있는 작은 바위보다 앞에 있음을 알 수 있다.

깊이감	물체의 상대적 크기		상대적으로 물체의 크기가 클수록 관객에게 가까이 있는 것이고 물체의 크기가 작을수록 멀리 떨어져 있는 것으로 생각한다. 옆의 장면을 보더라도 남자가 여자보다 앞에 있음을 알 수 있다.
양성 볼륨과 음성 볼륨의 상호작용	양성 볼륨		양성 볼륨이 지나치게 많으면 동작에 제한되어 답답한 느낌을 받는다. 계곡의 암벽이나 고층 빌딩의 밀집지역은 양성 볼륨이 음성 볼륨보다 우세한 화면이 된다. 위에서도 볼 수 있듯이 아바타에서 나오는 바위들이 밀집해 있는 장면은 양성 볼륨이 쓰였다고 볼 수 있다.
	음성 볼륨		음성 볼륨의 화면 공간의 활용이 잘 된 음성 볼륨은 생활의 활동성을 높여 주고 안정감을 준다. 넓은 광장, 텅 빈 종합운동장같이 음성 볼륨이 지나치게 많으면 크고 위대한 배경에 비해 인물의 존재가 왜소하게 느껴진다.

4) 4차원 영역

영화와 텔레비전은 동영상으로 이루어지기 때문에 시간과 동작의 관계를 다루는 4차원 영역은 이들 미디어의 특성상 가장 중요한 부분이라고 할 수 있다. 4차원 영역을 구축한다는 것은 시간과 공간을 동시에 표현하는 것이라고 할 수 있다.

영상미학 차원(4차원)		영상(영화 ·아바타)	분석
시간	객관적 시간		시계가 나타내는 시간을 말하며, 지구의 자전과 별의 움직임 그리고 달의 공전과 같이 반복되는 물리적 현상. 계절이나 낮과 밤의 순환도 객관적 시간에 의한 현상 옆의 화면도 이 화면을 보고 낮임을 알 수 있다.
	주관적 시간		심리적 시간은 우리가 스스로 "느끼는" 시간. 객관적 시간과는 관계없이 하나의 상황이 짧거나 또는 길게 느껴지는 것을 경험하게 된다. 주관적 의미에서의 시간은 측정이 불가능하다. 프레시 포워드: 미래장면으로 순간적인 전환기법을 사용하여 정상적이 관계의 흐름을 앞질러 시청자에게 미래의 장면을 순간적으로 보여줄 수 있다. 플레시백: 과거의 장면으로 순간적인 전환기법을 사용하면 과거의 장면을 순간적으로 보여줄 수 있다. 아바타 세계와 현실세계를 넘나들며 교차편집이 잘 되어 있다고 볼 수 있다.
동작	피사체가 움직임		동작을 시각화하는 방법으로, 영상의 이미지와 상황을 보다 강렬하게 나타내기 위한 수단으로 가장 기본적인 움직임이다. 옆의 아바타 장면에서도 카메라는 고정되어 있고 물체만 움직이는 영상의 한 부분이다.
	카메라가 움직임		역동성을 살리기 위한 움직임. 카메라 움직임은 화면의 전체적인 구성에 따라, 상황에 따라, 피사체의 움직임에 따라, 화면 구도에 따라, 그리고 장면 전환의 기술에 따라 다양한 형태로 이루어진다. 어느 경우라도 카메라 움직임의 유형은 아름다운 이미지와 역동성을 살리는 카메라워킹이어야 한다. 옆의 장면도 한 사람을 중심으로 카메라가 이동하면서 찍은 화면

5) 5차원 영역

음향에는 정상적인 음향과 소음이 있다. 대부분의 정상적인 음향은 커뮤니케이션이 이루어지고 있는 음향은 어떤 목적을 가지고 있어야 하고 창조적인 영상메시지에 삽입되는 음향에는 사람의 목소리와 정상적인 음향 혼란스러운 소음, 아름다운 음악 그리고 침묵도 포함하고 있다.

음향의 기능은 정보를 제공한다는 것으로, 사운드에 있어서 대사는 대부분의 정보를 제공하게 된다. 해설자는 연기자가 표현을 통해서 감정을 전달하는 만큼 시각적 정보를 제공하지 못한다. 정보제공은 음향의 중요한 역할이며, 특히 비디오 제작과 할리우드 기존 내레이션 영화시장 구조 내에서는 더 그렇다. 영화가 성공하려면 관객이 영화의 내용을 이해할 수 있어야 한다.

〈표〉 제5차원 화면 분석

영상미학 차원(5차원)		영상(영화 '아바타)	분석
음향	폴리 작업		특별한 음향효과의 녹음 방법을 의미. 화면의 바깥소리의 필요성도 중요. 예를 들어, 옆의 헬리콥터는 모습이 화면에 나타나기 전에 소리가 먼저 들려야 한다.
	음향효과		음향효과 또한 환상을 표현하는 좋은 방법

03 영상 미학적 분석 사례(2)
─ 프라다 광고 분석

영상미학	화면 구성	분석
1차원 (색과 조명)		전반적으로 자연광을 이용하고 조명을 최대한 따로 쓰지 않고 실생활에서 지나칠 수 있는 것들에 의지해서 표현하고 있다. 오른쪽 전체를 검정으로 표현함으로써 단절된 이미지를 보여준다. 이 광고는 검은색, 밤, 어둠을 일관적으로 표현하고 있는데, 이는 색의 항상성을 통해 무의식적인 안정을 시키려는 경향을 강조하는 것으로 볼 수 있다.
		빛이 들어오는 방향을 보는 사람으로 하여금 시선을 집중시키려는 의도가 포함되어 있다. 색채의 의미에서도 로고가 가지는 고급 이미지를 부각하기 위해 검은색으로 표현함으로써 고귀함, 기품, 우아함을 나타낸다.

영상미학	화면 구성	분석
2차원 (면적, 프레임, 방향력)		광고의 마지막 부분에 주인공이 걸어가면서 사라지는 방향으로 로고가 동시에 제시되면서 제품을 같이 보여줌으로써 물체가 배경이 배경이 물체로 전환되는 기법을 통해 새로운 면적의 형성을 통한 방향력을 표현하고 있다.
		전체적인 화면 구성에서 불필요한 부분은 집중을 위해 검은색으로 배경처리를 해서 정돈시키며, 주인공이 뛰어가는 모습을 통해서 뛰고 있는 방향의 공간감을 살려서 수평적인 안정감과 역동적인 방향력을 동시에 표현하고 있다.
3차원 (화면 입체감 시각화)		계단, 에스컬레이터와 같은 소구를 통해 입체감, 3차원 영역을 구성한다. 주인공의 모습을 아래쪽에서 촬영함으로써 바삐 어딘가를 향해 이동하는 모습을 강조하고 있다. 입체감을 통한 하강과 상승의 이미지를 표현함으로써 주인공의 심리를 묘사하는 역할을 한다.
		주인공의 수줍어하는 자신의 모습과 과감히 자신을 표현하는 모습을 교차하여 앵글을 잡아 화면이 연속적으로 진행하지만 두 개의 대비되는 모습을 감독의 주관적인 관점으로 표현하고 있다.

영상미학	화면 구성	분석
4차원 (시간 동작 영상화)		영상화는 연속적인 샷, 신, 시퀀스의 연속성을 조작하는 것을 말하는데, 제시한 4컷에서는 세 명의 여성이 지하철을 나와 어딘가를 향해 걸어가고 있는 시간의 연속성을 전제로 두고 주인공이 행동하는 모습들이 이와 오버랩되면서 관객이 연속적인 동작으로 인식하게 된다. 그로 인해 시간의 조절과 동작을 동시에 만족시키게 된다.
		동작과 질량에서 물체의 질량이 크면 동작을 강화시켜 준다는 이론에서 이와 같은 장면 구성은 주인공의 동작을 집중적으로 표현하는 결과가 될 수 있고, 주인공이 입술을 움직이는 부분을 통해 다음 장면에서 책을 읽을 것이라는 상황을 예측하게 한다. 책과 입술이라는 구성요소를 합성시켜 책을 읽을 것이라는 사건으로 발전시키는 분석적 몽타주를 보여주고 있다.
5차원 (음향, 대사)		처음, 시작과 끝이 동일한 장소와 동일한 대사를 통해 엄밀한 좌우대칭의 상징물을 편집을 통해 보여준다. 조용한 재즈 선율을 배경으로 다리아 워보이(Daria Werbowy)의 내레이션이 흐른다. 자신의 독백과도 같이.

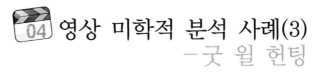

04 영상 미학적 분석 사례(3)
-굿 월 헌팅

구분		영상(영화 '굿 월 헌팅')	분석
1차원 빛과 색			이 장면은 숀과 윌이 상담한 장면으로 밝고 푸른빛이 아닌 사람이 안정감을 느낄 수 있는 은은한 노란빛 아래에서 이야기를 나누고 있다는 것을 나타낸다.
2차원	방향력 분배		차를 중심으로 아래보다는 윗부분에 공간을 넓게 두어 앞으로 나아가는 느낌을 들게 하였다.
	질량분배		화면에 두 사람을 같은 간격으로 나누어서 배치해 안정감을 주었다.

구분		영상(영화 '굿 윌 헌팅')	분석
3차원	시각화		월이 밖을 바라보는 장면과 차 안에서 차 밖의 장면을 이어서 보여줌으로써 카메라가 월의 시선을 대신 보여주고 있다는 것을 느낄 수 있다.
	입체감		화살표와 같이 Z축을 형성하여 입체감 효과
4차원	움직임 동작	카메라는 인물의 움직임을 따라간다.	카메라를 움직이기 위한 기본 법칙으로, 카메라는 인물의 움직임을 따라간다.
	움직임 동작	카메라는 인물의 시선을 대신한다.	카메라는 인물의 시선을 대신한다.
	슬로모션		월과 친구들이 싸우는 장면을 슬로모션으로 처리하여 표정 변화를 자세히 잡아 재미있게 표현
	몽타주		영화 시작 부분을 몽타주 처리

구분		영상(영화 '굿 윌 헌팅')	분석
5차원	문자적 음향		숀이 스카일라를 찾아 떠나겠다고 쓴 윌의 편지를 읽는 장면과 함께 윌의 내레이션이 나오면서 편지의 내용을 알려 준다.
	비문자적 음향		영화의 마지막 장면에서 숀이 차를 타고 스카일라를 만나러 가는 장면에서 흘러나오는 음악은 감동의 여운을 준다.

05 비주얼 스토리 개념과 분석[3] 사례

비주얼 스토리에서 제시하는 영상 구성의 요소는 공간, 선과 모양, 톤, 색, 움직임, 리듬이다. 블록(2010)은 영상 제작이 진행되면, 영상 구성 요소의 기능은 카메라를 통해 모든 장면에서 보이는데, 흡사 배우처럼 소통의 느낌과 감정을 관객들에서 배우들처럼 전달한다고 한다. 그렇기 때문에 영상 구성 요소를 이해하고 활용하는 것이 중요한 것이다.

1) 공간

공간은 복잡한 영상 구성 요소다. 이것은 다른 모든 영상 구성 요소들이 보이는 화면을 지칭하는 것과 동시에, 공간 자체도 여러 개의

---

3) 비주얼 스토리 – 영상 구조의 연출 – 영화, 방송, 애니메이션, 디지털 미디어를 위하여(원제 The Visual Story: Creating the Visual Structure of Film, TV and Digital Media), 브루스 블록 저, 민경원. 옮김. 커뮤니케이션 북스(2010)에서 비주얼 스토리를 이루는 요소를 참고하여 분석하였다.

자체 구성 요소들을 가지고 있다. 공간 자체가 가지고 있는 구성 요소들은 깊이, 평면, 제한 그리고 애매모호함 등이고, 화면 구성 비율과 화면 분할 그리고 열린 공간과 닫힌 공간이 있다.

공간을 표현하는 데 있어서는 사실상 깊이가 존재하지 않지만 우리는 깊이가 있다고 확신하는 것을 '심도의 단서'라 부른다.

심도의 단서는 소실점을 가진 원근법과 물체의 크기의 차이와 움직임의 속도 등이다. 심도의 단서들은 깊이를 창조하는 영상요소들을 뜻하는데, 가장 중요한 심도의 단서는 원근법이다. 평면스크린 위에 환영의 깊이가 만들어질 때 실제 세상에서 어떻게 원근법을 인지하는지를 아는 것은 필수적이다. 하나의 소실점을 가진 원근법, 2개의 소실점을 가진 원근법, 3개, 4개, 5개, 20개 또는 더 많은 소실점을 사용하는 것이 가능하다. 만약 우리가 그림 연습을 하는 것이라면 다양하고 복잡한 소실점에 관한 원근법을 배워야 하지만 관객은 영화나 동영상을 보는 것이고 3개 이상의 소실점은 알아내기가 힘들다. 얼마나 많은 소실점이 추가되든, 거기에는 어떠한 실제 깊이가 존재하지 않는다는 것을 알아야 한다.

〈표〉 공간 분석

공간	영화 '굿 윌 헌팅'(1997)	분석
깊이		복도의 시작과 끝을 한 앵글에 담았고 중간에 인물이 등장하면서 어느 정도의 폭과 길이인지 파악할 수 있다.

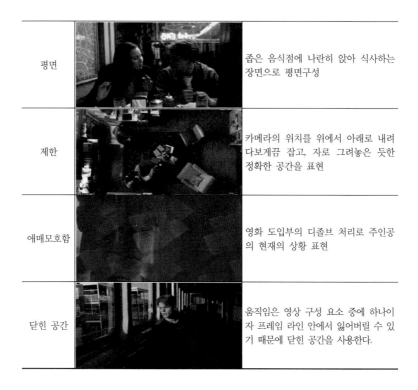

평면	좁은 음식점에 나란히 앉아 식사하는 장면으로 평면구성
제한	카메라의 위치를 위에서 아래로 내려 다보게끔 잡고, 자로 그려놓은 듯한 정확한 공간을 표현
애매모호함	영화 도입부의 디졸브 처리로 주인공의 현재의 상황 표현
닫힌 공간	움직임은 영상 구성 요소 중에 하나이자 프레임 라인 안에서 잃어버릴 수 있기 때문에 닫힌 공간을 사용한다.

2) 선과 모양

영상을 시각적으로 표현하는 데 있어 중심선인가 화면 내의 모서리와 가장자리 그리고 윤곽이나 경계 등에 따라 의미를 달리할 수 있다. 그러나 선과 모양은 가깝게 연결되어 있다. 왜냐하면 그것들은 서로를 정의하고 있기 때문이다. 라인은 오직 톤 또는 색의 콘트라스트 때문에 나타나기 때문에 다른 영상 구성 요소들과 다르다. 콘트라스트에 의존한다는 것은 라인이 분명하게 드러나거나 또는 애매하게 될 수 있다는 것을 의미한다.

어떠한 이차원적 사물의 경계선을 감싸고 있는 분명한 라인을 모서리라고 부른다. 라인은 오직 톤이나 색의 콘트라스트가 있을 경우에 나타난다. 검은색 배경 위에 흰색 종이는 쉽게 보이나 흰색 배경 위에 흰색 종이를 올려놓으면 종이의 라인이 실제적으로 없어져 버린다. 톤의 콘트라스트 없이 라인은 존재하지 않게 된다. 영상 안에서 관심 있는 주요한 포인트는 가공의 라인을 생성한다. 영상 안에서 라인을 생성하기 위해서 점들을 연결하거나 주요한 포인트를 연결하게 된다. 주요한 포인트는 중요한 사물, 색, 톤 또는 관객들의 관심을 집중시킬 수 있는 어떤 것도 될 수가 있다. 점은 곡선이나 직선, 삼각형, 사각형 또는 다른 모양의 다양한 형태로 연결될 수 있다.

가장자리는 어떠한 이차원적 사물의 경계선을 감싸고 있는 분명한 라인을 모서리라고 부른다. 라인은 오직 톤이나 색의 콘트라스트가 있을 경우에 나타난다. 검은색 배경 위에 흰색 종이는 쉽게 보이나 흰색 배경위에 흰색 종이를 올려놓으면 종이의 라인이 실제적으로 없어져 버린다. 톤의 콘트라스트 없이 라인은 존재하지 않게 된다. 윤곽은 어떠한 삼차원적인 사물의 경계를 둘러싸고 있는 분명한 라인을 윤곽이라고 한다. 현실 세계에서 대부분의 사물들은 삼차원적이며 높이가 있고 넓이가 있으며 깊이가 있다. 이러한 사물들을 둘러싸고 있는 라인을 인식하게 된다.

이 외에도 두 면이 만나거나 교차할 때 그것들은 라인을 생성하게 된다. 두 면 사이에 콘트라스트가 있다면 모든 문의 모든 모퉁이는 라인을 생성할 수 있다.

거리에 의한 모방은 사물이 너무 멀리 있기 때문에 사물 자체가 라인으로 축소되어 나타날 때 생성된다.

멀리 떨어져서 보일 때, 사물은 라인을 모방한 것처럼 가늘게 보이게 된다.

많은 사물들은 보이지 않는 중심선을 가지고 있고 중심선은 그것들의 중심을 통과하고 있다. 이러한 중심선은 라인으로 인식된다.

중심선은 대부분의 다른 라인의 유형같이 보이기 위해서는 콘트라스트가 필요하다. 중심선은 사물과 배경 사이에 톤의 콘트라스트가 줄어들게 되면 정의 내리기가 어렵게 된다.

모든 사물이 중심선을 가지고 있는 것은 아니다. 정사각형은 명확한 한 개의 중심선이 없다. 그러나 직사각형은 분명한 중심선을 가지고 있다. 움직이는 사물이 지나간 길을 흔적이라고 한다. 어떤 사물이 움직일 때 지나간 흔적이나 지나간 길에 나타난 라인을 남기게 된다. 지나간 흔적은 두 가지 유형이 있다.

첫째는 실제적인 흔적 확실한 사물들이 움직일 때, 사실적으로 눈에 보이는 흔적을 남기거나 그것들 뒤에 라인을 남긴다. 둘째, 가상의 흔적은 대부분의 사문들은 움직일 때 실제적인 흔적이나 라인을 생성한다. 그러나 가상의 라인이나 보이지 않는 라인을 생성하기도 한다. 가상의 흔적은 우리가 가정해야만 생기는 라인이다.

<표> 선과 모양 분석

비주얼 스토리(선)	영상(프라다 광고)	분석
가장자리		검은색 배경에 흰색 사진은 쉽게 보인다.
윤곽		책의 흰 종이에 흰색 사진을 올려놓으면 책과 사진의 라인은 사라진다.
윤곽		책과 옷이 같은 검은색 톤이기 때문에 책과 옷 사이의 라인이 사라졌다.
경계		주요 포인트를 인물들의 머리로 두고, 경계는 삼각형을 생성하였다.
면의 교차점		콘트라스트+90으로 했을 때는 콘트라스트가 과하게 추가되어 라인이 분명해졌다.
		콘트라스트-90일 때는 라인이 부각되지 않는 것을 볼 수 있다.

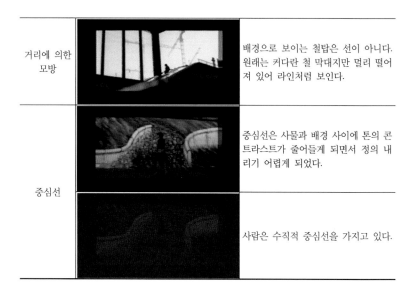

거리에 의한 모방		배경으로 보이는 철탑은 선이 아니다. 원래는 커다란 철 막대지만 멀리 떨어져 있어 라인처럼 보인다.
중심선		중심선은 사물과 배경 사이에 톤의 콘트라스트가 줄어들게 되면서 정의 내리기 어렵게 되었다.
		사람은 수직적 중심선을 가지고 있다.

　또한, 선과 모양을 나타내는 것으로 리니어 모티프가 있다. 이는 어떤 영상이라도 간단한 라인으로 축소될 수 있는 것을 말한다. 영상의 리니어 모티프는 원형, 직선, 수직, 수평 또는 대각선 라인 등 어떤 조합이라도 가능하다. 리니어 모티프는 사진에서 톤의 콘트라스트를 강조해서 생성된 것이다. 어떤 영상이든 간단한 톤의 콘트라스트와 리니어 모티프로 축소하는 방법은 두 가지가 있다. 하나는 콘트라스트 뷰잉 글래스이고 다른 하나는 눈을 가늘게 떠서 사물을 보는 방법이다.

　라인은 방위, 방향 그리고 특성 등 세 가지 방법 안에서 콘트라스트와 조화를 생성하게 된다. 콘트라스트와 조화는 숏, 숏과 숏 그리고 시퀀스와 시퀀스 안에서 생길 수 있다.

〈표〉 선과 모양 화면 분석

비주얼 스토리 (선과 모양)		영상(프라다 광고)	분석
리니어 모티프			원본과 톤의 범위를 간단히 만들어 콘트라스트를 강하게 만든 것
			리니어 모티프는 사진에서 톤의 콘트라스트를 강조해서 생성된 것
라인의 콘트라스트 의 조화	방위		대각선은 가장 긴장된 라인, 수직선은 약간의 긴장이 있 는 라인, 수평선은 가장 적은 활동성과 긴장이 있는 라인
	방향		라인의 각도를 나타내거나 움직이는 사물에 의해 생성 된 흔적을 나타낸다.
	특성		라인이 원초적으로 가지고 있는 직선이나 곡선을 나타 내는 것이다.

3) 톤(TONE)

톤은 감정의 표현이나 사운드의 질적인 부분의 톤을 말하는 것이 아니라 톤은 사물의 밝기를 말하는 것이다. 밝기의 범위는 "그레이스 케일"로 나타낸다.

〈그림〉 그레이스케일

〈표〉 톤의 분석

톤(굿 윌 헌팅, 1997년)	기능
	가장 밝은 범위는 관객들의 이목을 집중시킨다.

영상의 톤의 범위는 직접적으로 관객이 집중할 수 있도록 도와줄 수 있다. 한 화면에서 어떤 움직임도 없다면 가장 밝은 범위는 관객들의 이목을 집중시킨다.

그레이스케일을 조절하는 것은 반사의 조정, 입사광선의 조정, 노출 3가지가 있다

① 반사조정

영상의 밝기의 범위는 사물의 실제적인 반사의 크기에 의해서 조정된다. 어두운 톤, 밝은 톤, 명암이 강한 톤으로 나눌 수 있다.

〈표〉 톤의 분석 – 반사조정

톤(반사조정)(프로포즈데이, 2010)		기능
어두운 톤		배경뿐만 아니라 어두운 컬러 옷을 입고 어두운 사물을 사용하여 밝은 사물들을 숏에서 제거함으로써 어두운 톤으로 범위가 넓어졌다.
밝은 톤		어두운 톤과는 반대로 검은색 사물을 빼고 밝은 사물로 대체해야 한다.
명암이 강한 톤		명암이 강한 톤을 원한다면 대비가 극명하게 매우 어둡거나 밝은 사물을 사용해야 한다.

② 입사조정

조명을 이용하여 톤 범위나 밝기를 조절한다. 사물에 비춰지는 빛의 양에 의해 조절된 조명을 어떻게 하느냐에 따라 밝은 사물을 어둡게 보이도록 만들 수 있으며, 어두운 사물은 밝게 만들 수 있다.

〈표〉 톤의 분석-입사조정

톤(입사조정)(프로포즈데이, 2010)	기능
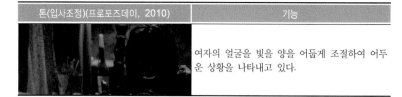	여자의 얼굴을 빛을 양을 어둡게 조절하여 어두운 상황을 나타내고 있다.

③ 노출

〈표〉 톤의 분석-노출

노출의 톤 범위에 다른 차이		
F 2.8	F 5.6	F 8
노출 과다	노출 적절	노출 부족

렌즈와 카메라를 조절한다. 보통 노출의 톤 범위는 F-Stop(조리개)의 조절에 의해 전체적인 변화를 가져오게 된다.

톤의 일치는 톤의 범위가 대상을 나타냈을 때 생성된다. 톤의 불일치는 톤의 범위가 대상을 모호하게 만들 때 생겨난다. 여기서 대상은 얼굴이 될 수도 있고 전체적인 신체가 될 수도 있으며 숏의 대상을 가진 어떤 사물도 가능하다.

호러나 미스터리, 서스펜스 영화들에서 사용되며, 이는 관객들이 심리적으로 불안해하고 대사, 음향효과에 또는 음악에 더 집중하여 극적 효과를 높인다.

〈표〉 톤의 분석-톤의 일치와 불일치

톤(프로포즈데이, 2010)		
톤의 일치 (톤의 범위가 대상을 나타냈을 때 생성)	대상을 적절히 표현	
톤의 불일치 (톤의 범위가 대상을 모호하게 만들 때)	톤이 전체적으로 너무 밝을 경우	배경의 톤이 전경에 비해 밝을 경우	숏이 어두울 때는 대상의 얼굴이 모호하게 나와 대상이 확실하게 보이지 않고 불분명한 경우

4) 색

색은 우리의 지각작용에도 영향을 미쳐서 어떤 색은 따뜻하고 어떤 색은 차갑게 느껴진다. 따뜻한 느낌이나 차가운 느낌을 주는 것은 그 색의 색상이 아니라 그 색이 띠고 있는 2차 색상에 의해 결정된다. 예를 들면, 우리는 대개 빨간색 계통을 따뜻한 색으로 보고 파란색 계통을 차가운 색이라고 생각한다. 그러나 파란색 기운이 있는 빨간색은 차가운 느낌이 들고 빨간색 기운이 있는 파란색은 따뜻한 느낌이 든다. 색은 어떤 물체나 상황에 대해 정보를 제공하는 것으로 우리는 색을 통해 화면을 좀 더 사실적으로 표현할 수 있다. 또한 색은 구도기능은 화면의 일부를 강조하거나 그 부분을 화면의 핵심 포인트로 삼고 에너지가 다른 색으로 화면의 구도를 잡아가는 방식으로 구도를 정할 수 있다. 그리고 색의 감성 표현기능은 우리들의 느낌이나 감정을 이끌어 내는 것을 말한다.

〈표〉색 분석

색의 분석	영상(영화 '아이언 맨', 2010)	분석
푸른색		최첨단 장비로 작업하는 토니 스타크와 이안 반코의 작업장을 푸른색과 골드로 처리하여 금속 성의 느낌과 최첨단을 표현
빨간색		어둠 속에서 돋보이는 아이언 맨의 빨간색과 안무가와 성조기의 빨간색이 불빛과 폭죽 속에 화려하게 비춰지고 관객의 환호와 시원하고 맛깔스런 음악이 절묘하게 어우러져, 보는 관객으로 하여금 영화 속에 빠져들게 하며 재미와 깊은 감동을 극에 달하게 한다.

5) 움직임

움직임은 사람들의 눈에 띄는 영상 구성 요소로, 화면 안에서 인물과 카메라가 움직일 때, 그리고 화면을 보는 관객의 눈이 움직일 때 일어난다.

〈표〉 움직임

움직임	분석
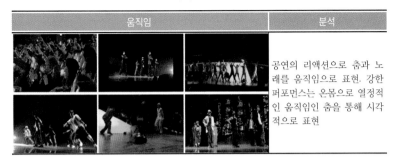	공연의 리액션으로 춤과 노래를 움직임으로 표현. 강한 퍼포먼스는 온몸으로 열정적인 움직임인 춤을 통해 시각적으로 표현

6) 리듬

영상에서의 말하는 리듬은 프레임 안에 사물들이 놓여 있는 것에 의해서 생성된다. 리듬이란 우리가 '보고', '듣고', '느끼는' 등 세 가지의 감각에 의해서 생성되는 일종의 박자감이라고 할 수 있다. 리듬은 변환·반복·템포에 의해서 생성된다.

리듬의 하위 구성 요소는 변환으로 많은 유형을 가지고 있다. 예를 들면, 사운드와 정적 사이의 변환, 음의 높낮이에 따른 변환, 음의 크기에 따른 변환이 있는데 변환이 부족한 경우에는 리듬을 느끼기가 어렵다. 반복으로는 사운드-정적-사운드-정적-사운드의 구성이 있다. 템포는 변환과 반복의 비율을 말하는 것으로, 걷는 것과 뛰는 것과 같은 템포의 차이를 가장 쉬운 예로 들 수 있다.

바라봄으로써 느끼는 '영상리듬'은 다음 3가지의 경우에 생성된다.

첫째는 고정적인 사물에서의 리듬이다. 이것은 고정적인 사물에서 느껴지는 리듬으로 화면에서 보이는 사물들의 배치, 즉 미장센에 의해서 생성된다고 볼 수 있다. 둘째는 움직이는 사물에서의 리듬으로 화면 안에서 사물의 움직임에 의해서 생성되는 리듬을 말한다. 이에는 '주요한 리듬'과 '부수적 리듬'이 있다. 주요한 리듬이란 전체적 사물의 움직임을 의미한다. 먼저, 프레임에 사물이 들어가고 나가는 경우 첫 번째 영상은 사물이 프레임 안에 들어왔다 나가는 영상이고, 두 번째 영상은 사물이 프레임 안에 들어는 왔지만 나가지는 않는 영상이다. 첫 번째 영상은 리듬이 성립되지만, 두 번째 영상은 리듬이 성립되기가 어렵다. 왜냐하면, 두 번째 영상은 영상 리듬의 요소인 변화/반복/템포가 부족하기 때문이다.

〈표〉 리듬

리듬		영상(영화 '아멜리에')	분석
고정된 사물의 리듬	규칙적		규칙적인 영상은 집중도가 떨어지는 것을 볼 수 있다. 그것은 우리가 순간적으로 프레임을 보았을 때 위치해 있는 사물과 프레임 라인, 프레임 범위의 비율로 리듬을 느끼기 때문이다. 이 장면도 템포가 느리다.
	불규칙적		화면의 중심에서 벗어나 있는 물고기에 시선이 집중된다. 이는 불규칙적인 리듬이 빠른 템포를 보여주기 때문이다.
	불규칙적		불규칙적이고 빠른 리듬
콘트라스트와 조화	규칙적 리듬		리드미컬한 강도가 느리고 템포가 규칙적으로 유지될 때 리듬이 규칙적이라고 말한다. 이것은 조화로운 영상을 만들 수도 있지만 집중의 결핍을 초래할 수도 있다.

콘트라스트와 조화	불규칙적 리듬			규칙적인 리듬에 비해 빠르고 불규칙적인 리듬과 다채로운 영상 콘트라스트를 가지고 있기 때문에 보다 큰 영상의 강렬함 또는 활동성을 만들어 낸다는 장점이 있다.
주요한 리듬	프레임에 사물이 들어가고 나가는 경우		사물이 프레임 안에 들어왔다 나가는 영상	첫 번째 영상은 리듬이 성립되지만, 두 번째 영상은 리듬이 성립되기가 어렵다. 왜냐하면, 두 번째 영상은 영상 리듬의 요소인 변화/반복/템포가 부족하기 때문이다.
			사물이 프레임 안에 들어는 왔지만 나가지는 않는 영상	

06 프레즌스 분석

1) 프레즌스의 개념

커뮤니케이션 기술의 발전과 함께 새로운 미디어 환경을 경험할 때, 미디어 이용자들이 어떠한 변화를 보이는가에 대해 새로운 미디어의 사회적 심리적 효과로 설명하는 이론으로 프레즌스를 들 수 있다.

Presence는 Biocca(1997)가 "현실을 떠나 마치 매체 속에 머무르는 느낌", Lombard(2000)가 "매개된 지각이 아니라고 착각하는 것"이라고 정의하였다.

HDTV는 선명한 화질과 생생한 음질이 현실보다 더 현실적인 모습으로 진보하고 있다. 이러한 디지털 매체의 사실성을 프레즌스로 설명할 때 HDTV의 사실성을 Presence와 연관 지어 설명하는 경향이 늘고 있다.

특히, HDTV의 기술적 특성을 "감각적 리얼리티", 내용적 특성을

"인지적 리얼리티"라고 보는데, HDTV Presence를 이옥기(2005)는 "시청자가 매개체로서의 TV의 존재를 지각하지 못한 채 프로그램 장면 속으로 자신이 빠져들어 가는 듯한 느낌"으로 정의했다.

구체적으로 감각적 리얼리티(sensory reality)는 텔레비전에서 감각적 리얼리티는 화질과 음질, 이미지 크기와 시청 각도 등 미디어 형태적 요소를 말하는데, 고화질은 HDTV, 저화질은 VHS로 구분되며 사실적인 영상의 외형을 말한다. 범위에는 고화질, 해상도, 화면비율, 입체 영상 등을 들 수 있겠다.

인지적 리얼리티(perceptive reality)는 미디어 내용으로 텔레비전에서 사물과 사람의 구성이 현실에서 일어날 법한 내용을 말한다. 특히, 움직임과 생생함이 있는 이미지 크기나 이미지 품질과 같은 미디어 형태의 특성들은 프레즌스와 관련된 중요한 요소들이라고 보았다. 앞으로 HD 텔레비전 시청환경에서 만약 시청자가 스크린 이미지에 반응하는 것처럼 프레즌스를 느낀다면, 그들은 즐거움과 오락적 요소를 더 많이 느끼게 될 것이다. 따라서 텔레비전 시청 선호로 피드백되어 돌아오고, 그들은 계속해서 그 텔레비전 프로그램을 시청할 것이다. 그러므로 새로운 텔레비전 환경에서 프레즌스를 측정하는 것은 시청자에 대해서 더 신뢰할 만한 정보를 가지고 미래 텔레비전 시청을 위한 예상 도구로 사용할 수 있다.

HDTV의 출현은 홈시어터 성장을 가져왔고, 영상콘텐츠의 프레즌스를 높이는 결과를 가져왔다. 이에 따라 시청자들의 시청 즐거움도 배가되었으며, 드림소사이어티 콘텐츠의 원천기술은 사실과 같고 현실과 같은 영상이 되었다. 프레즌스의 기본요소는 흥미와 몰입 그리고 주의와 집중이다. 예를 들면 드라마, 다큐의 주의집중의 차이는 드라마의 프레즌스에서는 가상현실(Virtual-reality), 즉 있을 만한 허구로 나타나며, 다큐의 프레즌스는 과잉현실(hyper-reality), 즉 시청자들의 이해를 돕기 위해 조금 더 구체적이거나, 조금 더, 확대 또는 축소되는 형태로 나타났다.

프레즌스의 정도는 TV가 지니는 사실주의적 정도에 의해 좌우되는데, 보는 시청자가 어느 정도 사실적이라고 믿느냐도 중요하다. TV 프레즌스에 영향을 주는 요소는 스토리에 대한 거리감, 등장인물의 외모, 개인적 호감도, 심리적 거리감, 눈빛의 마주침, 물리적 근접성, 사용언어, 대화내용 등이다.

2) HDTV와 프레즌스

Lombard와 Ditton(1997)은 프레즌스를 텔레비전 매체에서 6개의 속성을 통해서 개념화하였다. 프레즌스의 첫 번째 속성은 사회적 풍부성(social richness)이다. 친근감 또는 직접성과 관련된다. 프레즌스의 두 번째 속성은 사실주의(realism)로, 실제 대상이 미디어에 정확하게 재현되는 정도를 말한다. 프레즌스의 세 번째 속성은 이동성(transportation)이다. 텔레비전에서도 시청자와 텔레비전 간의 이동을 말하는데, Lombard와 Ditton(1997)은 이동을 세 가지 차원으로 나누고 있다. 첫 번째는 거기 있다의 차원이다. 이 차원에서는 사용자가 현실세계에서 가상세계로 마치 이동되어 들어간 듯한 느낌을 나타내는 경우를 말한다. 두 번째 차원인 여기 있다는 가상세계가 마치 사용자가 있는 현실세계로 이동되어 다가와 있는 듯한 느낌을 나타내는 경우를 말한다. 세 번째는 모두 여기 있다의 차원으로 가상세계에서 사용자와 가상환경의 상대방이 하나의 공간을 함께 공유하고 있는 듯한 느낌을 나타내는 경우를 말한다. 네 번째 차원에서는 프레즌스를 매개환경에의 몰입(immersion)으로 본다. 여기에는 지각적 몰입과 심리적 몰입이 있다. 프레즌스의 다섯 번째 속성은 미디어에 나타나는 배우와 사용자 사이에 형성되는 사회적 관계(social actor with in mdiume)다. 시청자가 마치 그 배우와 진짜 대화 상황에 들어가 있는 듯한 느낌을 갖도록 만든다. 이런 상황에서 시청자 또는 사용자는 배우에게 자연스럽게 반응하게 된다. 때로는 텔레비전 화면에 나타난 배우의 얼굴을 향해서 말을 하는 경우도 있다. 이와 같이 배우와의 상호작용에서 미디어에 나타나는 배우는 사용자와 시청자에게는 마치 진짜 친구처럼 받아들여지는데, 이런 현상을 미디어 동등화라고 부른다. 프레즌스의 여섯 번째 속성은 미디어의 사회적 역할(medium as social actor)이다. 즉, 미디어 사용자는 컴퓨터나 텔레비전과의 상호접촉이 인공적인 것임에도 불구하고 마치 그것이 사실인 것처럼 수용하는 것이다.

3) 프레즌스 요인

① 감각적 리얼리티

텔레비전에서는 TV 화면 속 공간의 사실감이 TV 바깥 공간인 현실에 실감나는 영향을 미치는 것을 보여주고 있는데, 고화질을 통해서 예상할 수 있는 것은 시청자로 하여금 텔레비전에서 보여주는 화면이 너무 생동감 있고 리얼하기에 TV 밖의 상황과 하나가 된, 따로 떨어진 별개의 것이 아니라 결합된 하나의 모습으로 느끼게 만들고, 또 그것이 착각이라는 '실감 체험'을 가능케 하는 것이다. 텔레비전에서의 감각적 리얼리티는 화질과 음질, 이미지 크기와 시청 각도 등 미디어 형태적 요소들을 말한다.

② 인지적 리얼리티

인지적 리얼리티, 즉 내용의 현실묘사가 어느 정도로 실제 세계와 흡사한가를 나타내는 말이다. 즉, 텔레비전에서의 인지적 리얼리티는 텔레비전에서 사물과 사람의 구성이 현실에서 일어날 법한 내용을 말한다.

텔레비전에서의 인지적 리얼리티는 사물과 사람의 구성이 현실에서 일어날 법한 형태를 말한다. 즉 미디어 내용이 사실적이라는 것이다.

〈표〉 감각적 리얼리티와 인지적 리얼리티

구분	의미		구성요소
감각적 리얼리티	감각적 리얼리티는 화질과 음질, 이미지 크기와 시청 각도 등 미디어 형태적 요소들을 말한다. 고화질 입체영상, 미디어 크기, 시청 거리, 시청각도 등을 포함한다.	생생함	음질이 좋다. 음향이 사실적이다. 음향의 크기가 적절하다. 화면이 생동감 있다. 영상의 크기가 적절하다. 화면이 사실적이다.
		자연스러움	그대로 직접 전달되고 있다. 공간적 거리가 가깝다. 시야가 자연스럽다.
		동등화	장면이 사실적이다. 텔레비전의 경험이 실제세계의 경험과 일치한다.
		참여성	생방송이다.

인지적 리얼리티	인지적 리얼리티는 사물과 사람의 구성이 현실에서 일어날 법한 형태를 말한다. 즉, 미디어 내용이 사실적이라는 것. 고현실	친근감	꼭 매일 접하는 나의 친구 같은 출연자를 좋아한다.
			TV에서 좋아하는 출연자를 보는 것이 즐겁다.
			매일 TV를 시청하는 것은 만족감을 느끼게 한다.
			좋아하는 출연자의 목소리를 듣는 것을 좋아한다.
			출연자는 내 집에서 말하듯이 나에게 말을 한다.
			나 자신의 생각을 출연자와 공유하고 싶어진다.
			출연자가 실수하면 내가 실수한 것처럼 안타까워진다.
			매일 TV에 나오는 출연자는 늘 친구처럼 느껴진다.
			출연자는 내 친구인 것처럼 마음을 편안하게 해 준다.
			매일 TV를 시청하는 것은 나의 문제를 다루기 쉽게 한다.
			출연자의 생각을 보여주면 그 사건에 대한 결정하는 데 도움
			내가 좋아하는 출연자는 TV에서 친구가 되어 준다.
		현실성	TV에서의 경험이 현실세계에서도 가능할 것이라고 생각된다.
			TV에서 경험은 현실세계에서도 가능한 것처럼 들린다.
			텔레비전 속의 사람들이 진실로 그럴 듯해 보이는 것을 보여준다.
			TV 시청은 세상을 보여주는 것이라고 생각된다.
			TV에서의 경험한 사물이나 사람을 현실에서도 접촉할 가능성
		일치성	텔레비전 프로그램에 의견을 표현하기 위해 전화를 해 보았다.
			텔레비전 프로그램에 의사표현을 위해 편지를 써 보았다.
			텔레비전 출연자에게 말을 건네 보았다.
		동일시	프로그램이 사실적인 내용을 다루고 있다.
			프로그램 줄거리가 현실적이다.

4) 화면구성과 프레즌스 분석 사례

효과적인 프레즌스를 위하여 적절한 화면구성이 되어야 한다. 프레즌스 정도는, 화면구성(이야기 구성 포함)의 차이에 좌우되고, 결과적으로 프로그램의 흥미와 완성도와의 함수관계이다.

프레즌스와 관련된 화면구성 요소는 화면 크기, 미장센, 몽타주, 샷, 신, 시점, 앵글, 카메라 워킹, 편집 등이다.

화면 구성에서는 첫째, 이미지 구성요소들이 위치되는 방식, 배열이 어떻게 의미생산과 관계되는가, 즉 어떤 의미를 주는가, 둘째, 이미지가 어떻게 프레임을 통해 분리되고 연결되는가, 즉 편집조정을 통해 어떤 의미를 재창조하는가를 파악할 필요가 있다.

〈표〉 프레즌스 영상 분석

구분	영상	분석
감각적 리얼리티		영화 '굿 윌 헌팅'에서 화면의 크기로 인한 효과를 살려주는 엔딩 장면
인지적 리얼리티		영화 '굿 윌 헌팅'에서 숀은 윌이 가진 내면의 아픔에 애정을 갖고 관찰하던 중, 절대로 마음을 열지 않았던 윌이 숀의 한 마디 말로 마음이 트이기 시작한 장면으로, 유년 시절의 상처가 아물기 시작하는 시점

IV. 영상과 제작

01 프로그램의 기획

1) 기획의 정의

프로그램 기획은 방송 프로그램의 성패를 결정짓는 매우 중요한 요인으로서, 프로그램 제작 부서에서 가장 심혈을 기울여야 하는 작업과정이며, 언제나 순발력 있고 풍부한 기획능력을 갖추어야 한다. 기획은, 프로그램의 구체적인 방향과 내용, 담당 프로듀서, 작가, 주요 연기자 및 MC를 선정할 뿐만 아니라, 제작방식 및 제작비 한도액을 책정하는 단계이기 때문이다.

기획이 충실하지 못하거나, 다양성을 잃고 방향감각을 상실한다면, 제작 과정에서 아무리 전력을 기울인다고 해도 이미 실패를 만회하기가 어렵다. 따라서 모든 제작팀은 유능한 기획자를 많이 확보하고, 참신한 기획이 창출될 수 있는 기획시스템을 갖추도록 노력해야 한다. 특히, 기획의 개념 속에는 현재 방송 중인 프로그램에 대한 개선

대책 등도 포함될 수 있으므로, 시청자나 유관단체의 의견을 반영하는 편성 부서와 긴밀한 의사소통이 이루어지는 것도 중요하다.

2) 기획의 단계

(1) 기획회의

모든 프로그램의 발상과 시작은 기획회의로부터 비롯된다. 프로그램의 방영시간대와 장르가 결정된 뒤, 자유로운 브레인스토밍을 통해 새롭고 신선한 아이디어를 제약조건 없이 토론하는 기획회의에는 많은 인원이 참가하는 것이 좋다. 기획회의의 주관은 보통 제작팀의 CP[4]가 하며 참석자로는 여러 연출자들과 총괄, 국장, 경우에 따라서는 이사, 전무 등 경영진이 참석하기도 한다. 아이디어의 발상에 제약을 두지 말아야 하는 것은 여타의 아이디어 회의와 다름없으나, 참석자 모두가 필요한 자료를 사전에 숙지한 뒤, 나름대로의 방향을 정리할 수 있도록 하며 아이디어에 대한 평가의 기준을 마련하는 것이 좋다. 대체적인 평가의 기준은 다음과 같다.

① 기획의도나 내용이 제작의도에 부합되는지의 여부

② 타 프로그램이나 경쟁사의 프로그램과 차별화를 이루어 독창성을 확보하고 있는가의 여부

③ 타겟 시청자를 제대로 겨냥하고 시의성을 갖추고 있는가의 여부(시청률)

---

4) CP(chiep producer): 책임프로듀서

④ 현재의 기간이나 제작여건에 비추어 제작이 가능한지의 여부
(현실성)

(2) 프로그램의 포맷 및 내용 결정

몇 차례의 기획회의에서 제안된 의견을 수렴한 CP와 데스크는 제
작요건을 갖출 수 있는 형태로 프로그램의 포맷과 내용을 결정하게
된다.

(3) 주요 스태프 및 주요 출연진 선정

포맷과 내용을 결정한 CP는 프로그램 성격에 부합되는 연출자를
먼저 선정하여, 해당 연출자와 함께 작가 및 주요 출연자를 선정한다.
작가 및 주요 출연자의 선정은 기본적으로 PD의 권한이지만, 타
프로그램과의 중복 여부 등 제반여건을 감안하여 CP와 상의한 후 결
정토록 한다.

(4) 예상 제작비 책정

모든 프로그램은 표준제작비 한도 내에서 집행하는 것이 원칙이어
서 제작에 착수하기 전에 표준제작비를 책정해야 한다.

(5) 제작 기획 제안서 작성

기획 작업이 끝나면 소정의 양식에 따라 제안서를 작성한다.

제작 기획 제안서

				사 장
총 괄	국 장	이 사	전 무	
합 의	기획이사		편성이사	

제작부서	TV 제작국		제안 연월일	2011년 2월 7일
프로그램명			종 류	드라마, 쇼, 코미디, 교양, 보도, 스포츠, 기타( )
형 태	특집, 일반 60분물×주 2회		제 작 장 소	스튜디오, 야외, 기타( )
방송예정일시	2011년 10월 중 20:55~21:55		제 작 형 식	LIVE, 녹화, FILM, 기타(ENG)
기 획	○○○		연 출	○○○
기 획 의 도				
주요 내용 (줄거리)	별 첨			
추정제작비	회당제작비내역 ● 극본료(자료비 포함) : ₩ ● 연기자출연료 : ₩ ● 연기자야외비 : ₩ ● 엑스트라출연료 : ₩ ● 조명료, 동시녹음료 : ₩ ● FD, SCR, 섭외용역비 : ₩ ● 음악료 및 기타 수수료: ₩ ● 진행비, 섭외비 : ₩ ● 현장답사비, 장소사용료: ₩ ₩		주요 스태프 및 주요출연진	기획: 극본: 연출:
수지검토			검 토 의 견 (기획, 광고, 편성)	

3) 좋은 기획을 위한 요건

프로그램 종류에 따라 뛰어난 기획력을 제고할 수 있는 방법은 다양하지만, 좋은 기획을 위한 공통적인 조건은 몇 가지로 요약될 수 있다.

(1) 프로그램 모니터를 충실하게 한다

모든 기획은 모니터링에서 나온다고 말해도 과언이 아닐 만큼 중요하다. 처음부터 독창적인 포맷을 기획할 수는 없다. 끊임없는 모니터를 통해서만 새로운 포맷개발이 가능하다.

(2) 많은 사람과 만나고 많은 이야기를 듣는다

모든 방송프로그램은 사람들의 살아가는 모습을 형태화한 것이다. 어떤 종류의 사람들이 어떤 생각으로 어떻게 살아가는지를 쉴 새 없이 연구하며, 프로그램이 어떤 반응을 얻고 있는지 항상 귀를 열어두고 있어야만 좋은 기획이 가능하다. 많은 사람과의 이야기는 PD의 소중한 자산이다.

(3) 독서량을 늘린다

독서량과 아이디어는 정비례한다. 기획에 필요한 독서가 필수이다.

02 큐시트 작성법

1) 큐시트의 정의

큐시트(Cue-sheet)란 프로그램의 개시에서 종료까지 무엇을 어떤 타이밍에서 방송 또는 녹음, 녹화할 것인가를 일정한 형식에 따라서 기입하게 되어 있는 진행표를 말한다.

큐시트는 연출자가 기입하고 카메라 및 기술담당자에게 넘겨지며 방송실시의 기본자료가 된다.

방송의 큐시트는 제작담당자가 그 프로그램의 진행상 필요한 사항을 세밀하게 정한 타이밍에 맞춰서 수동 조작하는 각각의 스태프, 즉 VTR 담당이나 음향효과 담당자에게 구두로 지시할 것을 시각적으로 도표화한 표현수단이다.

2) 큐시트 작성법

큐시트 작성에는 몇 가지 원칙이 있다.

(1) 큐시트는 정확해야 한다

큐시트는 연출자, 출연자, 카메라맨, 기술감독을 포함한 모든 스태프가 함께 보며 녹화를 진행하는 진행표이기 때문에 사전에 기입된 내용은 녹화 시에도 변함이 없어야 한다. 만약 변경되는 상황이 발생하면 큐시트를 모두 회수해 수정하거나 전 스태프에게 변경된 사항을 고지해야 한다.

(2) 큐시트는 간결할수록 좋다

꼭 필요한 단어나 부호, 기호 등을 기입한다. 큐시트가 복잡하면 큐시트를 통한 스태프 상호 간의 커뮤니케이션이 복잡해지기 때문에 실수가 발생할 수 있다. 따라서 간결하게 표시된 큐시트일수록 녹화(또는 방송) 진행이 원활해진다.

(3) 큐시트는 약속된 단어를 써야 한다

큐시트는 모든 스태프와의 약속된 부호나 약속한 기호 등으로 작성되어야 한다.

3) PD와 큐시트

PD에게 있어 큐시트의 의미는 복합적이다.

첫째, 프로그램의 단순진행표,

둘째, 스태프와의 약속된 언어,

셋째, 구성의 흐름과 내용을 분석하는 보고서,

넷째, 제작일지로서의 기능,

다섯째, 제작비 정산 시 필요한 참고자료 등이다.

열린 TV, 열린 세상
- 제 000 회 -

녹화:

방송: 2011년 1월 29일(토) 15:30～16:00

PD: / 작가:

순서	내용	단시	총시	source / 준비물
1	타이틀	12″	12″	VPB
2	전 CM	30″	42″	VPB
3	MC 오프닝 -시청자의 눈 리드멘트-	50′	1′ 32″	ST
4	브릿지-시청자의 눈			
5	-시청자의 눈- 1) 다큐멘터리 하루 동안 2) 한국의 과학자 3) 라이브 투데이	10′	11′ 40″	VPB
6	브릿지-TV를 말한다	10″	11'50 ″	
7	TV를 말한다 -성균관대 이옥기 박사- 〈정운갑의 집중분석〉	7′	18′ 50″	VPB
8	브릿지-클릭 e 프로그램	7″	18'57″	
9	클릭 e 프로그램	8′	26′ 57″	ST
10	클로징	40″	27'17″	ST
11	엔딩타이틀	15″	27'32″	VPB

※ 출처: mbn 열린tv 열린세상 큐시트.

03 TV 프로그램 제작

1) 제작의 과정

(1) 드라마제작

드라마는 TV제작국의 꽃이며 그 방송사의 얼굴이다. 드라마는 대본이 나오면 연출자 책임 하에 실제적인 일들이 진행된다. 그것은 언제나 거의 동시적으로 진행되며, 특히 미술 부문과 긴밀한 협조를 이루어야 한다. 만일 그 무대가 구한말이라고 한다면 스튜디오의 고정 세트 이외에 야외의 오픈세트도 고려해야 할 것이며, 오픈세트를 새로 만들 것인가 아니면 민속촌이나 옛 모습이 잘 유지·보존되고 있는 마을에서 촬영할 것인가도 결정해야 한다.

소도구와 장신구, 의상, 가발 등도 잘 챙겨야 하고 없는 것은 새로 만들어야 한다. 곰방대, 짚신, 소달구지, 가마 …… 이때 여러 가지 고

증의 문제가 발생하는데, 특수한 부문의 의상이나 음식 등에서 전문가의 고증이 필요하게 된다.

다음으로 장소를 섭외한다. 스튜디오 작업에 많이 의존하는 드라마도 있지만 어떠한 드라마도 100% 스튜디오에서만 만드는 것은 없다. 많든 적든 야외로케이션을 실시하지 않으면 안 된다. 그래서 프로듀서와 카메라맨은 대한민국 전역이 야외촬영장의 무대이며 그 모든 지역적 특성을 머릿속에 기억해 두어야 한다. 대본이 아무리 훌륭하고 경치가 빼어나도 연기자들의 소화능력이 부족하면 헛수고가 된다. 따라서 배역설정을 제대로 해야 한다. 다음으로 '배역되어진' 연기자들이 연습실에서 연출자와 함께 대본을 읽는다. 이때 연출자의 연출의도가 전달된다. 같은 대본을 놓고 열 명의 연출자가 드라마를 만들면 열 가지 작품이 나온다. 똑같은 대사도 어떤 연출자는 매우 높은 목소리로, 또 다른 연출자는 약간 높은 목소리로 표현되기를 원한다. 어떻든 대본을 읽으면서 연기자들은 줄거리와 연출 의도를 파악하고 자기가 맡은 인물의 성격을 굳혀 나간다. 이때 연출자는 콘티뉴이티 작성을 한다. 연출자는 인쇄된 대본 위에 한 장면 한 장면을 어떻게 표현할 것인가에 대한 자신의 의도를 풀샷, 원샷, 오버숄더샷, 페이드아웃, 페이드인, 디졸브 등으로 표시한다. 이 작업을 통해서 대본을 쓴 작가와 그것을 영상으로 표현해야 하는 연출자가 완벽하게 2인3각으로 맺어진다. 연출자의 창조적 에너지는 이 순간에 그 절정을 맞는다.

그리고 야외촬영과 스튜디오녹화, 그리고 편집작업을 거치게 된다.

(2) 교양프로그램 제작

   교양의 범위는 특별생방송과 르포프로그램, 휴먼다큐멘터리, 자연다큐멘터리 등 범위가 넓다.

   다큐멘터리는 소재발굴에서 시작된다. 촬영은 최대한 자연스러운 장면이 나오도록 한다. 촬영에는 고가의 특수장비가 필요할 수도 있다. 물밑 세계를 찍기 위해서는 수중카메라가 있어야 하고, 바이러스는 마이크로렌즈로 촬영하거나 광학 현미경을 카메라 본체에 연결시켜야 한다. 접사렌즈, 망원렌즈, 내시경카메라, 적외선카메라, 무인크레인 등 촬영스태프들의 자세도 특별한 것이 요구된다. 자연에 대한 애정, 오랜 시간 관찰하는 인내심, 그리고 끝없이 일어나야 하는 호기심 따위가 그것이다. 구성은 '연출하지 않은 연출'에 있다. 촬영한 자료는 작가와 함께 촬영해 온 엄청난 테이프를 면밀히 검토하고 편집 큐시트의 구성에 대해 합의해야 한다. 실제 방송시간의 10배에서 20배쯤 되는 원본 테이프 중에서 어떤 장면을 선택하여 어느 위치에 놓는가, 어떤 장면에 비중을 두고 어떤 장면을 삭제할 것인가, 마지막은 어떻게 장식할 것인가 이런저런 합의가 끝나면 작가의 손에 의해 편집 큐시트가 작성되고 연출자는 직접 편집을 한다.

2) 편성

(1) 편성의 개념

편성은 전략이고, 제작은 전술이며, 실제방송은 전투라는 말이 있다.

편성은 방송되는 사항의 종류, 내용, 분량과 그 배열에 대한 과정 및 그 결정행위의 결과이다.

즉, 편성이란 무엇(방송내용)을, 누구(방송대상자)에게, 언제(방송일시), 어떻게(방송형식), 얼마(방송시간 양)나 들려주고 또는 보여주느냐를 결정하고, 이들 프로그램을 배열(LINE-UP)하는 전 작업을 말한다.

또한, 편성이란 어떤 방송사가 채널의 목적을 수행하기 위해서 마련하는 프로그램 운용계획과 정책이며, 그 결과다. 그러므로 편성은 예산규모와 제작조건, 프로그램 판매와 법률적 제약 등을 고려하여 최종적으로 도출되는 결과다. 결국, 편성은 그 사회가 추구하는 방송 이념의 구체적 실현방안이다.

(2) 편성의 목표

편성의 첫째 목표는 최대의 수용자를 확보하는 데 있다.

이를 위해 프로그램에 걸맞은 최적의 시간대를 찾아 프로그램을 배치해야 한다. 특히, 프로그램 판매(광고)를 재원으로 하고 있는 상업방송의 경우 시청률 확보는 우선 과제가 될 수 있다.

둘째는 프로그램의 균형성과 다양성을 제공하는 것이다.

이를 위해 다양한 사회구성원의 욕구를 충족시킬 수 있도록 프로그램 순서와 내용을 다양하게 편성해야 한다.

셋째는 공익구현이다. 방송의 기본이념은 공익성에 있다. 공익충족을 위해 프로그램 장르별 비율을 조정하며 뉴스, 교양, 정보 프로그램 등을 적정 수준 제공해야 한다.

넷째는 좋은 스테이션 이미지 구축이다. 스테이션 이미지는 시청행위에 큰 영향을 미치는데, 이 이미지는 방송국의 편성을 통해 인식된다.

(3) 편성의 분류

편성은 시간에 따라 장기편성과 단기편성(연간/분기별/월간/주간/일일)으로 구분된다. 또한, 정기성 여부에 따라 정기편성(봄, 가을 개편)과 임시편성(계기, 시대적 상황변화, 비상시에 행하는 특별편성)으로 구분된다. 내용에 따라서는 종합편성과 분리편성(분리편성/전문편성)으로 구분할 수 있다.

프로그램 편성의 의사결정은 여러 복잡한 요인의 영향을 받는다.

예컨대, 일출·일몰, 날씨 등의 계절적 변화가 직접적 영향을 주게 되고, 다른 매체, 경쟁국, 방송제도와 정치체계, 경영체계, 사회환경, 피드백 체계, 그리고 오디오·비디오 산업, 라이프스타일, 스포츠 행사 등이 작용한다.

그러나 방송프로그램을 편성하는 데 있어 먼저 고려되는 것은 그 대상인 수용자, 즉 시청자다. 어떠한 대상을 위해, 무슨 내용으로, 어느 시간에 방송할 것이냐가 편성에서 가장 중요하다. 따라서, 시청자의 가장 적당한 시간을 선정해야 하며, 그들의 연령, 직업, 취미, 기호, 경제상태 등을 탐색해야 하며, 시청자의 생활습관과 관련이 있는 일시, 계절 및 지식수준 등을 참작해야 한다.

(4) 편성전략의 이론과 실제

프로그램의 편성은 시청률 저하, 방송사의 이미지 저하, 정책의 변화, 방송사 의지의 구현, 방송통신위원회의 결정과 권고, 계절의 변화(일출, 일몰)에 따른 생활패턴 변화, 기술의 전보, 긴급사태, 특정 중계의 필요성 등 여러 요인이 발생할 때 행한다. 편성전략을 세울 때는 다음과 같은 고려해야 할 사항이 있다.

① 프로그램 편성전략 중 가장 중요한 것은 시청자의 생활리듬과 일치할 수 있도록 프로그램을 편성하는 일이다. 즉, 많은 수용자가 보고 듣기 좋은 최적의 시간대에 최적의 프로그램 배치와 시청자의 기호나 경향을 파악해야 한다.

② 시청률 확보란 시청자와의 단순한 영합이 아니라 시청자가 원하는 것과 필요로 하는 것을 제작한다는 것을 전제로 이를 어떤 방향에서 제작하고 어떻게 편성하느냐에 초점을 모아야 한다.

③ 자국 프로그램 및 편성에 대한 평가가 정확히 이루어져야 한다. 시청률은 높은가, 방송사 이미지를 높이는가, 공익성과 상업성이 있는가, 편성상 균형성과 다양성이 있는가, 수용자와 광고주의 흥미를 끄는가, 프로그램 연결상 전후 프로그램에 대한 영향은 어떠한가, 현 제작진의 능력, 예산, 시간 등이 부합하는가를 정확히 파악하여야 한다.

④ 방송사의 정책, 경영목표 등을 정확히 파악하여야 한다.

⑤ 경쟁국 프로그램에 대한 평가를 면밀히 분석·검토해야 한다.

⑥ 외국 프로그램 편성경향 등 앞으로의 편성경향에 대해 파악해야 하며, 이에 대한 대응이 무엇인지를 인식해야 한다.

(5) 편성전략

① 함포사격용(BLOCK BUSTER) 프로그램 편성

90~120분 정도의 강력한 단일 프로그램을 상대국의 짧은 프로그램보다 일찍 시작해서 시청자를 장악하는 전술

② 실력편성(POWER PROGRAMMING)

상대사가 이미 요새화한 시간대에 동일 시청자를 상대로 같은 유형의 맞물리는 정면도전 전략

③ 대응편성(COUNTER PROGRAMMING)

상대국과 맞선다는 점은 실력편성과 같으나, 같은 시청자를 놓고 같은 유형의 프로그램을 내지 않고 전혀 다른 별개의 프로그램을 편성(공존의 전략)

④ 엇물리기 편성(CROSS PORGRAMMING)

상대사 프로그램보다 조금 앞서거나 아예 상대방 프로그램의 가운데쯤 걸쳐서 강한 프로그램을 내는 전략

⑤ 대체편성(ALTERNATIVE PROGRAMMING)

특정계층을 대상으로 전문화된 프로그램을 내세우는 전략

⑥ 스턴팅 편성(STUNTING PROGRAMMING)

상대 프로그램을 무력화시키는 편성전략(특집영화, 미니시리즈,

대하드라마, 특집물 등)

⑦ 기타 편성전략

A. 구획편성(BLOCK PROGRAMMING)

　유사프로그램을 연속 편성하여 수용자 흐름 계속 유지

B. 줄띠편성(STRIPED PROGRAMMING)과 장기판편성(CHECKERBOARD
　PROGRAMMING)—시청습관 형성 관점

C. 샌드위치 전법(HAMMOCK)과 물지게 작전(TENT-POLING)

강 프로그램
새 프로그램
강 프로그램

새 프로그램
강 프로그램
새 프로그램

3) 촬영

(1) 카메라의 구성요소

① 카메라 렌즈

　줌 렌즈의 각도는 계속적으로 변화될 수 있는데 패닝 핸들(panning handle)에 붙어 있는 조정 장치를 움직이면 된다. 어떤 줌 렌즈는 사용 각도를 최대한으로 증가시킬 수 있는 컨버터나 익스텐더(converter or extender)를 갖춘 것도 있다. 컨버터(converter)는 줌 렌즈의 배율을 증가시켜 주는 시스템이고, 익스텐더(extender)는 배율을 그대로 두되 초점 거리를 확장시켜 준다. 예컨대 9~90mm 렌즈를 두 배로 확장시키면 10배의 배율은 그대로 유지된 책 18~180mm로 된다.

② 카메라 헤드

카메라 헤드는 카메라 받침대 위의 크래들 헤드(cradle head)에 부착된다. 이 크래들 헤드는 카메라를 아래 위 좌우 혹은 궁형(弓型, arc)으로 움직일 수 있게 해 준다. 팬바는 카메라 헤드를 안정되게, 또 움직일 수 있게 해 준다.

③ 카메라 받침대

ENG 카메라의 화질이 정교한 스튜디오 카메라의 그것에 미치지 못한다 할지라도 뛰어난 기동성은 대단히 소중한 것이며, 통상적인 큰 카메라로는 제한된 공간에서 자연스럽게 촬영할 수 없는 문제점을 해결해 줄 수 있다.

오랜 시간 동안 지속되는 것을 촬영하거나 아주 좁은 각도의 렌즈로 촬영할 때는 안정감을 보장해 줄 수 있는 고정된 받침대가 필요하다.

고정 받침대(static mouting)는 때에 따라 카메라는 그 움직이는 몸체를 어떤 구조물에 부착시킬 필요가 있다. 그래서 대개 간단한 트라이포드(tripod; 다리가 3개 있는 카메라 받침대)를 이용한다. 롤리 트라이포드(rolling tripod)는 구르는 트라이포드(rolling tripod; 일명 wheeled tripod, 바퀴 달린 세 발 받침대)로 가장 간단한 형태의 움직이는 받침대이다.

페디스탈(pedestal) 혹은 패드(ped)는 스튜디오 카메라 받침대로 가장 널리 쓰이고 있고 기능상으로도 가장 신축성이 있다.

카메라 달리(camera dollies) 카메라가 최대 2.5m나 그 이상의 높이로 부드럽게 움직이려면 달리(dolly) 나 크레인(crane)이 필요하다.

④ 렌즈

렌즈 각도는 특정한 위치에서 카메라가 어떤 장면의 얼마나 많은 부분을 보여줄 수 있는가를 결정짓는다. 10° 렌즈는 어떤 피사체를 50° 각도의 렌즈가 잡은 화면보다 5배 크기로 보여준다. 그러나 50° 렌즈가 담을 수 있는 장면이 단지 1/5만 보여줄 뿐이다. 5° 렌즈를 이용했다고 가정해 보면 10° 렌즈가 잡은 것보다 2배로 큰 상을, 50° 렌즈가 잡은 것보다는 10배 큰 상을 보여준다. 시청자들이 TV카메라 렌즈가 보는 각도와 비슷한 각도로 TV 화면을 쳐다보아야만 자연스러운 원근감을 느낄 수 있다.

광각(廣角) 렌즈(wide angle lens)는 30°~60°에 이르는 각도의 렌즈로 장면의 많은 부분을 담아낼 수 있다거나 과장된 원근감을 나타내는데, 떨어져 있는 피사체를 실제보다 더 떨어져 있는 것처럼 보이게 한다. 그러나 비록 광학 렌즈가 장면의 많은 부분을 보여준다 하더라도 하나하나의 부분을 똑똑하게 알아보기에는 피사체가 너무 작게 나타날 수 있다.

협각(夾角) 렌즈(narrow angle lens)는 5°에서 15°까지를 말하는 협각 렌즈는 제작상에 그 나름의 특정한 장단점이 있다(협각 렌즈를 흔히 망원 렌즈라고 부르기도 한다).

협각 렌즈는 카메라 앞에 있는 장면의 한정된 부분만을 화면에 채우기 때문에 어떤 주제를 망원경으로 보는 듯한 효과를 준다. 그래서 카메라가 피사체로부터 멀리 떨어져 있는 상태에서 근접샷(close shot)을 얻도록 해 준다.

그러나 원근감은 압축되어 나타나게 되고 심도는 납작하게 쭈그러들어 보인다.

줌 렌즈(zoom lens) 범위는 설계에 따라 결정된다. 조그만 카메라의 경우 확대배율이 3:1(10°~30°) 정도인 것부터 10:1(5°~50°), 그리고 42:1에까지 이른다. 줌 렌즈 카메라에는 샷 박스(shot box)가 부착되어 있어 버튼만 누르면 미리 맞춰 놓은 각을 재빨리 선택할 수 있다. 줌 렌즈 각도를 계속해서 변화시킬 수 있기 때문에 부적절한 각도를 선택하기 쉽고 아무렇게나 변화시킬 수도 있다. 줌 렌즈로 광각, 표준 혹은 협각 등 어떤 각도를 선택하면 그 각각의 각도상에서 야기되는 조작상의 특성과 곡해현상이 나타나게 마련이다. 그래서 각기 다른 렌즈 각도를 이용해서 처리한 각각의 화면을 서로 연결시킬 경우 거리감, 심도, 공간 점유 비율이 달라지는 느낌을 줄 수 있다.

(2) 카메라 부속장치와 기능

① 탤리 라이트(tally light)

카메라 상단부에 부착되어 있는 적색의 라이트인 탤리 라이트는 연기자에게 자신의 움직임이 선택되었다는 사실을 알려준다. 대부분의 카메라는 카메라맨에게 그의 카메라가 컷(cut)되었다는 사실을 알려 주기 위해서 카메라의 후면에 탤리 라이트가 부착되어 있다.

② 줌 렌즈(zoom lens)

가변 초점거리 렌즈인 줌 렌즈는 초점거리를 변화시킬 수 있으므로 카메라의 위치를 옮기지 않고도 샷의 사이즈를 변화시킬 수 있다.

③ 줌 포커스 컨트롤(zoom focus control)

줌 렌즈의 포커스를 조절하기 위하여 줌 렌즈에 붙어 있는 막대 모양의 장치를 말한다.

④ 뷰파인더(viewfinder)

카메라에 붙어 있는 작은 텔레비전 화면 또는 광학렌즈 이것을 통해서 카메라맨은 자신이 구성하고자 하는 피사체의 구도를 형성한다.

⑤ 스티어링 휠(steering wheel)

트럭 또는 달리를 할 때 카메라 마운트의 방향을 조절하는 핸들을 말한다.

⑥ 케이블 가드(cable guard)

카메라가 스튜디오 바닥에 깔려 있는 케이블에 걸려 넘어지는 것을 방지하기 위한 장치이다.

⑦ 팬 틸트 핸들(pan and tilt handle)

팬이나 틸트를 하고자 할 때 사용하는 손잡이로 줌이나 포커스 컨트롤이 부착되어 있다.

⑧ 줌 컨트롤(zoom control)

카메라 렌즈의 초점거리를 변화시켜 샷의 프레임을 조절하는 장치이다.

⑨ 카메라 마운트(camera mount)

카메라를 지탱시켜 주는 장치인 카메라 마운트는 여러 종류가 있으며, 각각의 마운트는 특수한 제작상의 기능을 발휘한다.

⑩ 파인 포커스(fine focus)

일부의 카메라는 우측면에 파인 포커스 컨트롤 장치를 가지고 있다. 파인 포커스란 줌 렌즈의 포커스 조절을 돕기 위해 카메라 튜브를 전후로 움직이는 것을 말한다.

(3) 화면 구성(카메라 워킹)

① 샷의 종류와 구성 요령

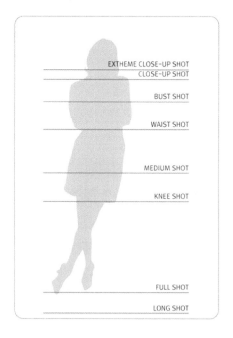

A. 빅 클로즈업(The Big Close-Up; B.C.U)

빅 클로즈업 샷의 포인트는 시청자의 관심을 얼굴로 향하게 하는 것이다. 연기자의 얼굴이나 표정이 극적으로 중요할 때, 그리고 연출자가

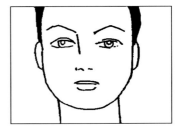

The Big Close-Up(B.C.U)

시청자로 하여금 다른 것에 신경 쓰지 않고 바로 컷에 집중하기를 원할 때 이 샷이 사용된다.

샷이 너무 '타이트(tight)'해서 얼굴의 어느 부분이 삭제되어야 하는가 하는 경우에 잘라버리는 부분은 이마 부분이다. 입을 삭제하고 이마를 포함시키는 것은 그릇된 구도이다. 샷에서 눈의 위치가 그릇된 지점에 놓이게 됨은 물론이고, 연기자의 입을 제외시키는 것은 시청자의 혼돈을 일으키게 할 것이다. 카메라맨이 B.C.U의 최대효과를 경험하려 한다면 눈 이외에 이런 특징을 알아야 한다.

B. 클로즈업(Close-Up; C.U)

클로즈업이란 시청자로 하여금 연기자의 감정이나 갈등을 보도록 하는 것이다. 만일 눈의 위치가 프레임 안의 안정선에 위치한다면 헤드룸은 문제가 되지 않는다. 즉, 머리의 꼭대기는 프레임의 꼭대기에 매우 근접해야 한다. 그리고 프레임의 바닥은 대략 연기자의 옷깃(collar)이 있는 지점에 위치해야 한다. 그러나 프레임의 바닥선이 사람의 목을 가로지르게 하면 안 된다. 머리는 안정되게 위치되어야 할 그 어떤 것을 가져야만 한다.

가끔 이들 클로즈 샷은 망원 렌즈로 구성된다. 이것은 피사계 심도

(depth of field)가 거의 없다는 것을 의미한다. 카메라맨은 특별히 눈에 렌즈의 초점이 맞도록 주의해야 한다. 연기자들의 미세한 움직임은 그들의 눈에 피사계 심도 범위 밖으로 벗어나게 하며, 카메라맨은 오 직 일에 집중할 때만이 '초점유지(hold focus)'를 보증할 수 있게 된다.

부수적으로 포커싱(focusing)을 언급할 때, 사용되는 용어가 몇 가지 있다. 예를 들면 인물과 배경(풍경)을 촬영하는데 있어 주의할 점이 있다. 먼저, 샷의 깊이감을 주기 위해서 전경에 나무를 포함한다. 그 러나 카메라맨이 렌즈를 뒤에 위치한 피사체에 초점을 맞춘다면 흥 미의 중심은 초점이 맞추어진 피사체이다. 일반적으로 그 샷이 알맞 게 초점이 잡혔다고 여긴다.

그러나 만일 전경의 나무가 선명(sharp)하다면 카메라맨은 포커스 백(focus back)되었다고 말하고 그는 그의 초점을 수정하기 위해 앞으 로 당겨준다(focus forward). 또한 나무에 포커스를 맞추었다면 이 용어 들은 반대로 사용된다. 우리는 '포커스를 당긴다'란 용어를 카메라에 보다 가까운 쪽의 물체에 포커스를 맞추기 위해 포커스를 이동하는 것을 설명하기 위해 사용한다. 예를 들어 연기자가 카메라 쪽으로 걸어 온다면 카메라맨은 연기자의 움직임과 함께 포커스를 당겨야만 한다.

연기자 또는 카메라가 움직이는 동안에 초점의 유지는 TV 카메라 워크에서 가장 어려운 면 중의 하나이다.

가끔 어떤 연기자의 눈에 포커스를 맞추는 것이 어려운 경우가 있 다. 비록 그들이 TV 화면 위에서 매혹적으로 보일지라도 가까이에서 자세히 보게 되면 언제나 그렇게 선명하게 보이지는 않을 것이다. 이 마는 눈보다 조금 카메라에 가까이 있는 어떠한 선들을 제공하여 초 점을 맞추는 데 돕는 역할을 한다. 배우 머리카락의 앞부분은 귀와

같이 초점을 맞추는 데 도움을 주는 또 다른 유용한 것이다.

만약에 여전히 카메라맨들이 포커싱의 어려움이 있다면 카메라맨들은 연기자의 의상

의 몇 가지 특징을 이용할 수 있다. 줄무늬 셔츠와 바지, 작은 체크무늬, 밀짚모자 이런 것들은 초점을 맞추는 데 아주 유용한 것들이다. 그러나 카메라맨이 기억해야 할 것은 눈은 흥미의 중심이며 동시에 초점의 중심이라는 것이다.

만약에 초점을 맞추는 것을 도와줄 샷의 다른 부분이 눈과 거리가 맞지 않는다면, 선택했던 특징이 화면에서 선명하다고 만족될 때까지 눈을 향해서 초점으로 이동해야 한다. 이것은 와이드 샷(wide shot)에서는 그렇게 중요하지 않지만, 깊이감이 거의 필요 없는 클로즈업(close-up)에서는 필수적이다.

C. 바스트 샷(Bust Shot; B.S)

여기서는 우리의 가상의 띠(imaginary band) 안에 위치된 눈들과 함께 헤드룸은 클로즈업보다 많아지게 된다. 프레임 바닥은 아마도 양복의 윗주머니 아래로 지날 것이다.

D. 웨이스트 샷(Waist Shot; W.S)

이 샷에서는 프레임의 밑부분은 서 있는 사람의 허리부분을 자를

것이다. 그리고 헤드룸은 B.S보다 더 많이 허용될 것이다. 만일 연기자가 앉아 있다면, 프레임의 밑부분은 의자의 손잡이 부분을 잘라야 한다. 이 것은 표준적인 '인터뷰' 샷이다.

The Bust-Shot(B.S)

E. 니 샷(Knee Shot; K.S)

이것은 때때로 트리 쿼터 샷(three-quarter shot)이라 불린다. 헤드룸은 샷이 커질수록 계속적으로 증가한다. 그리고 프레임의 바닥은 대략 배우의 무릎 정도를 지난다. 중요한 눈은 여전히 가장 최적의 부위에 위치되어야 한다는 것을 기억해야 한다.

카메라맨의 샷이 넓어질수록, 화면의 구성요소들인 소도구나 세트들을 더 많이 보게 된다. 그리고 이것들은 구도를 구성하는 데 있어서 반드시 고려되어야 한다.

앉아있는 Waist-Shot(W.S)

The Knee-Shot(K.S)

F. 풀 피겨 샷(Full Figure Shot; F.F.S)

연기자의 신체 모든 부분이 이 샷에 포함된다. 헤드룸은 증가되고, 프레임 바닥과 연기자의 발 사이의 공간이 있어야 한다. 그러나 언제나 푸트룸은 헤드룸보다 적어야 한다. 만일 헤드룸과 푸트룸이 같게 되면 연기자는 샷에서 떠 있는 것처럼 보일 것이고, 푸트룸보다 크게 되면 그 샷은 부자연스러울 것이다. 헤드룸은 푸트룸의 두 배가 되는 것이 실제적인 규칙이다.

이러한 것들은 물론 연기자의 위 또는 아래에 아무것도 없을 때만 적용된다. 자연히 바위에 올라서 있는 연기자의 풀 피겨 샷에서는 푸트룸이 헤드룸보다 크게 된다.

연기자의 머리 위로 어떤 강한 돌출이 있다면 그것은 새로운 인위적인 프레임의 윗부분이 될 것이다. 그리고 헤드룸은 그것과 한계되어 적용되어야 한다는 것도 기억해야 한다. 예를 들어, 연기자가 아치 통로 밑에 서 있는 풀 피겨 샷을 구성할 때는 헤드룸이 연기자의 머리와 그 아치 통로의 아래 경계와의 거리로 계산되어야 한다.

가능하다면 프레임의 아래 선은 연기자의 무릎을 자르지 말아야 하고 배우가 어떠한 것 위에 서 있다는 느낌을 주는 공간과 함께 연기자의 발은 샷 내에 포함되어야 한다. 그러나 헤드룸과 푸트룸의 둘 중 어느 하나가 어쩔 수 없이 감소되어야만 할 때는 푸트룸을 감소시키는 것이 좋다.

The Full Figure-Shot(F.F.S)

G. 롱 샷(Long Shot; L.S)

이 샷의 프레임에서의 연기자의 위치는 그 장면의 다른 구성요소와 카메라의 높이에 따라 매우 많은 영향을 받는다. 앞과 뒤에 있는 소도구의 양과 위치, 배경 세트의 높이, 바닥의 색조 정도 이러한 모든 것이 고려해야 할 것들이고, 다른 많은 것들과 함께 연기자의 구도가 지배를 받게 된다.

만일 연출자가 그 샷에서의 배경 세트보다 바닥을 원한다면 카메라의 위치는 높게 되어야만 하고, 그 샷에서 최소의 바닥 면적을 요구한다면 카메라의 위치는 낮아질 것이다.

롱 샷은 카메라맨이 예술적인 구성원칙(the principle of artistic composition)을 실제로 응용할 수 있도록 하는 최고의 기회를 갖게 해 준다. 샷이 넓어지면 넓어질수록 장면의 더욱더 많은 요소들이 포함될 것이다. 만일 그가 서로 다른 렌즈, 여러 가지의 카메라 위치나 높이를 실험해 보고 연기자와 여러 가지 소품을 재배열해 본다면 카메라맨은 이들 롱 샷의 가치를 보완할 수 있을 것이다.

이런 종류의 샷에서 카메라맨에게 어려운 점은 잘 구성된 샷을 잡으려는 카메라맨의 욕구와 마이크를 연기자 가까이에 위치시키려는 마이크맨의 열망을 잘 절충해야 한다는 것이다. 마이크가 연기자 가까이에 놓여야만 하는 곳에서 카메라맨은 그 불리한 상황을 최대한 이용해야만 한다. 그는 전경의 세트를 그의 샷에서 중간 아래에 차지하도록 구성할 수 있다. 그리고 연기자는 프레임의 윗부분에 가깝게 위치시킬 수 있다. 여러 많은 경우에 이들 전경들은 그 샷에 깊이를 더해 줄 것이다.

롱 샷에서의 소리는 멀리서 들려오는 소리를 암시한다. 흔히 이러한 상황에서 마이크를 연기자에 가깝게 위치시킬 필요는 없다. 오디오맨(audioman)은 이런 상황을 이런 종류의 샷에 맞는 소리의 원근감(sound perspective)을 유지시키는 것으로 이용한다. 또한 이것은 카메라맨에게 그의 롱 샷을 구성하는 보다 자유스러운 상황을 제공해 준다.

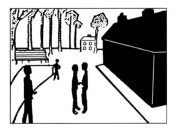

The Very Long-Shot(V.L.S)

그러나 가수를 촬영하는 데 있어서 그 원칙은 적용되지 않는다. 시청자는 최대한의 롱 샷일지라도 소리의 원근감을 원하지 않고 그 가수의 노래를 확실하게 들으려 한다. 가수의 오디오(audio) 문제와 관계가 있는 오디오맨 역시 그것을 원치 않는다.

마이크맨은 이런 상황에서 그의 마이크로폰으로 연기자에게 가깝게 위치시켜야 한다. 그리고 전경의 사물을 그의 샷에서 하나의 가상 바닥으로 사용하여 헤드룸을 줄임으로써 마이크맨에게 도움을 줄 수 있다.

H. 투샷, 그룹샷

두 사람을 찍은 샷은 투샷(two-shot)이고, 네 사람을 찍는 샷은 포샷(four-shot), 여러 사람, 즉 여섯 명 이상은 통상 그룹샷(group shot)이라고 한다.

투샷의 경우 가장 좋지 못한 경우는 연기자가 어깨를 나란히 하고 카메라를 주시하는 경우이다. 구성 자체가 대칭을 이루고 전혀 흥미롭지 못할 뿐 아니라 두 명 모두가 똑같은 집중을 받기 때문이다.

투샷에서 연기자들이 서로 대화할 때도 약간 비껴서 마주보도록 하면 스퀘어 온 샷(square-on shot)을 한층 보기 좋게 만들 수 있다.

한 카메라가 약간 측면으로 연기자를 촬영할 수 있다면 이 샷은 한층 흥미롭다. 이 위치에서는 한 연기자의 얼굴을 다른 연기자보다 많이 볼 수 있게 되며, 이런 유형의 샷은 통상 연기자 갑을 부각시키는 투샷이라고 지칭한다. 만약 다른 카메라가 연기자들을 부각하도록 하는 샷으로 위치해 있다면 연출자는 각각의 연기자가 이야기할 때 두 카메라 사이에 인터컷(inter cut)을 할 수 있다.

부수적으로 카메라맨은 한 연기자 이상을 촬영할 때 느슨한 구성(loose-framing)을 피해야만 한다. 이는 즉 바깥쪽 연기자(Outside artists)와 샷의 가장자리와의 공간(gap)이 없을수록 좋은 샷이다.

투샷에서 가장 흥미로운 유형은 오버숄더 투샷(over-shoulder two-shot; o/s 2-shot)이다. 이 샷의 카메라 구성은 가까이 있는 연기자의 등은 카메라 쪽으로 향하게 하고 멀리 있는 연기자는 앞에 있는 사람의 어깨와 관련하여 보이도록 위치하는 것이다. 이러한 샷은 바스트샷 혹은 클로즈업이 될 수 있다. 이 경우 아무리 샷을 타이트하게 하더라도 카메라를 향하는 연기자는 삼등분의 교차점에 가능한 한 가까이 위치해야만 한다.

비록 샷을 타이트하게 하기 위하여 카메라에 가까이 있는 연기자의 머리 일부, 얼굴 일부와 어깨 일부만 잡는 한이 있더라도 샷은 최소한 가까이 있는 연기자의 귀까지는 포함하는 것이 좋다. 만약에 귀가 잘리고 얼굴의 일부만 볼 수 있도록 타이트하게 짜인 샷은 좋지 못한 구도이며, 카메라의 위치선정이 잘못된 실수처럼 여겨질 것이다. 가까이 있는 이 연기자의 귀를 포함할 수 없을 바에는 차라리 멀리 있는 연기자를 클로즈업하려는 효과를 가질 수 있도록 가까운 연기자와 전체를 배제하는 편이 훨씬 낫다.

두 대의 카메라로 각 카메라가 교대로 연기자를 부각시키는 o/s 2-shot을 할 때 두 샷이 조심스럽게 조화를 이루도록 하는 것이 필요하다. 이때 카메라는 같은 앵글로 연기자를 촬영해야 하는데, 두 대의

카메라가 각 연기자의 직각시점에서 옆으로 비껴져 놓여 있다. 이들 투샷은 전혀 부자연스럽지 않게 인터컷할 수 있는 보기 좋은 구도이다.

카메라는 통상 같은 높이여야 하며 각자가 사용하는 렌즈의 타입도 같아야 한다. 만약에 한 카메라가 다른 것보다 높거나 낮을 때 이런 두 종류의 샷이 인터컷(intercut)된다면 한 연기자가 다른 연기자보다 돋보이는 문제가 발생하고, 한 카메라가 다른 카메라보다 광각의 렌즈를 사용한다면 연기자는 한쪽 샷에서 다른 샷보다 거리감이 멀리 떨어진 것처럼 보이게 된다.

이러한 점은 두 대 혹은 그 이상의 카메라로 그들의 샷을 조화시키고자 할 때 항시 유념해야만 한다.

쓰리 샷 혹은 그룹 샷을 촬영할 때도 연기자들을 묶어 주는 것이 중요하다. 카메라맨이 구도의 원칙을 기억하고 있다면 잘 구성되고 흥미 있는 샷을 만들어 내는 데 별 어려움이 없다. 카메라맨은 항상 삼각형 구도나 삼등분의 교차에 관한 의미를 항상 기억해야 하며, 어떠한 경우에도 대칭적인 구성은 피해야만 한다.

② 루킹 룸(looking room)

연기자가 한 샷의 한쪽 면을 향해 있을 때 측면(profile) 또는 반측면(semi-profile) 아니면 그의 머리가 직각 포지션(the square-on position)에서 약간 비껴 돌려 있게 되고 카메라맨은 연기자의 눈과 프레임의 가장자리에 일정한 공간을 남겨두어야 한다. 이 공간이 루킹 룸이다. 만약 카메라맨이 균형에 맞고 미학적인 방법으로 그의 샷을 구성하기를 원한다면, 정확한 루킹 룸의 공간을 남겨두어야 하며, 이를 위해 매우 주의해야 한다.

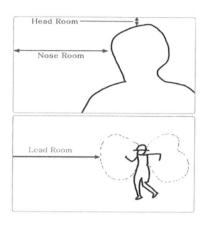

그러면 얼마만큼의 공간을 남겨두어야 하는가에 대한 대답은 연기자가 얼마나 그의 머리를 프레임의 가장자리를 향해 돌리는가에 달려 있다. 완전 측면 샷(a full-profile shot)을 위해서는 반측면 샷의 경우에 비해 좀 더 많은 공간을 남겨두어야 한다.

다행스럽게도 수습 카메라맨을 위한 루킹 룸의 양을 조절하는 데 있어서의 요령이 있다. 연기자의 프레임의 한쪽 면을 향해 그의 머리를 돌리는 순간 한쪽 눈은 다른 한쪽에 비해 카메라 가까운 위치에 있음은 당연하다. 이때 화면을 정확하게 이등분하는 프레임의 맨 위로부터 아래로 흐르는 수직선을 상상해 보자. 이 가상 수직선이 연기자의 코와 카메라에 가까운 쪽의 눈과 접합부분이 지나도록 연기자가 프레임된다면, 그의 얼굴과 프레임의 가장자리 사이의 공간이 바로 정확한 루킹 룸의 양이다.

이 요령은 모든 다양한 종류의 측면 샷을 구사하는 요령이며 지나친 양의 루킹 룸을 남기는 실수를 범하지 않도록 도와준다. 카메라맨은 또한 연기자가 프레임의 위쪽이나 바닥을 쳐다볼 때에도 일정한 양의 루킹 룸을 허용해야 한다. 연기자의 눈앞에는 일정한 공간이 있어야 하며 너무 지나쳐도 너무 적어도 안 된다. 루킹 룸의 양을 정확히 갖는 이러한 기본적인 원칙을 적용하는 데에 있어 부주의한다면, 카메라맨은 틀림없이 샷을 불균형하게 맞출 것이다.

그러나 이와 같이 제시된 적정량의 루킹 룸보다 증가되는 다음과 같은 두 가지 경우가 있다. 첫째, 연기자가 샷 자체에 실제로 포함되어 있는 어떤 사물을 바라보고 있을 때나 둘째, 구도의 흥미를 증가시키고자 하는 물체나 하이라이트(highlight)가 루킹룸을 점유하고 있을 때이다.

통상 서너 사람이 책상 뒤에 나란히 앉아 있는 패널 게임(panel game)이나 퀴즈 쇼(quiz show) 같은 프로그램에서 흥미 있는 샷을 제공하기란 거의 불가능하다. 그룹샷은 간혹 약간 비껴서 옆으로 촬영함으로써 대각선을 화면에 넣을 수도 있다. 그러나 이것이 항상 가능한 것은 아니며, 카메라맨은 자신이 시각적으로 프로그램에 아무것도 더할 수 없다는 사실을 알고 있어야 한다. 또한 책상 뒤에 앉아 있는 사람을 촬영하는 것은 쉽지 않은 작업 중의 하나이다. 찍고자 하는 사람의 눈이 프레임의 적절한 자리에 놓여 있을 때는 책상이 화면을 이등분하고 책상이 적절하게 자리 잡았을 때는 헤드룸이 잘못되었거나 구도가 불균형일 수 있다. 이 경우 카메라맨은 연기자에 구도를 맞추도록 하는 것이 가장 좋다. 샷의 주관심사는 사람이기 때문이다.

그러나 연기자들이 여러 위치로 움직여질 수 있을 때는 집중적인 관심의 대상이 되는 사람들 쪽으로 필히 초점이 묶여지도록 해 주는 것이 필요하다. 또한 카메라의 하이 포지션(high position)은 배경에 주안점을 두게 되고 로우 포지션(low position)은 전경을 강조하게 된다는 사실을 염두해야 한다.

한편 카메라맨이 일부러 루킹 룸을 전혀 남기지 않는 경우도 있다. 이러한 경우는 프레임의 한 면을 향해 바라보고 있는 연기자의 외로움이나 고독감을 남기고자 할 때 사용되는 방법이다. 이러한 감정은 연기자와 프레임의 가장자리 사이에 아주 적은 공간만을 갖도록 샷을 구성할 때 그 효과를 최대한으로 거둘 수 있다.

이러한 루킹 룸의 운용에 대한 한 가지 흥미로운 점이 있다. 두 연기자가 전화로 서로 대화하고 있을 때 일반적 방법으로는 두 대의 카메라가 두 연기자를 따로 잡도록 되어 있다. 연출자는 각각 있을 때 일반적 방법으로는 두 대의 카메라가 두 연기자를 따로 잡도록 되어 있다. 연출자는 각각의 연기자가 지시되는 대로 연기하거나 대사를 하면 이 두 장면을 각각 선택(cut)한다.

이 두 장면들이 사이즈(size) 면에서 완전히 매치(match)되어야 함이 그다지 중요하지는 않지만, 이 두 연기자가 같은 방향을 향해서는 절대 안 된다. 갑이라는 연기자가 샷의 오른편을 향해 있다면 을이라는 연기자는 왼쪽을 향해야만 한다.

물론 실제 생활에서는 이런 일이 일어나지 않지만 TV 프로그램에서는 이와 같은 방법으로 구성되어야 한다. 이 점이 무시되어 버린다면 장면의 연속성이 모호하게 되고 연기자들은 서로 대화하는 것처럼 보이지 않게 된다.

③ 일반적인 법칙

구성에 있어 특정한 문제들로 접근하기 전에 몇 가지 유념할 점이 있다. 연기자는 어떤 경우에도 배경의 물체나 물건들이 그들의 머리 위로 자라나는 것처럼 보이도록 구성되어서는 안 된다. 만일 이러한 장애물체를 움직일 수 없다면 카메라맨은 그의 카메라를 한쪽으로 약간 움직이거나 아니면 카메라의 높이를 조절하여 이러한 좋지 않은 결과를 제거할 수 있다.

가능한 한 무의미한 정면 접근을 피하는 것이 좋다. 카메라의 각도의 자그마한 변화는 틀림없이 샷에 흥미를 더할 수 있다. 좌우대칭을 피해야 한다. 모든 샷은 구도의 원칙에 따라 균형 잡혀야 한다.

수평선들이 연기자의 머리 위에 오도록 하는 샷은 절대로 피하고, 수평 또는 수직선들이 그림을 이등분하도록 해서도 안 된다. 수직 수평선의 가장 이상적인 위치는 프레임의 가장자리로부터 1/3가량 떨어진 곳에 두는 것이다.

카메라맨들은 종종 스튜디오의 바닥과 배경(background set)을 연결하는 선들이 샷은 제대로 구성되어 있더라도 그림을 양분한다는 사실을 잊는다. 이러한 실수는 댄스(dance)를 촬영할 때 종종 발생한다. 카메라맨은 무용수의 움직임들을 예술적으로 훌륭하게 잡으려는 노력으로 온통 빠져 있기 때문에 그림 자체가 수평선에 의해 양분되어 있다는 사실을 깨닫지 못한다.

이 피사체들을 높이거나 낮은 위치에서 촬영한다면 절대로 그러한 일은 일어나지 않을 것이다. 사실 로우앵글 샷(low-angle shots)으로 무용수를 촬영한다면 아마도 가장 이상적인 그림이 될 것이다. 관심의 중심이 제대로 구성되어 있다고 해서 절대 안심하면 안 된다. 항상 그 장면 안의 다른 요소들이 방해물로 작용되지 않는지 확인해 보아야만 한다.

그리고 각각의 샷을 위한 카메라의 정확한 높이가 카메라 앵글의 선택이나 구도의 법칙, 그리고 샷을 구성하는 데 유의해야 할 다른 점들 못지않게 중요하다는 것을 명심해야 한다.

〈표〉 화면의 구도

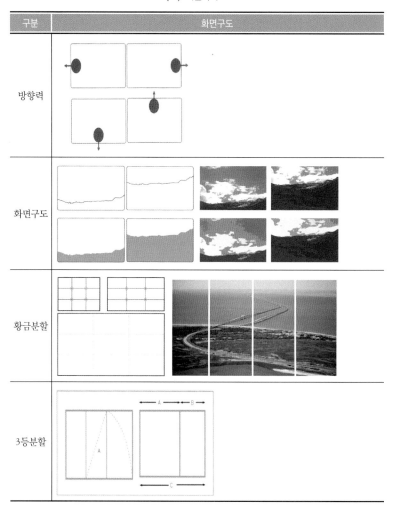

구분	화면구도
방향력	
화면구도	
황금분할	
3등분할	

04 HDTV 제작

1) HDTV의 등장과 사례

(1) 일본

매스미디어 매체가 변화하는 요인은 기술적 변화만이 아니라 사회, 정치, 경제, 문화 방면에서 다양한 배경 요인이 작용한 결과이다. 예를 들면, 일본에서는 도쿄올림픽과 왕세자의 결혼식과 같은 상황은 텔레비전 역사를 새롭게 하는 데 중요한 사건이 되었다. 이를 계기로 텔레비전 수상기가 보급률이 폭발적으로 증가하였고, 텔레비전은 일본 사회에서 아주 중요하고 새로운 미디어 매체가 되었다.

HDTV의 발상은 1964년 일본의 NHK 기술연구소에서 시작됐다. NHK는 84년 독자적인 방송방식('MUSE'방식)을 개발함으로써 HDTV 시대를 시작하게 하였다. 이후 1989년에는 세계최초로 위성 HDTV방

〈사진〉 (위) 1964년 도쿄올림픽,
(아래) 1959년 왕세자의 결혼식

송(일명 "HI-VISION" 방송)을 시작하였다. 이는 아날로그 방식의 고화질 방송으로서 차세대 방송에 대한 유럽과 미국의 관심을 집중시켰다. 그러나 이들은 자국의 산업을 보호하기 위해 이 방식을 따르지 않고 독자적인 규격 개발에 나서게 되었다.

이때, 일본에서의 HDTV는 몇 가지 문제제기를 가져왔다.

첫째, NTSC 방식은 일본시청자에게 부적절한 방식이라는 것이었다. 왜냐하면 일본의 주거환경에서 시청자와 수상기의 거리가 너무 가깝다는 것이다.

시청거리(Viewing Distance)=(34÷유효주사선수)×화면 세로축의 길이(PH)

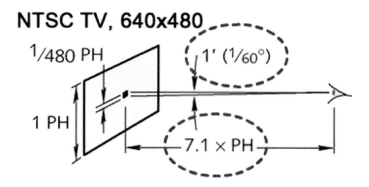

〈그림〉 시청거리

이에 따라 화면 비율과 시청거리에 대한 연구가 시작됐다.

시청자는 수평방향으로 넓어진 화면일수록 실제로 보는 것처럼 느껴지는 시각적 경험을 하게 된다. 이로서 시청자들이 화면 쪽으로 몰입하게 되는 경향이 나타난다고 보았다. 이에 따라 시각적 경험이 극대화되는 화면 비율은 5:3이라는 결론을 내렸다. 즉, 화면의 움직임이 빠를 때 시청자들이 시각적 피로를 느끼지 않는 시청거리는 화면 세로축 길이, 즉 높이의 약 4배가 되는 거리이다. 물론 화면의 움직임이 빠르지 않는 영상에서는 3배 정도가 적정하다고 보았다.

이러한 실험결과 적정 시청거리와 주사선수는 높이의 약 4배, 주사선 1125개 정도가 적절하다고 보았다.

둘째, 주사율(Filed Rate & Frame Rate)에 대한 문제가 제기되었다.

주사율에 관한 NHK 연구 결과 인간의 시각이 화면에서 깜빡임(flickers)을 느끼지 않는 최소한의 Field Rate는 45Hz였다. 즉, 45회 이상 발광하는 경우에는 시청자가 화면의 깜빡임을 느끼지 못한다는 것이다.

보통 주사방식 필름은 렌즈를 통해 들어온 이미지를 정해진 셔터타임 동안 한 프레임으로 그대로 받아내지만, 비디오의 특성을 가진 HD는 CCD에 들어온 빛의 신호를 전기적인 신호로 전환하는 데 두가지 방법이 사용되었다. 첫 번째는 인터레이스 방식으로, 홀수 필드와 짝수 필드의 결합으로 하나의 프레임이 완성되는 것이다. 이를 비월주사방식이라고도 하며, 먼저 홀수 필드가 주사되고, 뒤이어 짝수 필드가 주사된다. 이러한 인터페이스 주사방식은 단위시간 동안 전송하는 데이터의 양이 적기 때문에 영상신호 전송에서 이점이 있고, 움직이는 피사체의 표현이 자연스러운 장점이 있다. 반면에 두 개의

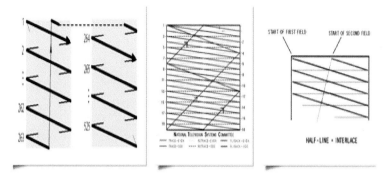

〈그림〉 비월 주사 방식(Interlaced scanning)

필드가 결합되면서 피사체의 테두리 부분이 깔끔하게 연결되지 못하는 특성 때문에 합성 등의 작업에서 키가 깨끗하게 빠지지 않는 단점이 있다. 두 번째로 프로그래시브 주사방식은 순차주사방식이라고도 하며, 필름과 같이 하나의 프레임은 하나의 이미지로 구성된다. 프로그래시브 방식은 하나의 이미지를 그대로 스캐닝하기 때문에 인터레이스 방식에 비해서 스캐닝되는 이미지의 해상도가 높은 특성을 가지고 있으며, CG 또는 합성 작업에서 유리하다.

(2) 미국

① 미국의 HDTV 등장배경

미국은 방송 영상 산업의 구조가 변하는 시기였고, 케이블이나 이동 통신 사업자들이 성장을 해서 위기를 맞는 상황이었다.

이때, 고화질의 Hi-Vision은 당시 미국의 지상파 방송 사업자들이 어려움을 이겨나갈 수 있는 돌파구 역할을 해주었다. 즉, 새로운 방송

서비스를 위하여 고화질 Hi-Vision 방식을 도입하기 위한 방안이 모색되었다.

② 미국의 HDTV 연구

미국의 차세대 고화질 방송서비스는 1987년 ATV(Advanced TV) 자문위원회가 신설되면서부터 시작되었다.

이때 시작 단계에서 제안된 기술 표준 중 하나가 프로그레시브 스캔(Progressive Scanning) 방식이었다.

물론 HDTV방송은 인터레이스(Interlaced)와 프로그레시브(Progressive) 중에서 어떤 방식으로 송출되더라도 HDTV 셋톱박스가 자동으로 인식해주면 가능했다.

Progressive Scanning	Interlaced Scanning
Progressive Scan	Interlaced Scan

* 출처:http://ko.wikipedia.org/ 위키백과

〈그림 설명〉 인터레이스드 스캐닝 방식과 프로그레시브 스캐닝 방식

이러한 고화질 비디오 시스템으로 방송, 영화, CF 제작 등 영상 제작 전반 분야에서 디지털 HD 영상 기술이 보편적으로 사용되고, 결국 필름과 비디오로 양분화되었던 영상 환경을 단일화하는 계기가 되었다.

FCC(미 연방통신 위원회)는 지상파 방송에 HDTV를 도입할 목적으

로 1987년부터 차세대 텔레비전방송(ATV, Advanced Television) 방식의
규격에 대해 검토한 결과 한국인 과학자인 백우라는 사람에 의해 개
발된 디지털 압축 전송기술을 통해 GA(Grand Alliance)규격을 확정했
다. 이는 지상파방송이 기존 아날로그 NTSC 방식과의 동시 방송을
고려한 방식이다. 이로 인해 미국에서는 1996년에 디지털 HDTV표준
규격이 공표되었다. 그리고, 1998년 11월에 지상파 디지털 HDTV방송
이 시작되게 되었다.

즉, 차세대 고화질 텔레비전은 처음 일본에서 그 원형(prototype)이
개발되었지만, 현재 사용하는 HDTV이 기술적 규격은 미국에서 완성
되었다. 일본의 아날로그 방식 Hi-Vision을 기초로 해서 미국에서 이
것을 개량·발전시켜서 디지털 HDTV로 완성된 것이다.

〈표〉 아날로그 Hi-Vision과 디지털 HDTV 비교

화면비율	아날로그 Hi-Vision	디지털 HDTV
기본방식	아날로그 방식	디지털방식
화면비율	15:9(5:3)	16:9
전송방식	위성 전송방식 중심	지상파 전송 중심
주사방식	Interlaced	Interlaced, Progressive

(3) 유럽

유럽에서는 필립스사와 톰슨사를 주축으로 1995년 방송을 목표로
아날로그 "HD-MAC" 방식의 HDTV 개발을 추진해 왔다. 그러나 이
방식은 미국의 디지털 방식이나 같은 아날로그 방식인 일본의
'MUSE' 방식보다 나은점을 발견하지 못했다. 따라서 유럽공동의

EUREKA 프로젝트를 통해 새로운 지상파 디지털 HDTV방송방식을 개발하였다. 그러나 유럽의 다양한 문화는 다채널화를 선호하게 되어 규격화된 HDTV방식의 개발이 쉽지 않았다. 따라서 1997년에는 영국 BBC가 세계최초 SD급 지상파 디지털 방송을 실시하게 된다.

(4) 한국

한국의 HDTV개발은 80년대 후반 가전업체를 중심으로 시작되었다. 특히, 1987년 HDTV 국제 심포지엄을 계기로 정부와 가전업계 그리고 정부산하연구소와 학계 그리고 방송사 등이 컨소시엄을 이루면서 개발에 박차를 가하기 시작했다. 이 가운데 HDTV 표준화를 위한 노력에 심혈을 기울인 결과 1996년 한국 HDTV 위성방송 규정 잠정안이 나오게 되었다. 그러나 정부는 지상파의 디지털 전환을 목표로 하여 1999년 KBS가 국내 방송사로서는 최초로 HDTV 실험방송을 실시하였다. 송출방식은 미국방식으로 유럽방식에 비해 이동성이 떨어진다는 단점이 있었다. 그러나 고화질이 가능했고, DMB를 허가해주는 조정을 거쳐, 2001년 9월부터 SBS를 시작으로 HDTV 본 방송이 시작되었다.

2) HDTV의 특성

(1) 높은 해상도

HDTV 특징은 높은 해상도와 선명한 화질을 구현할 수 있다는 점이다.

기본적으로 HDTV는 높은 해상도와 선명한 화질을 구현하기 때문에, 영상 표현에 가장 중요한 기준이 블랙의 표현이 매우 중요하다. 블랙이 정확하게 표현되어야만 나머지의 빛과 색이 자연스럽게 재현된다.

HDTV에서는 약 100인치에서 200인치까지 대형화면에 필요한 영상설계가 수반된다. 따라서 현재의 SDTV와 동시에 사용되는 기간 동안의 문제점을 고려해야 하고, STV와 HDTV 영상의 일체화 제작설비 개발로 인해서 텔레비전의 HDTV화도 빠르게 이루어지고 있다.

초창기의 HDTV카메라의 감도는 낮고 많은 양의 조명이 필요했으며, 이에 따라서 색온도 특성에 따른 조명 설치 시간도 많이 필요했다. 그러나 필요한 기술의 발전과 디지털화에 따라 제작 기자재의 소형과, 경량화가 이루어졌고, 현재는 SDTV 제작 장비와 유사한 수준으로 제작 장비들의 성능이 향상되었다.

HDTV는 SDTV에 비해서 약 5배 이상의 영상정보를 가지고 있다. 이에 따른 특성은 다음과 같다.

① 고해상도
② 대형화면
③ 16:9 와이드 화면비율
④ 뛰어난 현장감

⑤ 탁월한 색 재현

⑥ 순수한 블랙의 표현

⑦ 질감 개선

⑧ 서라운드 사운드와 이에 따른 현장감의 상승효과

(2) 미학적 특성

HDTV의 미학적 특성은 무엇보다도 주사선 수의 증가에 따른 영상의 선명함(clarity), 화면비의 와이드 화에 따른 공간감(wideness)과 사실감(presence)의 증대, 그리고 구도상 피사체의 자연스런 움직임(수평, 수직, 대각선 운동)이나 편집에 있어서의 순차적인 리듬감의 미학이라고 정의할 수 있다.

50년대 와이드 스크린 포맷은 로케이션과 액션 신을 표현하기 쉽게 해 주었기 때문에, 영화는 더 역동적이고 재미있어졌다. HDTV의 16:9 화면 비도 같은 원리로서, 긴 대각선 구도가 용이하고, 동작과 피사체의 깊이감이나 열린 느낌이 더욱 자유스럽다. 이러한 와이드 화면에서는 클로즈업보다 롱 샷이 더 어울려서, 사실감이 더욱 크다.

또 와이드 스크린에서의 움직이는 샷은 4:3 화면보다 거리감이 크고, 깊이에 대한 인지도를 향상시키기 때문에, 즉각적인 감정반응을 불러일으킨다. 아울러 20% 정도 확장된 화면에서의 정보량 증가는 화면에 대한 긴장과 집중도를 높여 줌으로써 쇼트의 단위시간이 길어질 수 있다.

와이드 화면에서 시청자는 4:3의 화면에서보다 좀 더 화면 가까이 다가가서 시청하려는 경향을 보이기 때문에 이상적인 TV시청거리는

NTSC 4:3 수상기의 경우, 모니터 높이의 7배 정도 거리에서 시야 각 10도 정도라면, 1080 주사선의 HD 수상기의 경우는 높이의 3.3배 거리에서 30도 정도의 시야각이 적정하다. 실제 고화질의 대형화면을 가깝게 시청할 경우에 실재감이 증대돼, 영상에 대한 강한 충격과 함께 현장감을 더 크게 느끼게 된다.

이러한 와이드 화면과 선명한 화면은 연출자의 연출행위인 '컷 체인징'에도 영향을 미친다. 디렉팅 룸에서 연출자들은 가능한 TV 모니터에 가까이 다가가려는 경향이 있다. 기존에는 화면은 작고, 저화질이기 때문에 클로즈업과 미디엄의 예술로 인식돼 왔으며, 빠른 영상 전환이 연출상 유효했다. 그러나 고화질, 와이드 HD 화면은 클로즈업보다는 풀샷과 롱 테이크를 선호하게 돼, 연출자의 영상 커팅의 속도를 느리게 하고 있다.

특히 와이드 화면의 현장감은 스포츠 중계나 대형 콘서트, 자연 다큐멘터리, 영화나 대하드라마 등의 프로그램에서 극대화될 수 있으며, 영상이나 음향의 스펙터클을 최대한 살릴 수 있는 프로그램이 HDTV 프로그램으로서 적당하다. 일본의 경우 NHK를 비롯한 6개의 민방들도 초기에는 주로 스포츠 이벤트(35%)를 HDTV로 방송했으며, 음악(25%), 영화와 드라마, 오락 프로그램(20%), 다큐멘터리(19%), 그리고 기타(1%) 순으로 HDTV프로그램을 제작·방송했다. 그러나 차츰 오락과 뉴스의 비중이 높아졌으며, 일본 시청자들의 HD프로그램 선호도 조사결과를 보면, 자연과 여행 80%, 스포츠 42%, 영화 41%, 음악 37%, 과학과 교육 25%, 뉴스와 다큐 16%, 드라마 11% 순으로 나타났다. 결국 HDTV는 스포츠나 콘서트, 영화, 여행 등 와이드 화면에서 생생함을 즐길 수 있는 프로그램에 대한 시청자들의 선호가 증가하게 되어, 와이드포맷에 적합한 새로운 장르가 등장하고 있다.

3) HDTV 제작

〈표〉 텔레비전 제작팀의 제작 단계별 작업 상황(4단계)

제작팀	사전제작 및 기획단계	준비 및 연습단계	제작단계	사후제작단계
제작자 (CP)	• 프로그램의 개념 개발 • 프로그램의 예산 기획 • 연출자와 작가 임명 • 제작 방식 승인 • 기획관리 및 협조	• 전반적인 제작활동 지휘 • 연습 참관 및 수정안 제시 • 최종안 승인	•연출자를 도움 •제작활동 독려	• 최종 편집 내용 승인 • 제작 의도에 따라 프로그램 평가 • 프로그램 홍보 및 판매협조
연출자 (PD)	• 기획 회의에서 작가와 구성안 및 대본 협의 • 제작 방식 결정 • 카메라 수, 조명, 세트, 음향 등 장비 결정 • 출연진 선정	• 촬영 콘티 작성 • 출연진, 기술진과 대본 및 카메라 연습 • 전반적인 제작 준비 지시, 감독	• 스튜디오 생방송, 녹화, 녹음, 야외 촬영 진행 및 감독	• 편집 완성 및 감독
조연출 (AD)	• 기획 회의 참여 • 제작 접근 방식에 아이디어 및 의견 제시	• 녹화와 야외촬영 전반에 대한 장비 의뢰 및 준비 • 연출자와 제작 스케줄 작성 • 주요 출연자 섭외 및 연락	• 스튜디오 및 야외 녹화 전반에 관해 연출자 보조 • 스튜디오 녹화 시 플로어 매니저 • 프로그램 일부를 제작하기도 함.	• 촬영 및 녹화한 테이프 확인, 시간 체크 • 경우에 따라 부분 편집작업을 함. • 자막 및 그래픽 의뢰 • 프로그램 정산
작가	• 제작자, 연출자와 프로그램 구성 및 형식 개발	• 자료 조사, 섭외 • 연습 참여 • 원고수정	• 제작 시 스튜디오나 현장에서 진행 상황을 주시	• 내레이션 작성
플로어 매니저 (FD)	• 기획회의 참여 • 국내 방송사의 경우 조연출을 보조함.	• 스튜디오 및 야외 제작 전반 준비 (의상, 소품 등)	• 연습과 녹화 시 출연진에게 모든 큐를 전달함.	• 경우에 따라 녹화한 테이프 분류 작업 및 편집 준비

(1) HDTV 프로그램 기획의 우선적 고려요소

① 제작비

프로그램에 따라 편차가 크지만 일반적으로 과거의 아날로그 제작비를 100으로 보았을 때 HD 프로그램의 제작비는 약 115 정도인 것으로 알려지고 있다.

② 아이템의 선정

HDTV는 기본적으로 32인치 이상의 대형화면을 지향하고 있다. 뿐만 아니라 근접시청과 선명한 화질과 음향은 시청자로 하여금 실재감을 확대시킨다. 따라서 Audio-Visual한 요소를 바탕으로 현장성이 강한 아이템이 적절하며, 향후 와이드 추세를 감안해서 기록성이나, 스펙터클이 중요한 선정기준이 될 수도 있다. 그리고 현재 부족한 HD 콘텐츠를 공동 제작이나 프로그램 교환 등을 통해 보완할 수 있으므로, 국제적인 관심사나 이벤트, 이국적 취향의 아이템 등이 적당하다.

③ 제작 리소스의 선택

공중파 방송사의 제작장비나 스튜디오 편집시설 등을 활용한 부분 외주 형태의 HD제작이 일반화되고 있다. KBS의 경우 수원센터에 HD 제작시설이 집중되어 있어 주로 외주 제작사 프로듀서들이 이 시설을 활용하고 있다.

(2) HDTV 연출상의 변화 요인들

① 카메라

국내에 보급된 야외촬영용 HD 카메라는 HDW 700A와 HDW 750, 그리고 24P용 HDW F900이 있다. HD 카메라들은 감도가 향상되어 조명량의 추가적인 증가는 불필요하다. HD 카메라의 최대 장점인 해상도 높고 선명한 영상을 더욱 잘 표현하기 위해서는 광학적으로 피사계 심도를 깊게 하거나, 피사체와 카메라 위치를 더욱 가깝게 하여 Focus가 잘 맞게 하는 것이 효과적이다. 촬영은 16:9화면크기에 맞는 인물구도와 여백의 활용, 콘트라스트의 대비, 클로즈업의 자제 그리고 풀샷과의 조화가 필요하여 와이드렌즈와 망원렌즈의 적절한 배합이 요구된다.

② 와이드 앵글

HD 카메라의 와이드한 앵글은 축구나 야구, 하키, 스키 등의 스포츠 이벤트에서 좌우로 빠르게 움직이는 피사체를 Follow up하기에 적당하다. 그리고 전체 풀샷이 우선 선택되고 이후 샷들이 연결되는 연역적 방법이 효과적인데, 이는 영화의 편집방법으로 풀샷에서 와이드 화면이 지닌 정보량의 증가로 인해 시각적 인지도를 높이기 위해서는 샷의 단위 길이가 길어야 하기 때문이다.

③ 조명

HD는 SD보다 콘트라스트의 범위가 크다. 노출 오버 상태보다 부족한 상태가 유리하다. 램브란트식 조명에는 화질 열화가 없어 예술적 느낌을 준다. 이와 같이 HD는 직접조명보다 간접조명이 효과적이다. 화면비의 차이에 따른 라이트의 각도를 고려해야 한다.

④ 음향

HDTV는 음향을 5.1 디지털 서라운드까지 구현이 가능하기 때문에 애초 잡음 단계부터 철저한 음향 디자인이 뒷받침되어야 한다. 3:4에서 16:9로 양폭이 넓어졌으므로 붐마이크의 화면 침범을 방지해야 하며, 고성능 무선마이크 사용이 필요하며, CD수준의 음질로 현장은 소음이 많으므로 오디오 스케닝 장비가 필수 요소이다.

⑤ 세트 및 소품

세트는 기본적으로 16:9 화면 비를 고려해 좌우로 넓게 공간을 유지해야 한다. 특히 화소수의 증가로 인해 선명해진 화면은 세트 재질의 흠을 잘 드러내기 때문에 마름질이나 칠, 장식 등의 디테일이 요구된다. 즉 정교하고 섬세한 구조물이 요구된다. 소품에 있어서도 고해상력으로 풀샷(Fullshot)에서의 소도구의 내용물이 요구된다.

⑥ 분장

미용분장은 메이크업과 머리 가발, 특수분장 등에 있어 섬세한 기술이 요구된다. 현재의 분장시간보다 3배 이상의 시간이 필요하고 분장방법의 개선이 요구된다.

⑦ 자막, 그래픽

HDTV의 세밀한 주사선은 작은 글씨도 선명하게 드러내 주기 때문

에 종전처럼 자막을 크게 하거나 섀도 혹은 실크기법을 사용할 필요
가 없다.

⑧ 편집

편집 샷의 선택에 있어서도 변화가 있다. 클로즈업을 주로 선호하
는 4:3에서는 특정 신의 부분적 샷들을 먼저 선택하고 나중에 풀샷을
선택할 수 있다. 일종의 귀납적 방법. 그러나 16:9 화면에서는 전체 풀
샷이 우선 선택되고, 이후 부분샷들이 연결되는 연역적 방법이 효과
적. 이는 영화의 편집방법으로 풀샷에서 와이드 화면이 지닌 정보량의
증가로 인해 시각적 인지도를 높이기 위해서는 샷의 단위 길이가 길
어야 한다. 따라서 샷 체인지 속도도 좌우로 20% 정도 확대된 화면의
정보를 충분히 읽을 수 있도록 4:3에서보다는 여유가 있어야 한다.

⑨ 디지털 제작정보 관리

방송의 디지털화는 기존 아날로그 방식의 편집 관행에 대한 변화
를 요구하고 있다. 그것은 시간과 돈, 편집장비의 효율적 사용과 제작
프로그램의 품질향상, 그리고 프로그램 제작에 투여된 각종 정보와
저작권사항에 대한 원활한 관리를 위한 시스템으로의 변화라고 볼
수 있다.

바람직한 디지털 HDTV 편집시스템은 촬영원본을 Off Line 편집용
S-VHS 카피와 On Line 편집용 HD 카피를 하면서 동일한 타임코드로
기록하고 원본은 보관하는 것이다.

모든 영상은 동일한 TC에 의해 제어되고 관리됨으로써, 향후 자료
의 검색과 이용이 간편해지고, 개인용 PC에서 간이 편집이 가능하도

록 해야 한다.

효율적인 콘텐츠 제작을 위해 영상소재와 소재에 관련된 내용정보나 권리정보 등, 메타데이터의 중요성이 증대함에 따라 영상소재를 컷 단위로 관리한 메타데이터의 데이터베이스화가 요구된다. 취재에서 편집, 방송, 아카이브로 이어지는 토털 시스템의 구축이 이를 뒷받침할 수 있다.

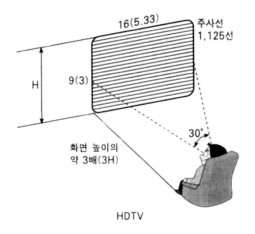

〈그림〉 HDTV의 시청 조건

3DTV 제작

1) 3D 입체 영상의 기술과 특징

3D장치는 1830년대에 반사경을 이용한 스테레오 3D가 발명된 이후, 양안시차를 이용한 3D방식의 대표적인 기술들인 적청안경방식, 편광안경방식, 시차베리어방식, 렌티큘러렌즈방식 등이 소개되었다. 실제 입체영상디스플레이는 대화면, 고화질, 고해상도가 가능해서 HDTV보급을 가속화 시키고 있다. 이러한 관점에서 3DTV 기술은 실제 공간상에 입체 영상을 구현함으로써 화면을 뚫고 나오는 듯한 생

〈표〉 3DTV의 분류

안경유무	좌우영상분리	3DTV방식
안경	공간분할	적청안경, 편광안경
	시간분할	셔터안경
무안경	공간분할	시차베리어 렌티큘러렌즈
	시간분할	

생한 현실감을 주고 있다.

　3D 입체영상 기술은 두 눈의 양안시차를 이용하여 평면적인 디스플레이 하드웨어에서 가상적으로 입체감을 느끼도록 구현하는 기술로, 안경과 헤드기어를 사용하는 방식(스테레오스코픽 방식)과 사용하지 않는 방식(오토－스테레오스코픽 방식 또는 홀로그래픽 방식)으로 구분된다.

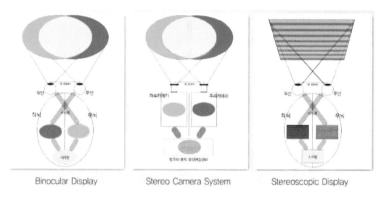

Binocular Display	Stereo Camera System	Stereoscopic Display

※ 출처: 해외경제연구소(2010), 3D영상, 디스플레이 산업현황 및 전망.

〈그림〉 3D 입체영상 구현기술 유형과 원리

　현재 주목을 받고 있는 3D 입체영상 구현 방식은 스테레오스코픽 방식으로 양안 시차를 구현하기 위한 2대의 HD 카메라와 리그(rig)를 통해 촬영·제작하여 3D 디스플레이에 구현된 영상물을 3D 안경으로 시청하는 방식이다. 따라서 현재 사용되고 있는 3D 입체영상 제작 방식은 스테레오스코픽 구현 원리에 따라 수용자가 3D 입체감을 느낄 수 있도록 제작하는 것으로 네 가지 형태로 분류할 수 있다.

〈표〉 3D 입체영상 제작방식의 유형

구분	제작과정	장점	단점	사례
CG	컴퓨터를 활용해 CG 렌더링	작업 상대적 용이, 제작비 추가 비용 적음.	CG 제작 자체가 고비용, 실사영화 사용 불가	Monster vs. Aliens, Up, 아이스에이지3 등 애니메이션 작품
실사촬영	특수 입체 카메라로 직접 촬영	과거부터 이용된 가장 기본적인 방식, 제작 방법이 널리 알려져 있음.	카메라 기동 한계, 긴 세팅 기간	Bloody Valentine
하이브리드 (CG+실사)	CG영상과 실사영상을 합	특수촬영과 CG합성이 필요한 SF 영화 등에 사용	가장 복합한 공정, CG와 실사 영상의 포커스와 깊이감을 사전에 맞춰야 함.	아바타
컨버팅	일반영상을 특수보정 소프트웨어로 이용해 입체로 변화	입체 작업 과정에 구애받지 않고 최종 결과물을 입체화함.	업체 간 완성도 편차 존재함, 현재까지 상용화된 사례 없음.	입체영화 상영 전 광고영상, 과거 영화의 입체 리메이크 작.

※ 출처: 영화진흥위원회 영상산업성책연구소, 입체영화의 동향과 전망, '입체 스크린에서 영화의 미래를 보다'(2010) 재인용

첫째는 컴퓨터그래픽 방식이다. 이는 CG로만 입체영상을 만드는 것으로, CG 렌더링에서 사용되는 가상 카메라의 시점을 인간의 시선과 유사한 좌/우 방향에서 두 번 렌더링하여 입체영상을 구현하며 주로 3D 입체 애니메이션 제작에 사용한다.

둘째는 실사 입체촬영 방식이다. 이는 가장 기본적이고 전통적인 3D 제작 기법으로, 두 개의 렌즈를 장착한 입체 카메라나 특수 필터를 부착한 카메라 장비로 입체 영상을 촬영하여 구현하는 방식이다.

셋째는 하이브리드 방식이다. CG와 실사를 합성하는 방식으로, 할리우드 영화에서 많이 사용되고 있으며 영화 아바타가 여기에 속한다. 이 과정은 실사 촬영한 영상과 CG 영상의 포커스, 깊이감 등이 동

일해야 그것을 합성했을 때 제대로 된 입체 영상이 나오기 때문에 복잡하다고 알려져 있다.

넷째는 컨버팅 방식이다. 기존에 촬영된 일반 영상을 특수한 소프트웨어를 통해 입체감을 갖춘 영상으로 변환하는 방식으로, 영상의 한 프레임을 피사체, 배경 등의 여러 레이어(layer)들로 분리하고 여기에 깊이 정보를 부여하는 과정으로 제작되는 것이다.

향후 3D 입체영상은 3D 입체영화 단계에서 방송서비스를 통해 보편성을 확보하는 3DTV 방송 단계를 거쳐, 최종적으로 PC, 게임콘솔, 모바일 등에서 3D 입체영상을 이용할 수 있는 멀티 플랫폼 3D 단계로 발전할 것이다.

따라서 이 단계로 발전하기 위해서는 제작과 사후 제작 단계에서 ① 3D 입체영상에 적합한 시나리오와 스토리보드의 채택, ② 3D 입체촬영 환경의 개선, ③ 새로운 영상 포맷의 정착과 표준화, ④ 특수 영상효과의 형성 등이 전제되어야 한다.

권상희(2010)는 3D 입체영상 제작방식의 중요성과 활용가능성이라는 두 가지 기준에 따라 3D 입체영상 제작방식에 적합한 미디어와 장르를 구분하여 제시하고 있다. 하나는 3D 입체영상 제작방식을 보다 적극적으로 채택해야 하는 '3D 지향성 미디어'로 영화, 게임, 온라인 게임, 세컨드라이프, 스마트폰, TV를, 또 다른 하나는 3D 지향성 장르로 영화, 애니메이션, 스포츠, 다큐멘터리 등을 제시하고, 퀴즈쇼와 드라마는 3D 저지향성 장르로 분류하였다.

〈표〉 3D 입체영상 제작방식의 미디어와 장르별 적합도

구분	고지향성	저지향성
미디어	영화, 게임, 온라인 게임, 세컨드라이프, 스마트폰, TV	IPTV, CATV, 모바일, 포털, DMB
장르	영화, 애니메이션, 스포츠, 다큐멘터리, 교육/문화예술, 어린이, 인포테인먼트	퀴즈쇼/게임쇼, 드라마, 생활정보, 뉴스, 시사보도, 토론

※ 출처: 권상희(2010). 3DTV의 미래와 콘텐츠 전략: 3DTV의 성과 예측과 킬러콘텐츠 제작방향 제시

2) 3D 입체영상 제작방식의 특징과 고려요인

3D 입체영상 제작방식은 기존 2D 제작방식보다 '사전 제작단계'의 중요성이 커지고 '사전시각화(pre-visualization)' 작업의 필요성이 증대되는 것으로 나타나고 있다.

먼저, 사전 제작단계에서 깊이감과 입체감을 제어하기 위한 비주얼 스토리텔링 기획단계가 새로 등장하고 있으며, 양안시차에 따른 깊이감을 고려하여 상세한 대본과 큐시트를 작성해야 하며, 이에 따라 사적시각화를 수행하는 것이 작업 시간과 비용을 최소화하고 제작의 완성도를 높이는 것으로 지적되고 있다.

사전시각화란 3D 입체영상에 따른 촬영이 실제 어떠한 깊이감과 입체감을 보여줄 것인가를 미리 확인하는 작업이다.

이를 위해 시나리오의 흐름에 따라 이야기 공간의 입체감을 설정하고 시간의 흐름에 따라 자연스럽게 입체감을 유지하면서 때로는 강하게 때로는 약하게 입체감을 설정하는 과정이 필요하다. 이러한 과정을 Depth Script Design이라고 하는데, 보다 디테일한 대본과 큐시트 등 스토리텔링의 기획이 필요하다.

〈표〉 3D 입체영상 제작방식의 고려요인과 주요 정책방안

구분	제작구조 변화/고려요인	시사점/정책방안
사전 제작	• 적합한 스토리텔링 발굴 • 사전시각화 작업의 강화 • 촬영기획의 중요성 증가(depth script & conti) • 제작과정에 대한 사전협의 필요	• 3D 입체영상 기반 스토리 육성 • 3D 입체영상 워크플로우 구축(제작 파이프라인 구축)
제작	• 카메라 촬영기법의 변화(샷, 구도, 앵글 등 3D 영상문법의 형성) • 조명, 칼라, 의상 등 제작방식의 세분화 발생 • 카메라 세팅 작업과 시간소요 증가(컨버전스, 촬영정보 습득 등) • 렌더링 데이터 용량과 소요시간의 증가 • 2D 기반 제작환경의 한계와 제약(3D 입체영상 제작의 부적합)	• 3D 영상문법의 체계화 및 정착 시급(용어사용 표준화와 가이드라인 마련) • 3D 입체영상 제작 노하우 공유와 확산(인력양성 필요) • 3D 입체영상에 대한 효과분석(휴먼 팩터와 심미적 반응 연구) • 3D 입체영상 전용 제작인프라 구축 및 제작환경 마련
사후 제작	• 좌우 영상의 합성과 보정 작업의 등장(리그 오류의 보정) • 실사와 CG 간의 매칭무빙 작업의 복잡성 증가	• 정밀한 리그 개발 • 카메라 보정 솔루션/툴 개발 • 매칭무빙과 합성을 간단히 처리하는 솔루션/툴 개발

❈ 출처: 최세경(2010). 국내 3D 입체영상 제작의 현황과 미래. KOCCA FOCUS 10-15

최세경(2010)은 3D 입체영상 제작방식이 가져온 변화와 제작 시 고려요인에 따라 국내 3D 입체영상 제작 활성화를 위한 정책 방안을 제시하고 있다.

첫째, 3D 입체영상에 적합한 스토리의 발굴과 3D 입체영상 스토리텔링을 육성하는 정책이 필요하다는 것으로 현장감과 몰입감에 적합한 공포, 판타지, 공상과학 등의 장르와 주제에 기반하여 3D 입체영상 스토리텔링의 활성화를 유도할 필요가 있다.

둘째, 3D 입체영상 제작방식에 적합한 표준 워크플로우를 마련하여 이를 3D 입체영상 제작을 준비하는 업체에 보급해 주는 정책이 필요하다.

셋째, 3D 입체영상을 위한 기술과 장비가 구축되어 있더라도 이를 기존 2D 경험에 근거하여 활용할 경우 역효과가 발생하는 만큼, 완성도 높은 3D 입체영상을 제작·공급할 수 있도록 전문인력의 확보와 보급이 필요하다.

넷째, 3D 입체영상 제작을 위한 종합인프라를 구축하여 기업들이 최적의 3D 입체영상을 제작할 수 있도록 정부가 고가인 3D 입체영상 관련 시설과 장비를 서둘러 구축해야 한다.

다섯째, 좌우 영상을 촬영하는 방식에서 발생하는 오차를 최소화하고 보정을 신속하게 처리할 수 있는 소프트웨어와 툴 개발을 적극 지원해야 한다고 보았다.

3) 3D 방송콘텐츠 제작[5]

(1) 카메라의 워킹

3D 콘텐츠를 제작하는 데 있어 3D콘텐츠를 보고 입체를 느끼는 정도는 카메라의 워킹속도에 따라서도 차이가 있다. 팬(Pan)이나 틸트(Tilt)의 속도가 빠를 경우 입체를 느끼지 못하며 피사체의 움직임이 빨라도 사람은 입체감을 느끼지 못한다. 입체감을 잘 느끼게 하기 위해서는 슬로우 줌(Slow Zoom)을 사용할 경우 정적인 앵글보다 입체감을 더 느낀다. 포커스가 맞는 피사체만 입체로 보이므로 와이드 렌즈(Wide Lens)를 사용해서 심도가 깊은 화면은 입체감을 잘 표현할 수

---

5) 이 부분은 김상일(영상포럼, SBS 아트텍)의 글을 참고로 발췌하여 재정리한 것이다.

있다. 그러나 망원렌즈를 사용하면 입체로 보이지 않고 피사체는 카드보딩(Cardboarding) 효과가 나타나 마치 피사체는 카드를 세워 놓은 것처럼 보인다. 그러므로 3D콘텐츠를 제작할 때 줌(Zoom) 사용을 자제하고 타이트한 샷을 원할 경우 주피사체에 근접해서 카메라를 배치하여야 한다.

즉 3D 제작현장의 카메라 배치는 입체감을 위주로 배치를 할 경우는 피사체의 움직임이 카메라 정면으로 올 경우가 유리하며, 측면에서는 깊이감은 있으나 입체감은 정면에 비해 떨어진다. 따라서 주피사체에 근접해서 카메라를 배치할 경우 직교식을 배치하는게 좋고 부피가 커서 관중의 시야를 가릴 수 있으니 이를 주의해야 한다. 초기 3D콘텐츠는 영화나 놀이동산 입체영상에 익숙한 시청자들의 요구에 따라 화면에서 돌출되는 네거티브 영역에 주피사체가 오는 경우가 있겠으나, TV 등에서는 입체영역이 형성되는 포지티브 영역에 영상 구성이 되도록 한다. 이러한 방식이 3D콘텐츠에 대한 시청자의 피로도를 줄이는 효과가 있다.

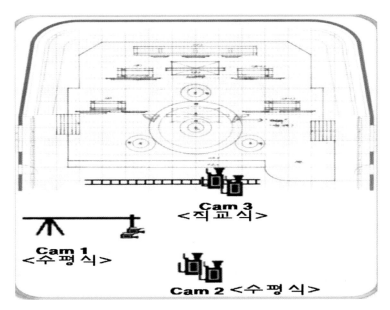

※ 출처: 김상일(SBS 아트텍 영상제작팀장), 3D 방송콘텐츠 제작

(2) 입체감 상승을 위한 조명 증가

입체를 느끼게 하기 위한 여러 요건 중 하드웨어를 제외한 것 중에서 가장 큰 영향이 조명이다. 조도를 높여 심도가 깊어진 만큼 시청자는 입체를 느끼며 심도가 낮아 초점이 맞지 않으면 입체감도 나지 않으며 피로도를 증가시킬 수 있다.

무대의 바닥칼라는 거의 검정이며, 최근에는 출연자의 의상도 검정이 많다. 이런 상황에서 입체감을 나타내기 위해서는 세트의 변화도 필요하겠지만 조명이 증가하지 않으면 안 된다.

구분	인물	세트
기존 환경	•색온도: 5,600K •조도: 1,000LUX	• 트러스에만 조명 • 세트 조도 200LUX, 색온도 5,600K • 컬러 레인보우 패턴
3D 환경	•색온도: 5,600K •조도: 1,000LUX	• 트러스를 포함하여 세트에도 조명 • 세트 조도 400LUX, 색온도 5,600K • 컬러 변화는 1차와 동일

※ 출처: 김상일(SBS 아트텍 영상제작팀장), 3D 방송콘텐츠 제작

〈사진〉 조명의 변화

[사진 설명] 2D와 3D 제작환경의 차이점은 그림 1보다 그림 2에서는 배경 set의 부분조명이 증가되었다. 증가된 조명은 심도를 높여 줘서 Full Shot에서 입체감이 잘 나타난다. 그림 3, 4에서는 의상과 set가 3D에 영향을 미치는 예이다. 그림 3의 의상은 검은색이며 배경 set는 White color이다. 주피사체와 set가 위와 같은 상황에서는 검은 의상으로 인해 주피사체의 입체감이 줄어들고 배경 set가 더 밝아 crosstalk현상이 발생한다. 그림 4와 같이 의상을 교체하고 주피사체의 배치를 입체감 있는 배치로 변화를 주면 3D 제작에 도움이 된다.

(3) 원근감 강조를 위한 오브제 사용

오브제의 밝기나 채도에 따라 입체감의 차이가 난다. 채도가 높을

수록, 밝을수록 더 입체감이 나며 부각되기 때문에 오브제의 사용에 신중을 기하여야 한다. 2D 제작환경에서는 원근감을 주기 위해 화면 좌우나 하단에 오브제를 많이 사용했었지만 3D에서는 카메라에 가까이 오브제가 있게 되면 더 과장되어 보이므로 크기를 줄여 주는 것이 유리하다.

화면 좌우에 배치된 오브제는 초점이 맞지 않고 주피사체만 포커스가 맞는 경우에 3D에서는 피로도를 증가시키는 요인이 되므로 사용하지 않는 것이 좋다. 입체에서는 주피사체가 화면 중앙일 경우 오브제와 중앙하단에 두고 달리 인을 하면 입체감은 강조되지만 계속 사용할 경우 피로감이 증가된다. 따라서 2D에서 원근감을 살리기 위한 오브제 사용과 구분되어야 한다.

(4) 세트와 주피사체의 거리

주피사체나 배경세트는 초점이 확보되는 심도 내에 배치를 해야 하며, 주피사체와 거리가 먼 경우는 좌우에 보이는 영상의 배경그림이 달라 피로도가 증가된다. 3D는 입체감을 유지하기 위해서는 줌의 사용을 자제하고 주피사체에 카메라를 근접하여 촬영하도록 한다. 세트의 컬러는 인물보다 채도가 높지 않는 것이 좋으며 높은 칼라를 선택할 경우 크지 않게 해야 한다. 배경의 채도가 높아지면 원근감뿐만 아니라 입체감도 줄어들기 때문이다. 세트는 흰색이나 검정을 사용하지 않는 것이 좋다. 흰색이나 검정은 화면교차현상을 발생하게 하므로 흰색일 경우 조명을 줄여서 회색으로 나타나게 해야 한다.

소품의 컬러는 2D 때보다 채도가 높을수록 더 크게 강조되므로 노란 계열이나 형광칼라는 배제하고 배치하여야 한다.

(5) 출연자 의상의 칼라와 밝기

입체감은 어두울수록 적고 밝을수록 잘 나타난다. 검정은 입체감이 없다고 보면 된다.

출연자가 검은 의상을 입었을 경우 조명이나 배경의 변화를 줘서 입체감이 나게 해야 한다. 뿐만 아니라 셔트글라스 방식의 TV에서는 검은 의상을 입은 출연자의 배경이 밝을 경우 검은 의상에 화면교차가 생겨 어지러움증을 발생시키므로 배경 선택에도 신중을 기해야 한다. 채도가 높은 의상은 더 입체감이 강조되어 크게 보이므로 출연자의 비중에 따라 의상 선택도 사전 조율되어야 한다. 의상의 소재도 빛을 흡수하는 것과 반사하는 것의 차이에 따라 입체감이 다르게 느껴지므로 소재 선택에도 신중을 기해야 하며, 이런 경우는 세트에도 같이 적용되므로 유의해야 한다.

배경보다 채도가 높거나 밝은 의상은 피사체 밖으로 화면교차가 발생하고 배경보다 채도가 낮거나 어두운 의상은 피사체 안으로 화면교차가 발생하므로 배경과 의상이 극단적인 밝기나 채도의 차이가 생기지 않도록 조정해야 한다.

(6) 후보정 시스템 사용 증가

3D 촬영장비의 기술적인 발전이 빨라질 것으로 예상되지만 지금의 촬영시스템이 간편하고 단순화되기까지는 시간이 필요할 것으로

보인다. 현존하는 3D 촬영시스템 중 생중계가 가능한 시스템은 2~3종으로 드물어서 대부분은 후보정 작업을 하여야 한다. 후보정이 필수적이 되면 제작시간과 제작인원이 증가하게 된다. 제작시간이 길어진다는 것은 제작비 상승으로 이어진다. 후보정 작업은 외쪽화면과 오른쪽화면 영상의 일치와 입체값 조정 등이다. 특히 직교방식 3D카메라에서 반사경의 조명, 카메라의 진동 등은 후보정 작업으로 해결이 어려운 부분이므로 촬영 때 주의를 기울여야 한다. 영상신호이지만 후보정 시스템을 많이 사용할수록 화질의 열화가 발생하는 것도 유의해야 한다. 입체값은 모니터의 크기에 따라 달라져야 입체를 제대로 느낄 수 있다. 모니터가 커지면 입체값이 증가되고, 작아지면 줄여 주어야 피로감이 적고 현장감을 잘 느낄 수 있다. 따라서 후보정 작업 시스템공정을 단축시키기 위하여 사전제작회의에서 입체값에 대한 논의가 이루어져야 한다.

(7) 3D제작을 위한 영상콘티

3D의 전달력은 입체감의 증감에 따라 전달력의 차이가 나므로 영상콘티에 새로운 기법이 추가된다.

인간이 입체를 인지하는 데에는 시간이 걸린다. 그래서 3D콘텐츠는 롱테이크가 유리하다. 장르에 따라 컷의 길이가 유리한 면도 있지만 그렇지 않은 점도 있다. 가요프로그램에서 댄스곡은 한 곡당 150컷 이상이 되며 컷의 길이도 2초 이상 되는 것이 드물다. 피사체의 움직임이 빠를 경우 인간은 입체로 인지하지 못한다.

짧고 다양한 컷과 빠른 카메라 워킹에 익숙해진 시청자에게 입체감을 느끼게 하기 위해 컷을 길게 하고 카메라는 고정이 된다면 3D 방송 초기에는 입체라는 호기심만으로도 시청률이 보장되겠지만 얼마 지나지 않아 외면을 받을 것이다. 따라서 인간의 인지능력에 대한 연구와 이해를 통해서 다양한 장르에서도 3D가 시청자에게 호감을 받을 수 있도록 3D영상 콘티작업에 신중을 기할 필요가 있다.

06 영화 제작

영화 제작 과정은 영화의 창작, 제작, 유통을 포괄하는 의미이다.

1) 프리 프로덕션(Preproduction)

기획/시나리오, 촬영준비의 단계로 어떤 작품을 선택해서 어떤 사람들을 구성하여 어떻게 만들지, 또한 배급은 어떤 식으로 할 것인지 등 영화가 완성되기까지의 전체적인 계획과 추진을 들 수 있다. 그 속에는 시나리오를 어떤 식으로 할 것인지 등 영화가 완성되기까지의 전체적인 계획과 추진을 들 수 있으며, 시나리오가 최종 프린트 필름으로 완성되고 또 상영되는 전 과정의 계획과 진행 전반에 관여하는 일을 포함한다.

(1) 시나리오 개발 및 선정

보편적으로 구체적인 시나리오를 쓰기 이전에 시놉시스를 쓰는 경우가 일반화되어 있는데, 시놉시스란 말하고자 하는 줄거리를 짧은 형식으로 쓰는 경우를 말한다. 시놉시스는 등장인물의 캐릭터 설정, 배경, 소재, 사건 등을 포함하고 있다.

상업영화의 경우 간단한 시놉시스에서 출발하여 전문 작가들이 소재를 개발하고, 이야기를 확장시켜 시나리오의 형태를 갖추는 경우가 많다.

시나리오는 영화 제작의 시작이며 끝이라 할 만큼 중요한 역할을 수행한다. 따라서 시나리오를 기획하고, 개발하는 과정이 무엇보다 중요하다. 시나리오는 영화를 위해 창작되는 오리지널 시나리오와 원작소설 등을 영화적으로 재구성하는 각색(원작) 시나리오로 흔히 나뉜다. 일반적으로 100분에서 110분 내외의 극장 개봉을 위한 상업영화의 경우, 약 90 내지 100신 정도의 양이 적당하다. 시나리오를 토대로 예산을 짜고 작업 스케줄을 잡아야 하기 때문에 시나리오의 정확한 구성, 완성도는 매우 중요하다.

(2) 배우 섭외

작품에 등장할 배우의 선택은 우선 배역의 분위기를 고려하여, 신인과 기성 배우에서 택한다. 신인의 경우 공개 오디션이나 매니지먼트 등을 통한 추천을 통해 캐스팅하게 된다. 기성배우의 경우는 기존의 이미지나 연기 등을 고려하여 캐스팅하게 된다. 흥행이 보장되는 스타급 배우의 캐스팅은 제작비를 유치하는데, 영향을 미칠 만큼 중요한 역할을 수행한다.

(3) 스태프 결정

영화는 종합예술이기 때문에 한 편의 영화가 완성되는 데는 각기 많은 분야의 협력자가 필요하다. 작품의 성격상 잘 소화해 낼 수 있는 경험과 열정이 있는 협력자의 구성은 영화의 완성도를 높이는 결정적인 요인이 된다.

스태프진의 구성은 일반적으로 다음과 같다.
- 제작부: 제작이사, 제작부장, 제작부원
- 연출부: 감독, 조감독, 스크립터, 연출부원
- 촬영부: 촬영감독, 촬영부원, 조명 감독, 조명부원
- 미술: 아트디렉터, 의상담당, 소도구 담당, 장치 담당
- 녹음: 녹음 기사
- 특수효과, 분장, 스틸, 메이킹 필름 촬영 등

(4) 파이낸싱

작품에 제작비를 투자할 투자자를 찾는 것을 말한다. 파이낸싱은 대부분 시나리오, 감독, 배우 그리고 예산서가 결정된 후 진행된다. 파이낸싱 방법 또한 다양하나 크게 두 가지로 나눌 수 있다. 한 투자자에게만 파이낸싱을 교섭할 경우와 다양한 투자자에게 제안한 후에 제작사와 투자사가 서로 유익한 부분에서 합의하는 경우가 있다.

(5) 장소 헌팅

장소 헌팅은 촬영할 장소를 구하고, 섭외하는 일로 영화에 맞는 시대적·공간적 특성과 촬영 여건 등을 고려하여 신중히 결정해야 한다. 일반적으로 시나리오에서 요구되는 장소를 현지에서 찾아 섭외하는 로케이션과 적절한 부지를 선정하여 세트를 짓는 방식, 그리고 외경이 비슷한 곳을 찾아 외부는 로케이션 촬영을 하고, 내부는 스튜디오의 세트를 꾸며 촬영하는 세 가지 방식이 있다.

감독과 촬영감독, 조명기사는 확정된 시나리오의 스토리가 전개될 장소를 선정하기 위해 현장 사전답사를 하게 되는데, 감독은 물색한 장소에서 시나리오가 표현하고 있는 장면의 내용을 얼마만큼 충실하게 영상화할 수 있는가를 판단하게 된다. 그리고 장소의 입지 조건과 광선 조건, 전체적인 분위기, 전원의 확보, 부수적인 장치의 설치 등을 촬영감독과 조명감독 그리고 미술 담당자와 함께 검토한다.

(6) 리허설

리허설은 감독이 작성한 콘티뉴이티에 따라 촬영에 앞서 행해지는 예행연습으로, 감독의 연출 의도가 효율적인 방향으로 전개될 수 있는지를 점검하고, 모든 분야의 계획과 의도가 구체적이고도 종합적으로 분석되고 재검토될 수 있는지를 검토하는 계기가 된다.

리허설은 자본과 노동의 효율적인 관리 측면에서, 그리고 완성도 높은 결과물을 얻기 위해 매우 중요하다. 감독은 자신이 작성한 콘티뉴이티에 의해 연출의도가 무리가 없는지 또는 합리적이면서 효과적인지를 검토하게 되며, 카메라의 위치와 조명의 위치, 그리고 조명 방법 등을 검토할 수 있다. 기술적 부분을 확인하기 위해 시험 촬영을 하는 것도 하나의 좋은 방법이다. 이러한 리허설에서 가장 많은 비중을 차지하는 것은 연기자이다. 신인 연기자인 경우 카메라 앞에서 연기를 하면서 카메라를 의식하지 않기란 매우 힘든 일이다. 이런 경우 직접 카메라 앞에서의 충분한 리허설을 통해 극복될 수 있다. 또한 감독은 연기자들에게 유일한 관객이므로 연기자들의 움직임과 대사, 공간의 효율적인 활용, 그리고 배우의 심리상태 등 모든 부분을 세세하게 리허설에서 체크하는 것이 중요하다.

(7) 촬영대본

흔히 콘티(CONTINUTY)라 불리는 촬영대본은 영화의 설계도와 같은 것으로 작품의 분석과 연기방향, 촬영, 조명방법, 특수 효과 등 촬영단계에서 필요로 하는 모든 상황과 준비할 일 등을 기록한 설계도이다. 콘티뉴이티는 각각의 쇼트로 세세하게 구분하여 각 쇼트마다 간단한 구도를 그림으로 그리게 된다.

그리고 각각의 쇼트마다 등장인물의 움직임과 대사 카메라의 움직임, 장면에서 필요로 하는 음향과 쇼트의 지속시간, 장면전환 방법, 그리고 촬영, 편집, 녹음작업 등에 필요한 모든 요점을 기록해야 한다. 촬영대본에 따라 연출부와 제작부는 필요한 의상과 소품, 배우, 촬영 계획 등을 세우게 된다. 콘티뉴이티란 언어로 구체화된 시나리오를 바탕으로 하여 영상화하는 데 필요한 제작상의 요소를 세분화해서 작성한 작품의 연출대본으로서, 촬영하기 이전의 사전 시각화

작업이라 할 수 있다.

(8) 제작발표회

영화의 제작을 일반에게 알리며 제작 중인 영화의 특징, 화제 등을 보도자료를 통해 배포함으로써 잠재적 관객을 확보하는 작업이다. 이후 지속적인 매체 광고와 이벤트 행사 등을 통해 영화 개봉까지 지속적인 대중의 관심을 이끌어 낸다.

(9) 제작회의

촬영에 들어가기 전 여러 차례의 회의를 통해 촬영 계획표를 만들게 된다. 촬영 계획표는 장소별 리스트, 밤낮 장면의 구분, 실내외의 구분, 배우들의 스케줄, 계절 등을 고려하여 만들어진다. 또한, 시나리오를 토대로 가예산안을 만들게 된다. 영화제작 시점에서 배우나 스태프의 등급에 따라 대략 정해져 있는 개런티의 평균치가 있고, 1회 촬영에 드는 대략의 비용 또한 예상할 수 있기 때문에 이를 토대로 대략적인 전체 제작비를 책정하게 된다. 또한 전체적인 촬영 준비 상황을 점검하고 각 구성원들 간에 협력을 도모함과 동시에 호흡을 맞출 준비를 한다.

2) 프로덕션(Production)

영상의 언어인 영화 작품을 구체적으로 필름에 기록하는 단계로 장소에 따라 야외촬영(Location), 실내촬영(Openset), 세트 촬영(Set)으로 구분되며, 시간별, 장소별 연기자 등의 스케줄을 고려하여 촬영한다.

일반적으로 상업영화 촬영장에는 적게는 50명부터 많게는 200명에 가까운 많은 스태프가 일을 하고 있다. 그들의 역할은 매우 세분화되어 있다. 주요 스태프의 현장 역할은 다음과 같다.

- **감독**: 감독이 책임져야 할 것은 그 무엇보다도 바로 최종 결과인 영화의 질과 완성도이다. 여기에 각본 집필이나 작가와의 공동 작업, 촬영장소 물색, 배우 오디션, 연기진과 제작진의 앙상블 구축 등이 포함된다. 감독은 리허설을 통해 배우들의 각본을 발전시키고, 촬영 스케줄을 관리하며, 촬영하는 동안 배우들과 제작진을 지도하고, 나중에는 편집과 그 프로젝트의 최종 마무리를 감수한다.
- **조감독**: 촬영 스케줄 작성, 각종 조정 및 연락 업무, 조연 및 엑스트라 지도 등의 역할을 수행한다.
- **스크립터**: 각 쇼트마다 자연스럽게 연결될 수 있도록 대사, 소품, 행동, 의상 등을 일일이 기록하는 일을 한다. 또한 후반작업의 편집을 고려하여 쇼트와 쇼트의 러운 연결까지 신경 써야 한다.
- **아트디렉터**: 영화 전체의 시각적인 부분을 책임지는 일을 한다. 현장에서 촬영장소의 실내디자인이나, 세트 제작, 배우들의 소품, 의상 등의 전체적인 밑그림을 잡는 일을 하며, 영화 전체의 색조

나 조명 등에 대해서도 감독 및 촬영감독과 협의하기도 한다.

- **촬영감독**: 감독과 긴밀히 협력하여 카메라의 움직임과 관련된 카메라, 조명, 장비들에 관한 모든 사항을 결정한다. 또한 촬영감독은 전체 제작진의 리더이며, 감독이 배우들에게 신경을 집중시키고 있을 때에는 가끔 제작진의 작업을 지시하기도 한다.
- **촬영조수**: 촬영조수는 그 경력에 따라 제1조수, 제2조수, 제3조수 등의 명칭을 붙여 각각 렌즈의 초점이동, 이동차 및 크레인 조정, 필름 장전 등의 업무 분담을 한다. 촬영조수들은 카메라의 렌즈와 필름 출구를 항상 깨끗하게 청소하여 카메라 장비를 직접 운영하는 역할도 수행한다.
- **제작부장**: 촬영을 위한 모든 조정 업무, 촬영 및 음향 팀의 주문에 따라 장비 대여를 예약하는 일, 감독과 함께 촬영 스케줄을 짜는 일, 스태프의 숙소 및 식당 섭외 등의 일을 한다.
- **녹음기사와 붐 담당**: 녹음기사는 음향과 녹음테이프를 미리 점검하고, 그것들에 생기는 기능 장애를 해결하는 일을 담당한다. 붐 담당이 하는 일은 마이크나 그 그림자가 화면에 들어가지 않도록 하면서 최대한 음원에 가까이 마이크를 가져가는 것이다. 복잡한 대화 신이나 카메라 이동이 있는 장면에선 마이크를 적절히 이동하여 최대한 좋은 음질의 소리를 담아내는 역할을 수행한다.

3) 포스트 프로덕션(Post production)

흔히 후반작업이라 불리는 단계로, 촬영된 필름을 바탕으로 완전한 한편의 영화가 나올 수 있게 새 옷을 입히는 과정이다. 후반 작업에 있어 충분한 작업 기간과 세심한 작업 환경만이 최종 영화의 완성도를 보장할 수 있는 길이다.

(1) 네거티브 현상

현장에서 촬영된 필름은 촬영 즉시 현상소로 옮겨져 현상과정을 겪게 된다.

과거에는 네거티브 필름을 현상한 뒤, 비용을 줄이기 위해 16mm 축소 프린트를 떠서 촬영된 상태를 확인하고 편집하는 방식이 주를 이루었다. 그러나, 최근에 비드라는 컴퓨터 편집 소프트웨어를 이용한 편집 방식이 주를 이루기 때문에 네거티브 현상 뒤 바로 텔레시네 과정을 거치게 된다. 가끔 조명이나 다른 기술적인 상태를 점검하기 위해 프린트를 떠서 필름 상태를 확인하는 경우도 있긴 하지만, 그 경우가 많지는 않다.

필름 현상의 순서는 다음과 같다. 일단 생필름에 촬영을 하고 나서 이것의 잠상을 현상시킨다. 그러면 우리가 일반적으로 보는 자연색상의 보색으로 이루어진 필름이 나오는데, '네거티브 필름' 또는 '음화'라고 부른다.

보통의 사진 필름을 보면 흰 부분이 검게, 검은 부분이 희게 나오는데, 이것과 같은 이치이다. 이 네거티브 필름을 다른 필름에 인화하며 보통 우리가 극장에서 볼 수 있는 제대로 된 색이 나온다.

마치 보통 필름을 인화지에 인화하며 제대로 된 상이 나오는 것과 같은 과정이다. 이 인화된 필름을 '포지티브 필름' 또는 '양화'라고 한다. 대개는 줄여서 각각 '네거'와 '포지'라고 부른다.

최근에 후반작업은 디지털화되어 촬영된 생필름을 네거 현상만 마친 뒤, 포지 현상을 하지 않은 채, 바로 비디오 이미지로 변환시킨다. 그래서 이후의 작업은 필름보다 간편한 비디오 상태에서 편집, 녹음 작업을 마친 뒤, 최종 극장 상영을 위해서 포지티브 필름, 즉 프린트를 인화하는 방식을 사용하고 있다.

(2) 텔레시네

텔레시네란 필름으로부터 특수 프리즘에 의해 광학적으로 결상시켜 필름의 정보를 비디오테이프로 변환하는 장치와 작업을 말한다. 텔레시네 과정에서 타임코드를 읽는 헤드는 필름에 기록된 날짜, 타임코드, 키넘버 등의 정보를 정확하게 판독하게 된다. 이때, 정확한 타임코드와 키넘버는 매우 중요한 요소가 된다. 아비드 컴퓨터상에서 편집이 끝나게 되면, 편집된 쇼트들의 화면에 새겨진 필름의 고유 번호인 필름 에지넘버와 동일하게 네거필름에 새겨진 부분을 편집기사가 자르게 되기 때문이다.

(3) 편집

텔레시네 작업을 통해 비디오 이미지로 변환된 촬영분은 촬영과 동시에 가편집 작업에 들어간다. 편집기사는 현장기록에 따라 OK컷을 골라내는 작업을 한 뒤, 곧바로 순서편집을 하게 된다. 촬영이 종료됨과 동시에 감독과 편집기사는 최종 편집작업을 하게 되는데, 컴퓨터 그래픽이나 옵티컬 작업이 들어가야 하는 부은 최종 편집 작업 전에 추려내서 효과를 집어넣는 작업을 하게 된다.

필름은 비디오와 달리 오버랩, 페이드인 아웃, 수퍼, 슬로우, 스톱모션 등의 효과는 별도의 광학 처리를 필요로 한다. 최근에는 이 옵티컬 과정을 CG를 이용해 처리하는 경우가 많고 이를 위해 필름의 정보를 컴퓨터에 넣기 위해 스캐닝을 거치고 작업이 된 정보(화면)를 필름으로 리코딩하는 과정을 거쳐 네거티브를 만들어 사용한다.

과거에 필름을 직접 만지면서 편집하던 아날로그 방식에 비해 이러한 디지털 방식은 작업 과정이 훨씬 수월하며, 다양한 편집본을 별다른 어려움 없이 만들어 봄으로써 최종 결과물에 대한 다양한 접근을 용이하게 해 준다. 특히, 커트 배열이 빠른 액션 영화 등에서는 직접 필름을 만질 필요 없이 비디오 상의 화면만 자르고 붙이면 되므로 다양한 편집배열을 보다 쉽게 할 수 있다. 이러한 장점에도 불구하고, 아비드를 이용한 디지털 편집은 편집 모니터 화면이 작다는 단점이 있다. 즉, 최종 결과물은 극장 상영을 염두에 둔 반면, 편집 모니터 화면은 TV브라운관 수준을 넘지 않기 때문에 그에 따른 느낌의 차이가 발생하는 것이다. 이러한 이유로 직접 필름을 이용한 아날로그 편집 방식을 선호하는 경우도 예외적으로 있다. 필름을 직접 이용해서 편집할 경우 편집 중간 중간에 커다란 스크린에 직접 영사해서 그 느낌을 확인해 볼 수 있기 때문이다. 편집이 종료될 시점에서 영화의 오프닝 타이틀과 엔딩 자막작업이 이루어지게 된다.

(4) 옵티컬 작업

편집 과정 중에 쓰인 여러 가지 영화적 효과－페이드인, 아웃, 디졸브 등－들은 옵티컬 작업을 통해 완성되게 된다. 옵티컬 작업은 촬영된 필름에 필요한 광학적 처리를 하는 작업을 일컫는다.

아비드 편집 과정 중에 효과가 사용된 부분을 네거필름에서 찾아내 광학 처리를 하게 되면 효과가 들어간 새로운 네거필름이 만들어지게 된다. 최종 네거편집에서 사용되는 것은 이러한 효과가 들어간 네거필름을 사용하게 되는 것이다.

이외에 CG를 이용한 장면 같은 경우도 이와 유사한 작업과정을 거친다. CG 효과가 들어가야 할 부분을 원본 네거필름에서 찾아 컴퓨터 스캐닝을 받은 뒤, 작업이 끝난 뒤에는 필름 출력을 하여 효과가들어간 새로운 네거필름을 만들게 된다.

이렇게 만들어진 네거필름이 옵티컬 작업과 동일하게 최종 편집에 사용되는 것이다.

(5) 네거티브 편집

원본 네거티브 편집은 위와 같은 아비드 편집이 완벽하게 끝난 후에 영화 제작자, 감독 등의 모니터를 거친 후 작업하게 된다. 원본 네거티브는 텔레시네에 들어 있는 필름의 일련번호와 1:1 대응을 통해 정확하게 잘려지고, 옵티컬 작업으로 생겨난 새로운 네거티브 필름도 필요한 위치에 편집된다. 극히 드문 경우를 제외하고는 네거티브 편집 후에 다시 편집하는 경우는 매우 드물다.

(6) 녹음

자막과 효과부분을 첨가 시켜 편집을 끝낸 영화는 녹음작업에 들어간다.

녹음실에 가기 전에 대사 연습과 충분한 검토를 토대로 녹음대본을 만들고 녹음에 들어간다. 녹음은 3단계로 나뉘어 진행되고 믹싱으로 완성된다. 대사녹음은 내레이션과 대사, 음악녹음은 영화의 배경에 사용되는 곡, 효과녹음은 극의 사실감을 주는 효과(문소리, 발자국소리, 바람 소리 등). 인위적인 효과음으로 극적 효과를 노리는 경우도 있다. 음악녹음은 영화의 배경에 사용되는 곡 등이 결정되면 이 세 가지 음원을 필요로 하는 위치에 배치하고 레벨을 정하는 믹싱 과정을 거쳐 영화의 소리부분이 완성된다. 믹싱 과정을 통해 만들어지는 녹음 방식은 다음과 같다.

- MONO: 초창기 영화와 16mm 등에서 주로 사용되는 방식으로 하나의 스피커에서 모든 소리가 나는 방식이다. 그렇기 때문에 스피커를 여러 개 달아도 음원이 분리되지 않는 단점이 있다.
- STEREO: 사운드를 좌우 분리해서 녹음해서 들려주는 기본적인 방식으로, 80년대 한국영화에서 사용되던 사운드 시스템이다.
- SUROUND: 전후좌우를 분리해서 녹음하고 재생하는 방식으로,

지금도 거의 모든 영화의 아날로그 트랙에 사용되는 일반적인 방식이다. 극장의 디지털 시설이 없을 때는 이 트랙의 아날로그 사운드를 이용한다.

- **S.R.D**: 보편적으로 가장 널리 쓰이는 돌비사가 관리하는 디지털 시스템으로, 퍼포레이션 사이에 디지털 트랙을 기록·재생하는 방식이다. 인화기와 영사기의 사운드 헤드만 교체하거나 붙이면 되기 때문에 극장에서 가장 선호하는 방식으로 가장 많이 보급되어 있고, 국내에서는 이 방식을 많이 사용한다.

- **S.D.D.S**: 소니사에서 개발한 8트랙 디지털 리코딩 방식으로 가장 풍부한 사운드를 들을 수 있는 방식이긴 하나, 극장에서 스피커 시스템의 증원을 해야 하는 불편함 때문에 국내에선 몇 군데 정도밖에 시설이 갖춰져 있지 않다. 프린트 필름의 양쪽 퍼포레이션 밖에 사운드 트랙이 디지털로 기록되고 읽힌다.

- **D.T.S**: 화면 옆에 사운드 기기(보통 디스크방식)를 통제하는 신호를 넣어 음원을 외부 기기에서 동기시키는 시스템으로, 이 역시 극장의 설비를 조정해야 하고 두 기계를 동기화시키는 문제 때문에 꺼리는 경향이 있다.

- **70mm 육본트랙**: 70mm영화는 프린트에 6개의 별도 마그네틱 트랙으로 완벽하게 분리된 사운드를 들려주기 때문에 풍부한 사운드를 즐길 수 있었지만 상영의 반복에 따른 음질저하, 프린트 필름의 고비용, 배급의 문제 등의 문제로 점점 사라지는 추세이고, SUPER 35MM를 이용한 시네마스코프의 유행은 한국과 외국에서 널리 사용되고 있다(글라디에이터, 공동경비구역 JSA, 흑수선, 신라의 달밤 등).

(7) 광학녹음

믹싱작업까지 끝난 녹음 트랙을 사운드 필름에 입히는 과정을 가리킨다. 이 과정이 끝나면 사운드 필름에 입혀진 소리와 최종 편집이 끝난 영상을 동기화하는 작업을 하게 된다. 동기화 작업은 소리와 영상이 일치하게끔 일치시키는 작업이다.

(8) 색 보정

최종 프린트를 뜨기 위해 최종 편집된 필름의 노출이나 색깔을 보정하는 작업을 일컫는다. 색 보정 작업을 통해 나온 색 보정 수치에 따라 프린트 작업을 하게 된다.

(9) 프린트

극장에 상영하게 되는 필름을 가리킨다. 한두 개 관에서 개봉하던 시절에는 프린트 필름을 몇 벌 뜨지 않았지만, 멀티플렉스 상영관이 보편화된 최근에는 100벌 이상의 프린트를 뜨는 경우도 적지 않게 있다. 이처럼 많은 프린트를 뜰 경우에는 원본 네거필름의 손상이 우려되므로 복사본 네거필름을 만들어 이를 이용하여 프린트 필름을 뜨게 된다.

(10) 기술시사

최종 프린트가 나오게 되면 제작자, 감독, 스태프 등이 참여한 가운데 기술시사를 가지게 된다. 기술시사는 최종 극장 상영을 하기 위해 기술적인 미비점이나 보완점을 찾아내어 수정작업을 하기 위해 열리게 된다.

(11) 홍보 마케팅

상품 개발과 시장성을 극대화하는 작업을 주도하는 행위를 일컫는 개념이다. 영화가 기획되는 단계에서부터 또는 영화가 완성된 후 해당 영화를 관객에게 인지시키고 영화의 시장성을 확대하기 위해 행하는 모든 선전활동을 말한다. 영화의 홍보 마케팅을 위해서는 우선 해당 영화가 어떤 영화인지 정확한 핵심을 파악해야 한다. 관객의 호기심을 유발할 수 있는 핵심적인 요소를 선정하는 것이 가장 중요한 작업이 된다. 이때는 배우 및 감독의 지명도, 줄거리, 제작비 규모, 영화제 수상 여부, 작품의 완성도, 음악, 특수효과, 의상, 스캔들이나 가십 등이 고려된다. 이후 진행되는 모든 홍보 마케팅 과정은 이러한 요소에 따라 카피, 포스터, 기타 광고 형식 등이 정해진다고 할 수 있다.

(12) 배급, 상영

이 모든 과정이 끝나면 영화 제작의 전 과정은 끝나고 시사와 상영을 통해 관객의 평가와 흥행 등에 들어간다.

배급에는 서울 개봉관, 지방, 해외배급 등이 있고, 비디오, DVD, TV 및 케이블 TV, 유료 TV, 위성 방송, 인터넷 판권 등이 있다. 이 외에도 캐릭터 상품의 개발을 통해서 또는 출판, 음반 등 영화로부터 기인하는 소스를 통해 다양한 수익 창구를 찾게 된다. 최근처럼 멀티플렉스 상영관이 보편화되어 가는 추세 속에서는 점점 더 배급의 중요성이 높아지고 있다. 많은 극장을 선점하여 동시다발적으로 많은 스크린을 통해 영화를 상영하게 되는 블록버스터 전략이 영화배급의 주요한 방식으로 자리 잡게 된 것이다. 이러한 배급 방식은 초반 몇 주 동안 제작비의 대부분을 회수할 수 있다는 이점 때문에 제작비가 많이 들어간 영화일수록 선호하고 있다.

Ⅴ. 제작 시설

🎬 01 해외 제작 시설

1) CNN 스튜디오

CNN은 조지아 주 애틀랜타에 본사를 두고 있다. CNN투어는 도보로 45분 정도 걸리며 8개의 층계를 걸어 내려가야 한다. 사진 촬영은 제한되어 있고 보안 담당자가 공항에서 사용하는 것과 비슷한 금속 탐지기를 통과하도록 하고 있다.

2008년 8월 타임워너사의 CNN이 미국 내 10개 도시(시애틀, 덴버, 휴스턴, 콜럼버스, 오하이오, 라스베이거스, 미니애폴리스, 올랜도, 필라델피아, 롤리–더럼 등)에 지사를 설치하는 등 확장 경영에 나섰다.

CNN은 아울러 낮 뉴스와 프라임 타임 뉴스, 그리고 인터넷을 통한 더 많은 뉴스 제공을 위해 인력을 충원하고 새로 개설되는 지사들의 경우 현지에서 제휴 방송사와 파트너십을 강화할 예정이라고 밝혔다.

CNN은 특히 저널리스트들을 채용해 새 지사들에서 인터넷용 기사

작성 및 편집, 동영상 제공에 나서도록 할 방침인데, 이는 뉴스 발굴과 관련해 극적인 변화를 추구하기 위한 것이다. CNN의 이런 전략은 통상 카메라 팀과 위성 전송 등이 동반해야 하는 탓에 고비용이 불가피한 TV 뉴스 대신에 개인이 랩톱 컴퓨터와 카메라 등으로 인터뷰와 기사작성, 녹음, 편집, 생방송 등을 가능토록 하는 이른바 '원맨밴드'를 지향하는 것이다.

 CNN 본사 건물은 70년대 중반에 세워졌는데 처음에는 옴니 인터내셔널 콤플렉스라는 이름을 가지고 있었다. 이 건물은 사무실 공간, 소매상점 등이 입주해 있었고, HR 퍼폰트립(H,R Pufnstuf)이라는 텔레비전을 홍보할 목적으로 건설된 더 월드 오브 시드 앤 마티 크로포드(The World of Sid and Marty Krofft)라는 실내 놀이 공원이 있었다. 테드

❈출처: CNN 센터(조지아주,애틀랜다, 2007)

터너는 80년대 초에 이 건물을 구입해서 CNN센터로 이름을 바꾸었고, CNN은 이곳에서 1980년 6월 1일 처음 방송을 시작했다. 1986년 이후 돔 형식의 웅장한 건물로 신축하여 방송국 사무실과 옴니 호텔이 함께 들어선 여러 채의 건물로 탈바꿈하였다. 방문객은 에스컬레이터를 통해 8층까지 올라가며 북미 지역에서 가장 긴 에스컬레이터이다. 바닥은 원래 아이스 스케이팅 링크였는데 지금은 CNN 지국이 황금 디스크로 표시된 세계 지도 스타일로 이루어져 있다.

두 개의 탑 모두 터너 브로드 캐스팅에서 사용하고 있지만, CNN 헤드라인 뉴스 간판 위쪽 부분은 옴니 호텔에서 이용하고 있다.

(1) 조종실(Control Room Theater)

먼저 뉴스 조종실에 설치된 모니터와 조종실 운영에 대해 알아보기로 한다.

CNN 조종실은 CNN의 심장부인데, 가정으로 뉴스가 송신되기 전에 최종적으로 거쳐 가는 곳이다. 실제 CNN 조종실에서는 직원들이 보는 것과 똑같이 실시간으로 모니터를 보게 된다. 3층 아래에 있는 실제 CNN 조종실에는 99개의 비디오 모니터가 있고 이 조종실에는 핵심적인 기능이 모두 모여 있는 37개의 모니터가 있다.

중앙의 대형 스크린은 'CNN Air'라고 한다. 이것이 바로 시청자들이 가정에서 보는 화면이다. 중간크기의 모니터 2대는 'CNN Program'과 'CNN Preview'라는 것이다.

CNN Program은 광고 없는 CNN Air와 같다. 광고는 주조종기에서 삽입되는 것이다. 'CNN Preset'은 다음에 송신될 영상을 보여준다. 즉,

영상이 프리셋에서 에어로 옮겨지고 프리셋 모니터는 그다음 영상이 나타나도록 준비되는 것이다.

주조종실에는 20개의 라우터가 있는데 왼쪽과 오른쪽에 종렬로 늘어서 있다. 라우터는 카메라가 잡은 영상부터 현장의 리포터에 이르기까지의 모든 것을 보여준다. 라우터는 메인 스튜디오의 카메라를 보여주는 것이다.

이 라우터에는 백악관에서 보내는 생중계부터 위성을 통해 전 세계에서 들어오는 보도까지 모든 방송이 나타난다. 선거 전야와 같은 주요 사건 중에서 각 후보의 진영과 해당 주의 기사뿐만 아니라 뉴욕과 워싱턴 지국 등에서 들어오는 뉴스들로 채워진다.

다른 모니터에는 다음에 방송될 그래픽과 자막을 보여준다. 자막은 앵커나 게스트의 이름 및 지위같이 방송되는 글을 말하는데, 그래픽은 지도와 로고 같은 이미지를 말한다. 이 모니터에는 앵커가 읽는 텔레 프롬프터(Tele Prompter) 내용을 보여준다.

아래쪽에 있는 모니터는 다른 CNN 뉴스그룹 네트워크가 방송되는 화면과 타 경쟁사들이 방송하는 화면을 보여준다.

이 모든 것을 제대로 운영하려면 조종실 운영 담당자가 여러 명 필요하다. 한 프로그램에서 조종실의 총책임은 프로듀서가 맡고 있으며, 이 프로듀서는 다른 프로듀서 및 CNN 임원들과 논의해서 방송 내용과 시간을 결정한다. 프로듀서는 감독과 기술 감독의 보조를 받고 있다. 프로듀서가 총책임을 맡고 있지만, 감독이 직접 지시를 내리며, 기술 감독은 그 지시를 수행한다. 조종실에는 그래픽 담당자, 오

※ 출처: CNN 뉴스룸(조지아주 애틀랜타, 2007)

디오 담당자 그리고 여러 명의 보조 스태프들이 일하고 있다. 일반적으로 조종실에는 4명에서 6명의 사람들이 일하고 있다. 뉴스 또는 다른 중요한 방송이 있는 경우 그 수는 15명 이상으로 늘어난다.

(2) CNN 특수 효과 스튜디오(Special Effects Studio)

특수 효과 스튜디오는 CNN 제작과정에서 사용되는 몇 가지 기능을 설명하고 시범을 보여주는 곳이다.

앵커들은 텔레 프롬프터를 통해 뉴스를 방송하고 있다. 카메라에 부착된 모니터가 위쪽으로 향하고 있는데, 이것은 실제 사용되고 있는 텔레 프롬프터 시스템이다. 모니터 바로 위에는 양방향 거울이 있어서 대본을 뉴스 앵커 쪽으로 반사시키고 있다. 양방향 거울 뒤에는 카메라 렌즈가 있다. 이런 방법을 통해 앵커는 카메라 렌즈를 직접 바라보면서 동시에 텔레 프롬프터에 나타난 뉴스를 읽을 수 있게 되는 것이다. 따라서 앵커는 시청자를 주시하면서 더욱 친근한 느낌으로 방송을 진행할 수 있는 것이다.

앵커가 뉴스를 보도하면서 종이 몇 장을 들고 있는 것을 볼 수가 있는데, 이 종이를 원고라고 부른다. 이 원고는 앵커가 신속히 뉴스 내용을 참조하기 위해 사용되며 텔레 프롬프터가 고장 난 경우를 대비한 것이다. 앵커가 아래쪽을 보지 않고도 원고를 넘길 수 있는 것은 텔레 프롬프터에 언제 하드 카피를 넘겨야 하는지를 알려주는 심벌이 표시되기 때문에 가능하다. 또한 앵커가 눈과 고개를 움직여서 뉴스를 읽고 있다는 느낌을 주지 않도록 텔레 프롬프터와 원고에는 한 줄에 서너 단어 정도만 쓰여 있다.

텔레 프롬프터 작동자는 대본의 속도를 조절하는데, 일반적으로 앵커는 1분에 150에서 175단어를 읽고 있다.

앵커들이 모두 텔레 프롬프터를 사용하는 것은 아니다. 예를 들어, 일기 예보 앵커는 블루 크로마키 시스템이라는 것을 사용한다.

블루 크로마키 시스템은 CNN의 일기예보 앵커들에게 중요한 시스템으로, 가정에서 예보를 볼 때 일기예보 앵커가 파란 벽 앞에 그냥 서 있는 것을 카메라는 특수한 파란색으로 나타날 때마다 그래픽을 삽입하도록 프로그램되어 있어서 마치 일기예보가 앵커가 일기도 앞에 있는 것처럼 TV화면에 보이는 것이다.

앵커가 지도를 볼때는 텔레비전 모니터가 왼쪽과 오른쪽에 설치되어 있어서 앵커가 모니터를 통해 어디를 가리켜야 하는지를 알 수 있다.

따라서 일기 예보 앵커는 어느 특정 도시를 정확하게 가리키지 못하고 광범위하고 막연한 제스처를 사용한다. 또한, 일기 예보 앵커들은 벽을 정면으로 바라보지 않는다. 그렇게 하면 어느 장소를 말하는지 알 수 없기 때문이다.

일기 예보 앵커는 뉴스 중에 파란 스크린 앞에 있으므로 파란색을 입어서는 안된다. 이 크로마키는 뉴스에만 사용되는 것이 아니라 영화에도 사용되며 블루 스크린 효과(Blue Screen Effect)라고 불린다.

(3) CNN 뉴스룸 전망대(Newsroom Overlook)

CNN 전망대(Overlook)에서는 국제본부(Global Headquarters)와 CNN의 메인 뉴스룸을 비롯하여, 뉴스 방송에 필요한 모든 과정이 진행된다.

CNN은 케이블 뉴스 네트워크(Cable News Network)인데, 1980년 6월 1일 방송을 시작했으며 첫 방송은 미국 내에서만 1백7십만 명이 지켜보았다. 오늘날 미국과 캐나다에서만 8천6백만 이상의 가정이 CNN을 시청하고 있다. CNN은 1987년부터 메인 스튜디오에서 계속 방송을 해 오고 있다.

이 뉴스룸은 평균 100명의 직원들에 의해서 연중무휴로 24시간 운영된다. 컬럼바인 학교 총격사건이나 911 사건 같은 큰 뉴스가 있는 날은 직원이 200명이 넘기도 한다. CNN 프로그램의 약 30~40%는 CNN 메인 스튜디오에서 제작된다. 앵커 데스크는 카메라 각도에 따라 회전한다. 이 바로 앞에는 1, 2, 3번 번호가 붙여진 카메라가 있는데 보통 휴이, 듀이, 루이라는 애칭으로 불려진다. 카메라 뒤에서 조종하는 사람이 없는데, 이 카메라들은 로봇 카메라이며 카메라 뒤쪽

조종실에서 이 카메라를 조종한다. 이 카메라는 대당 약 30만 달러 정도이다. 스튜디오는 자체 방음이 되지 않기 때문에 시청자는 뉴스룸의 현장감과 활기를 느낄 수 있다. 앵커들은 '라발리에'라고 불리는 지향성 마이크를 부착하기 때문에 배경 소음은 거의 들리지 않고 앵커가 말하는 것만 주로 들리지만, 경우에 따라서 뉴스룸 내의 전화나 대화 소리가 들릴 때도 있다.

뉴스룸은 크게 '뉴스 수집'과 '뉴스제작'이라는 두 분야로 나누어진다. 뉴스룸 오른쪽에 있는 여섯 개의 흰색 탁자는 뉴스 수집부서로 여기서 42개소의 뉴스 지국(국내 11개소, 해외 31개소), 900개 이상의 제휴 지국 및 통신사(AP와 로이터)와 연락을 한다. 이 제휴지국 또는 지방방송국은 해당 지역의 국내 뉴스와 해외뉴스를 CNN에서 제공하고 있다. 반대로 CNN은 빅뉴스를 이들 제휴 방송국에 제공한다. 이 부서는 오늘, 내일, 그리고 미래를 위한 기사를 만들고 있다.

뉴스 수집자들은 가능성 있는 뉴스 기사를 간추린 다음, 뉴스 수집부서 왼쪽의 뉴스룸 중앙에 위치한 3개의 작은 데스크에서 일하는 프로듀서 팀에게 보낸다.

프로듀서들은 프로그램의 형태를 정하고 방송기사와 방송시간을 결정한 다음, 각 기사를 방송기자에게 배당한다.

방송기자는 정보를 수집한 후 요약기사를 준비하고, 기사 내용의 문제와 문법적 실수를 찾아내는 편집자가 그 기사를 교정한다. 방송기자와 편집자는 CNN 경계선 아래 뉴스룸 왼쪽에서 창문 근처의 뉴스룸 뒤쪽까지의 공간에서 작업한다. 편집자의 승인이 떨어지면 대본원고를 인쇄하여 텔레 프롬터로 보낸다. CNN의 통합 컴퓨터 네트워크인 애브스타 시스템(AvStar system)은 뉴스 제작 과정에서 가장 중요한 도구이다. 뉴스룸 바닥 아래에 설치된 24,000피트 이상의 광섬유와 42마일 이상의 케이블이 모든 워크스테이션을 연결한다. 대본이 확정되면 그에 따른 비디오 촬영분이 필요하다. 바로 아래 위치한 위성 수신부서는 여러 위성 회사로부터 위성 중계 시간을 임대한다. 수신된 비디오 촬영분은 위성 송신부와 미디어 작업부에서 기록 및 편집되어 방송 준비된다.

최종적으로 기사의 모든 자료들이 주조종실에서 함께 통합된다. 이 모든 과정은 기사에 따라 몇 분 안에 끝날 수도 있고 몇 시간이 걸릴 수도 있다.

※출처: CNN 스튜디오(조지아주 애틀랜타. 2007)

(4) 헤드라인 뉴스 제작실(Headline News, 뉴스 보도실)

헤드라인 뉴스는 1982년 CNN2로 시작되었으며, 1년 후에 헤드라인 뉴스로 이름을 변경했다. CNN 헤드라인 뉴스는 하루 24시간 15분 간격으로 8천4백만 가구를 대상으로 그날의 뉴스를 제공한다. 따라서 30분 분량의 뉴스가 하루 48회 방송되기 때문에 시청자들은 그날그날의 주요 뉴스를 놓치지 않고 볼 수 있다. CNN 헤드라인 뉴스는 속보 또는 현장 뉴스뿐만 아니라 건강, 기술, 날씨, 엔터테인먼트, 환경, 스포츠, 여행, 금융 등 여러 주제들을 다루고 있다. 이것이 바로 CNN과 헤드라인 뉴스 사이의 차이점이다. CNN은 한 가지 주제에 대해 30분 동안 다루지만 헤드라인 뉴스는 동일한 30분 동안 그날 있었던 모든 뉴스들을 다루는 것이다.

헤드라인 뉴스 보도실에서 처음 눈에 띄는 것은 헤드라인 뉴스가 CNN의 전 세계 뉴스 취재 기능에 의존하기 때문에 이 뉴스 보도실이 CNN보다 작다는 점이다. 여기에 있는 모든 사람들은 프로듀서, 작가, 편집진들로서 헤드라인 뉴스 제작에서 각각 핵심적인 역할을 수행하고 있으며, 전화 인터뷰 진행이나 뉴스 컨퍼런스 모니터링, 특별한 프로젝트 수행 등을 담당한다.

방송 내용은 두 가지 형식으로 배포된다. 오전 6시부터 자정까지는 완전히 생방송으로 진행되며 자정 이후와 주말에는 녹화방송이 나가며, 필요에 따라서 새로 보충이 된다. 방송 녹화 작업은 컴퓨터에 방송을 녹화해서 처리되고 정보 변경이 필요한 경우에는 해당 방송 내용의 일정부분을 제거한 후에 새로운 정보를 추가하게 된다.

CNN 헤드라인 뉴스는 애틀랜타에 있는 두 개의 스튜디오에서 방송된다.

2001년 8월에 새로 최첨단 앵커 스튜디오를 지었다.

(5) 중앙 홀

CNN 중앙홀에는 CNN 네트워크가 있다. 첫 번째 네트워크는 바로 CNN 인터내셔널(CNN International)이다. CNN 인터내셔널은 1985년에 영어를 사용하는 여행객을 위해 유럽 지역에서 호텔 네트워크로 시작되었다. 이 네트워크는 세계 최초로 구축된 전 세계를 대상으로 24시간 동안 방송되는 뉴스 네트워크로서, CNN 뉴스그룹의 39개 지국에서 취재한 다양한 뉴스를 제공하고 있다. 전 세계를 대상으로 마

※출처: CNN 센터(조지아주,애틀란타, 2007)

련된 CNN 인터내셔널은 각각 라틴 아메리카 지역, 유럽/중동/아프리카 지역, 아시아 태평양 지역, 남아시아 지역 및 북미 지역을 대상으로 5개의 독립된 채널을 운영하고 있다. CNN 인터내셔널은 38개의 위성으로 구성된 네트워크를 통해서 전 세계 200개 이상의 국가와 지역에서 가정과 호텔 등을 대상으로 1억 6천5백만 개 이상의 TV 수신기로 방송되고 있다. 현재 애틀랜타, 런던, 홍콩에 위치한 3개의 방송 스튜디오를 구축하고 있으며 주요 방송 내용은 애틀랜타 본부에서 제작·공급하고 있다.

중앙 홀을 가로질러 가면 CNN 에어포트 네트워크(CNN Airport Network)가 있다. 1992년에 CNN에서는 공항에서 탑승 대기 중인 승객을 위해 뉴스와 엔터테인먼트를 제공하는 혁신적인 텔레비전 서비스를 시작했다. 그 당시 '에어포트 채널'로 명명되었던 이 서비스는 제1차 걸프 전쟁에 대한 소식을 신속하게 여행자들에게 제공함으로써 많은 호응을 불러일으킨 바 있다. 현재 CNN 에어포트 네트워크는 미국 내 공항에서 탑승 대기 중인 여행객들에게 위성을 통해 제공되는 유일한 텔레비전 서비스로 운영되고 있다. 엔터테인먼트와 여행 정보뿐만 아니라 CNN에서 취재한 뉴스, 비즈니스 및 금융보도, 스포츠 소식, 날씨, 라이프스타일과 일반적인 관심사들로 구성되는 CNN 에어포트 네트워크는 39개의 공항, 1,775개의 공항 탑승 지역에서 월간 2천만 명 이상의 여행객들에게 제공되고 있다. 따라서 연간 4억 명 이상의 여행객들이 이 서비스를 이용하고 있다.

그 옆에는 과거에 CNN.com으로 널리 알려졌던 CNN 인터렉티브가 있다.

CNN.com은 1995년 8월에 시작된 이후 전 세계 온라인 뉴스 정보

서비스의 선두주자 중 하나로 급속하게 성장해 왔다. CNN.com은 자체적인 뉴스 취재 기능과 함께 CNN이 확보하고 있는 여러 자원들을 함께 공유하고 있으며 새로운 취재기능과 함께 새로운 소식이 들어오는 대로 3분 이내로 뉴스를 게시할 수 있는 능력과 함께 지속적으로 정보를 갱신할 수 있는 능력을 보유하고 있다. CNN.com은 비교적 작은 이 위성 뉴스 보도실과 급속하게 성장하고 있는 웹사이트를 수용하기 위한 CNN 센터 내의 비교적 큰 뉴스 보도실, 그리고 런던과 홍콩에 있는 뉴스 보도실 사이에서 하루 24시간, 일 년 내내 모니터링과 업데이트 작업이 이루어지고 있으며, 매월 평균 6억 회 이상의 페이지 뷰를 자랑하는 세계 최고의 온라인 뉴스 매체로 성장하게 되었다.

이전 CNN.com 뉴스 보도실 옆에는 CNN 뉴스소스(CNN Newssource)가 자리 잡고 있었다. CNN 뉴스소스는 1987년 10월에 설립되었으며, 세계에서 가장 다양한 뉴스 서비스 신디케이트로 자리 잡게 되었다. 이 서비스는 북미 전 지역에서 활동하고 있는 TV 방송국과 지역 케이블 뉴스 채널을 포함하는 지역 뉴스 취재 협력사들로 구성되어 있다.

뉴스소스 협력사들은 CNN에서 제작한 자료와 기타 서비스를 이용하는 대신 협력사들이 제작한 비디오나 현장 취재 내용 및 위성 및 광케이블 네트워크 사용 할인 등과 같은 혜택을 제공함으로써 CNN에 자신들의 취재영역에서 발생한 지역 뉴스를 통해 CNN의 뉴스 취재 활동의 일부를 담당하게 된다.

마지막으로 CNN en Español이 있다. CNN en Español은 1997년 8월에 시작되었으며 현재 라틴 아메리카 지역 및 미국 내에서 가장 빠르게 성장하고 있는 스페인어 사용자들을 대상으로 1,300만 가구 이상에서 시청하고 있다. 이 채널은 라틴 아메리카 지역 내에서 가장 성공적인 케이블 방송으로 기록되고 있다. CNN en Español 은 영어가 아닌 언어로 24시간 동안 독립적으로 제공되는 최초의 뉴스 서비스이며 특별히 라틴 아메리카 시청자들을 대상으로 한 뉴스를 제공하고 있다.

　CNN에서는 다른 언어들로 운영되는 네트워크 구축을 위해 협력 관계를 수립하고 있기도 하다. 이러한 네트워크에서 일본에서 영어와 일본어로 방송되는 CNNj, 커넬 위성 디지털(Canal Satellite Digital)을 통해 스페인어 방송 프로그램을 제공하는 CNN+, 독일과 유럽지역을 대상으로 3,000만 가구 이상의 시청자를 확보하고 있는 베를린의 N-TV, 이스탄불에서 터키 지역을 대상으로 터키어 방송을 제공하는 CNN 터크(Turk) 등이 포함된다.

　이곳 CNN 센터에 본부를 두고 있지 않은 유일한 CNNfn 네트워크는 뉴욕에 본부를 두고 있다.

(6) 헤드라인 뉴스(스튜디오)

　오랫동안 CNN 헤드라인 뉴스는 24시간 논스톱 뉴스를 통해 시청자들이 필요로 하는 정보를 시청자들이 필요할 때마다 제공함으로써 선도적인 위치를 차지해 왔다.

　새로운 CNN은 CNN 헤드라인 뉴스 스튜디오를 새로 마련하고 헤드라인 뉴스 체제를 마련함으로써 다른 네트워크와는 차별성을 가지는 고유한 형식으로 기존의 모습을 탈피하고 있다. CNN 뉴스 그룹 내에서 최고의 인력과 자원을 이용함으로써 최소 4명 이상으로 구성되는 앵커들이 교대로 신속하고 생동감 넘치는 생생한 정보를 제공하고 있다.

다중 화면 구성, 라이브 리포트, 최첨단 '뉴스 인 더 라운드(News in the Round)' 스튜디오, 분명하게 전달되는 그래픽과 음악, 유능한 앵커 팀들을 통해 전달되는 생생하고 신속한 뉴스로 신속하고 진정한 뉴스를 제공하고 있다.

이 밖에도 터너 브로드 캐스팅은 TNT, TBS, 슈퍼스테이션, 카툰 네트워크, 부메랑, 터너 사우스, 터너 클래식 무비 등 6가지의 엔터테인먼트 네트워크도 운영하고 있다.

이 네트워크들은 북쪽으로 3마일 정도 떨어진 테크우드 방송 기지에 위치하고 있다.

※출처: 헤드라인 뉴스(스튜디오)(조지아주, 애틀란타, 2007)

2) 워너브라더스 엔터테인먼트
(Warner Bros. Entertainment, Inc.)

워너브라더스 엔터테인먼트(Warner Bros. Entertainment, Inc.)는 미국의 유명 영화사로 타임워너 그룹에 속해 있다. 본사는 캘리포니아 버뱅크에 있다. 1918년에 해리 워너(1881~1958), 알버트 워너(1883~1967), 샘 워너(1887~1927) 그리고 잭 L. 워너(1892~1978) 4형제가 만든 회사를 발판으로 지금까지 성장해 왔다. 워너를 대표하는 작품을 들자면 애니메이션으로 벅스 버니가 나오는 '루니툰' 시리즈와 애니메이션 '스쿠비 두' 시리즈를 들 수 있으며, 영화의 경우 '슈퍼맨' 시리즈, '매트릭스' 시리즈, '해리포터' 시리즈 등이 있다. 2006년에 내놓은 영화들로는 '포세이돈', '레이디 인 더 워터', '슈퍼맨 리턴즈', '브이 포 벤데타', '레이크 하우스', '앤트 불리', '디파티드', '아버지들의 성조기' 등을 들 수 있으나 '디파티드'를 제외하고는 성적이 좋지 못했다.

워너브라더스는 여러 종속적인 회사를 거느리고 있으며 그 대표적인 회사들로 워너브라더스 영화사, 워너브라더스 텔레비전사, 워너브라더스 애니메이션사와 DC 코믹스, 그리고 CW 텔레비전 네트워크 등을 들 수 있다. 또한 음악기업인 워너 브로스 뮤직 그룹을 런칭했다.

※ 출처: 워너브라더스 엔터테인먼트(LA)(2007)

3) 파인우드 스튜디오

영국 런던 근교에 위치한 파인우드 스튜디오는 One Stop Solution의

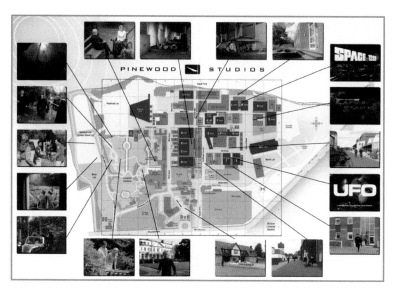

※ 출처: 한국미디어연구소(2009)

〈그림〉 영국 '파인우드 스튜디오'

영국 '최고의 기업 집적화와 대도시 인접 교통요충지 확보, 그리고 장기 제작을 위한 체류 시설이 완벽하게 구비되어 있다.

'파인우드 스튜디오'는 1935년에 설립하여 대지 40만㎡(약 12만 평) 규모에 30여 개가 넘는 크고 작은 스튜디오와 수중 촬영은 물론, 야외 세트장 및 후반부 제작 시설까지 갖추고 있어 영화, TV 등 영상과 관련한 어떤 종류의 영상물을 제작할 수 있는 영국 최대의 스튜디오이다. 마케팅, 조명, 의상 등, 영상 제작과 관련한 280여 개 회사가 스튜디오 내에 상주하고 있으며, 스튜디오 주변에는 목수, 전기기술자 등 세트제작에 필요한 인력과 직접적인 제작 관련 전문가 4,000명이 대거 포진해 있다.

'파인우드 스튜디오'는 영국의 수도인 런던 중심지에서 약 2~3시간 거리에 위치하여 최적의 스튜디오 입지 환경을 조성하였고, 또한 히드로 공항에서 차로 약 40분 거리에 위치함으로써 국내외적인 교통의 요충지를 확보하고 있다. 이곳에서는 한 해 약 20편의 영화가 제작되는데 그중 절반이 편당 전체 투자 규모가 약 1억 파운드(약 2,000억 원)에 이르는 미국 할리우드 물량이다. 실내 스튜디오 총 30여 개 중 대형 스튜디오 길이는 114m로, 영화 및 시즌 드라마 등 장기적 촬영 제작을 가능케 하는 충분한 공간을 확보하고 있다. 특히 실내 스튜디오는 블루 스크린 등을 자체 설비하여 영상 합성 촬영을 위한 작업을 용이하게 설치해 놓고 있다.

※ 출처: 한국미디어연구소(2009)

〈그림〉 영국 '파인우드' 실내 스튜디오 지원 시설

※ 출처: 한국미디어연구소(2009)

〈그림〉 영국 '파인우드' 야외 세트장 지원 시설

고정 세트장은 뉴욕거리, 베니스 거리, LA 거리 등, 사용 빈도수가 많은 지역을 선정하여 거리세트를 조성하고, 블루/그린 스크린을 통해 제작 특성에 따른 다양한 합성 작업이 가능하게 구축하였다. 또한 가변 세트장은 255m×157.2m 규모 평지 및 언덕 포함 황무지 2개와 야외 촬영을 위한 전원공급 시설(32Amp), 그리고 수조 공급시설 등을 구축하고 있다.

지원시설은 크게 기획부분에서 활용이 가능한 회의실, 분장실, 드레스 룸 및 기타 식당 및 네트워크 지원실이 있고, 제작 부분에서 설계실, 화공제작, 목재 창고, 소품 및 미니어처 제작실을 구비하고 있다.

※ 출처: 한국미디어연구소(2009)

〈그림〉 영국 '파인우드' 제작 서비스 지원 시설

　후반작업시설은 편집실, 합성실, 오디오 작업실 등 기본 작업실 이
외에 IPTV, 위성방송, 케이블, 디지털 방송 송출을 위한 채널 서비스
를 구축하고 있다. 또한, 촬영 후 즉시 원본 모니터링을 통해 편집 및
오디도 믹싱 가능한 시사 작업실과 외국어 더빙을 위한 전용 편집실
도 보유하고 있다.

※ 출처: 한국미디어연구소(2009)

〈그림〉 영국 '파인우드' 후반 작업 지원 시설

  스튜디오 내에 드라마 및 영화 제작에 필요한 영상 특수효과, 영상
물 운송, 엑스트라 섭외, 대형 영화사의 현지 지사 등 총 280여 개의
소규모 독립 회사가 상주하여 거대 자본 투자의 제작물에 다양한 부
가 지원을 중소기업 위주로 협력, 운영하고 있다. 또한 영상 제작에
반드시 필요한 고품질 프린팅 및 스캐닝 서비스 지원 체계를 구축하
여 포스터 제작, 색 보정 작업 등에 지원할 수 있도록 구축하였다.

〈그림〉 영국 '파인우드' 소규모 기업 중심의 지원 체계

영화와 TV 방송 프로그램 등에 음향 음악 그래픽 효과 등을 집어
넣는 후반부 작업 서비스업체 수는 1,000개사가 넘는다. 이 중 90%
정도는 런던 시내와 근교에 자리 잡고 영상산업 클러스터를 형성하
고 있으며, 55%는 직원이 10명 이하인 소규모 회사다. 그러나 이들
기업이 올리는 연간 매출액은 약 13억 9,000만 파운드(약 2조 7,800억
원)에 이르며 1만 5,000개의 일자리를 창출하고 있다. 영국 정부는
2003년 자정과 자율을 중시하는 새로운 커뮤니케이션법 개정을 통해
소규모 창작자 보호를 강조했다. 이 법안은 방송과 통신이 융합하는
거대 트렌드 속에서, 기술 자본에 소외된 문화 콘텐츠 창작자들의 권
리를 보호하고 창작을 향한 열정과 자유의지, 창의성을 북돋우려는
사회적 합의를 뜻한다. 예술과 창작 기반을 중시하는 이러한 흐름은
"문제작(콘텐츠)이 나오지 않는 순간, 화려한 뉴미디어 산업은 종결된
다."는 철저한 현실 인식에 기인한 것이기도 하다.

영국이 자랑하는 '파인우드 스튜디오'는 기획 및 촬영에서 편집 완
료까지 프로세스 진행 과정에서 발생되는 직/간접적인 모든 필요 요
소를 구비하였으며, 이는 지난 60여 년간의 경험에 의해 도출된 것이

라 볼 수 있다. 대표적인 예로 나타난 대형/대규모 스튜디오와 세트장, 집적화된 기업 인프라, 그리고 교통의 편의성 등 안정적 기반 위에서 자국 내 기업과 결집함으로써 매년 2천억 원 규모의 할리우드 물량을 소화하고 있다.

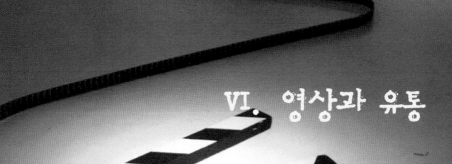

VI. 영상과 유통

🎬 01 영상콘텐츠 유통과 마케팅

1) 영상 콘텐츠 유통의 특성

국내 유통시장을 보면 국내 영상 콘텐츠 시장의 구조는 1990년 이후 국내 영상산업이 활성화되었지만, 콘텐츠 제작 및 유통 시장은 여전히 초보단계에 머물러 있다. 국내 영상 콘텐츠 제작시장이 활성화되지 못하는 이유는 국내 영상시장의 협소함과 지상파 방송 중심의 불균형적인 시장구조 그리고 유통매체와 시장부족을 꼽을 수 있다. 국내 유통 시장의 특성은 국내 매체 증가에 따라 국내 유통량이 증가하였다. 그러나 지상파 방송사의 계열사에 대한 유통을 제외할 경우, 국내에서 이루어지는 유통은 극히 제한적이며 원 소스 멀티유즈나 창구화도 부족하다. 지상파 방송사가 보유한 콘텐츠는 계열 PP나 인터넷 유통이 크게 증가하였으나, 계열사에 대한 패쇄적 유통으로 신규 미디어 발전을 저해한다는 문제가 지적되고 있다. 지상파 방송사

이외에도 초방 프로그램을 구매할 수 있는 여력을 지닌 신규매체가 부족하기 때문에 영상 콘텐츠의 국내 유통은 상당히 제한적으로 이루어지고 있다.

국제 유통 시장은 21세기의 시대흐름이 문화의 세기이며, 21세기는 문화산업과 영상콘텐츠의 중요도가 증가하고 있다는 특징이 있다. 특히 방송영상콘텐츠는 문화전쟁에서 첨병역할을 수행하는 핵심적 요소로 기능하고 있고, 전반적으로 문화상품의 해외진출을 위한 기본 루트를 개척하고 있다. 영상 콘텐츠에 있어서 유통 환경변화는 시장과 소비 그리고 기술과 경쟁 환경에 있어서 변화가 빠르고 급격한 변화양상을 보이고 있다. 즉 인구구조의 변화, 여가시간의 증가, 시청자 환경변화, 스마트 미디어의 도래, 방송통신융합, 이종업종간의 진입 등의 변화가 시작된 것이다.

따라서 국내 영상콘텐츠 산업은 글로벌 경쟁력을 갖추어야 할 필요가 대두되었다. 하지만 국내 영상 콘텐츠의 글로벌화의 정도는 미흡하며 향후 글로벌 유통을 위한 전략 마련이 시급하다. 그럼에도 국내 영상콘텐츠는 풍부한 인력과 우수한 문화 등에 있어서 경쟁력을 가지고 있다고 보여진다. 이외에도 기업전략은 니치마켓의 개척과 치열한 경쟁환경, 발달된 통신 인프라와 정부의 지원정책에 따른 비전 제시 그리고 제도정비가 가시회되고 있어서 글로벌 유통에 대한 전망을 밝게 하고 있다.

영상콘텐츠의 경제적 특성은 첫째, 공공재적 성격을 가지고 있다. 둘째 수요의 불확실성을 가지고 있다. 셋째 창구화를 통한 이익창출이 가능하다. 넷째 규모의 경제 원칙이 적용된다. 다섯째 이중적인 시장구조를 가지고 있다. 여섯째 수요예측이 어렵다. 일곱째 품질과 소구력 중심의 경쟁 양상을 가지고 있다. 여덟째 평범한 다수보다 소수의 킬러 콘텐츠가 시장을 주도하고 있다. 아홉째 인간의 천재성과 감성 그리고 창의력에 기반한 창조산업의 특성이 부각되고 있다. 열째 작품이 완성되어 1차 시장에서 품질검증 후에는 추가비용 없이 반복구매가 가능하다.

영상콘텐츠의 가격결정 요인은 장르, 시의성, 지명성 및 화제성, 마케팅적 요소, 해당 창구의 배타성 정도, 해당 창구의 사장규모, 문화적 할인의 정도, 수출 대상국의 경제수준등에 영향을 받고 있다.

영상 콘텐츠가 경쟁력을 강화하기 위한 방안은 ① 공급 측면의 경쟁력 제고 ② 마라톤형 중장기 전략 ③ 전문인력 및 조직육성 ④ 정부차원의 지원 강화등이다.

최근 방송콘텐츠 유통의 중요성이 증대되면서 온라인 방송콘텐츠 마켓에 대한 관심도 점차 증가하고 있다. 특히 온라인 방송콘텐츠 마켓이 거래비용의 절감, 시공간 한계를 넘는 다양한 상품의 전시 및 판매 등이 가능하다는 점으로 인해 효율적 유통을 가능하게 할 것으로 기대되고 있다. 이러한 시점에서 온라인 방송콘텐츠 마켓의 기능과 필요성에 대한 인식이 유통현업인들을 대상으로 높아지고 있으며, 온라인 방송콘텐츠 마켓은 기존의 오프라인 마켓의 일부 기능을 보완하거나 강화할 것이라는 전망도 나오고 있다. 온라인과 오프라인 마켓의 마케팅이 기능적으로 보완될 때 방송콘텐츠 유통이 강화될 것으로 기대된다.

2) 영상 콘텐츠 가치사슬과 유통

영상 콘텐츠의 가치사슬은 제작 유통 소비의 3단계로 구성되어 있으며, 제작에 있어서는 콘테츠를 만드는 음성과 문자 그리고 영상에 따라 구분되고, 유통은 방송 통신을 통한 배급업자와 서비스 제공업자로 구분된다. 소비에 있어서는 개인과 기업 그리고 정부에 따른 구조를 가지고 있다.

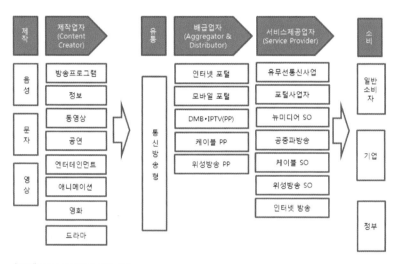

〈그림〉 영상 콘텐츠의 가치 사슬

구체적으로 방송 콘텐츠의 가치사슬은 제작과 유통 그리고 소비에 있어 보다 더 세분화된 구조를 가지고 있다. 즉 제작은 기획과 제작 가공으로 구분되고 유통은 수집과 배급으로 구분된다. 그리고 소비는 서비스 제공과 전송 그리고 소비자로 구분되는 구조이다.

기획	제작	가공	수집	배급	서비스 제공	전송	소비자
-아이디어 조직화	-스토리보드 작성	-편집·종합편집	-예능	-지상파방송	-라디오방송	-SO	-개인
-소재 및 주제 결정	-시나리오 작성	-완성	-시사/교양	-유선방송	-텔레비전방송	-유선통신업자	-기업
-자료 조사	-스텝 구성		-드라마	-위성방송	-종합유선방송	-무선통신업자	-정부
-자료 정리 및 분석	-촬영		-음악	-IPTV	-중계유선방송	-MSO	
-제작회의			-영화	-인터넷방송	-일반위성방송		
-기획서 작성			-게임	-전광판방송	-DMB		
			-애니메이션	-도매상	-극장		
			-광고		-소매상		

〈그림〉 방송 콘텐츠 가치 사슬 구조

02 영상콘텐츠 온·오프 글로벌 마켓플레이스 구축의 필요성

최근들어 방송영상콘텐츠는 예술이 아닌 문화상품으로서의 인식이 전환되고 있다. 따라서, 문화산업의 핵심으로서 방송 영상 콘텐츠는 자체적으로 지니는 파급 효과에서 유통 경로의 문제가 대두된다. 즉, 하나의 영역에서 창조된 콘텐츠 상품은 기술적인 변화를 거쳐 활용이 지속되고 가치가 증대되면서 관련 산업으로 영향력이 확장되는 특성을 지니고 있다.

특히 디지털기술의 발달로 인한 다매체 다채널로 인한 방송영상콘텐츠 환경의 변화는 기존의 유통구조를 변화 시키고 있다. 그러나, 모바일과 PC 그리고 TV를 아우르는 미디어환경을 고려하면, 유통 표준기술의 준비가 요구된다.

왜냐하면, 방송콘텐츠 시장은 콘텐츠를 기획, 제작해서 최초로 유통시키는 1차 콘텐츠 플랫폼에 대한 의존도가 높기 때문에 직접 소비자에게 전달할 수 있는 뉴미디어 플랫폼에 변환이 용이한 전환 기술이 확보되어야 하기 때문이다.

현재는 방송 콘텐츠의 유통의 가장 큰 변화 요인이 통신기업이다. 현재의 통신기업들이 네트워크 접속 서비스 이외에 IPTV나 DMB를 통해 콘텐츠 유통의 가치창출 모델을 구성하고 있는데, 향후 방송콘텐츠 서비스의 생산 및 유통방식도 한층 다양화될 것이다. 따라서 방송 콘텐츠가 원소스 멀티유즈로 활성될 수 있는 유통기반을 조성해야 한다.

이와 함께 CATV 위성방송 그리고 스마트 TV 등으로 확대되는 뉴미디어 플랫폼에도 방송영상콘텐츠를 공급하고 유통시킬 수 잇는 시스템의 마련이 필요하다. 이를 위해서는 지상파방송이 보유하고 있는 기획, 제작, 시설, 유통, 마케팅의 능력을 확장하고 신규 미디어에 적용시키기 위한 대책이 요구된다. 콘텐츠 유통을 보다 체계적으로 재구성하기 위해서는 VOD 방식의 콘텐츠 유통의 활성화와 콘텐츠의 다각적인 활용을 위한 모델을 개발할 필요성이 있다.

방송영상이 수출되기 시작한 1990년대 초기와 달리 한류를 가져온 방송콘텐츠에 대한 인식의 변화는 방송 콘텐츠의 수출에 연간 40%-50%에 이르는 초고속 성장을 가져왔다. 예를 들면 2003년 기준으로 수출액이 4,200만 달러 수준으로 확대되어, 수출이 본격화되기 시작한 90년대 초반의 수출 실적과 비교하면 백 배 이상의 수치를 기록하였다. 주요 수출 지역은 대만, 중국, 일본, 베트남 등 아시아 지역이 90% 이상을 점유하였고, 수출 시장은 필리핀, 인도네시아, 태국 등 아시아 주변국뿐만 아니라 몽골, 우즈베키스탄, 카자흐스탄 등 중앙아시아와 중남미 중동지역까지 점차 확산되었다. 지역별로는 대만이 810만 달러 규모로 가장 크고 일본과 중국이 그 뒤를 이었다. 그러나 방송콘텐츠는 장르에 있어 드라마 중심이고, 수출지역에 있어서도 동아시아에 편중되는 현상을 보였다. 특히 해외의 성장세를 담당하던 한류가 잦아들고, 오히려 반한류 기류가 형성되면서 프로그램 가격이 폭등하였고, 일방적인 한국문화의 유입에 따른 자국문화수호에 대한 분위기가 형성되었다. 이는 자국 문화 침탈에 대한 우려에서 비롯된 것으로 2004년을 기점으로 방송콘텐츠 수출이 둔화되고 있다. 한편, 유통에 있어서 방송 콘텐츠는 다음 <그림>과 같은 단계로 유통되고 있다.

따라서, 기존의 유통 방식과는 차별화된 온·오프라인을 유통시킬 수 있는 표준 자동 변환 시술이 필요하고 특히 온라인 유통 마켓 플레이스의 구축이 필요하다.

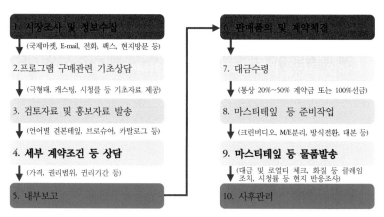

❈출처: 다채널 다매체 환경에서 방송콘텐츠 변화기술을 활용한 유통활성화 비즈니스 모델 개발연구(방송통신위원회, 2010)

〈그림〉 프로그램 해외수출 업무

그동안 우리나라 방송 영상콘텐츠 수출의 문제점은 제작 측면에서 보면 다매체, 다채널화 및 글로벌화 추세에 대한 대응 전략이 부족하다는 점과 방송 산업이 제한적인 경쟁틀인 독과점 체제 속에서 내수형 제작에 안주하고 있으며, 방송 영상 콘텐츠의 해외수출도 국내 방영 후 부대수익 창출이라는 소극적인 인식이라는 것이다. 또한 해외수출 확대를 위한 전략 상품으로서의 다큐, 만화영화 시리즈물이 절대 부족하다는 것이었다. 마케팅적 측면에서의 문제는 국제 배급 전문 조직 및 전문 인력의 육성 체계가 미흡하여 정부 및 민간 부분의 지원체계의 문제로 글로벌 시대를 맞아 현실화되고 있는 문화전쟁에 대한 인식이 부족하며 특정 장르에 대한 편견과 편애로 성장 잠재력이 있는 부문을 사장할 가능성이 존재하고 있다는 점이었다.

그러나 압축과 전송기술 그리고 디지털 표준화 기술이 개발되기 시작했으며, 이에 따른 인터넷 유통이 증가하기 시작하였다. 따라서, 기존의 오프라인에서 온라인으로의 새로운 유통이 가능해지고 있다. 즉, 기존 방송콘텐츠를 디지털콘텐츠로 변환시킨 후에, 인터넷 포털이나 방송사 인터넷 자회사 등을 통해 VOD 방식으로 프로그램을 판매하고 있는 것이다. 이러한 추세는 온라인 기반으로 콘텐츠를 소비하는 소비자 계층이 확대되면서, 실제 새로운 디지털 콘텐츠 배급 모델로 평가되고 있다. 온라인 콘텐츠 배급 및 유통은 기존의 네트워크를 통해 다양한 선택권과 시공간에 제한을 받지 않는 VOD 방식의 서비스 공급이 가능하며, 과금 및 소비자 선호도 평가가 용이하다는 이점이 있다. 따라서 미래의 콘텐츠 유통 방식으로 온라인 및 TV 포털 서비스 등이 모색되고 있는 것이다.

특히 방송영상 콘텐츠는 영세제작사와 독립제작사의 프로그램을 대행해서 판매하는 배급창구로서 온라인 유통이 효과있는 방안으로

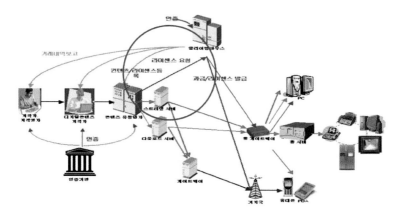

※출처: 다채널 다매체 환경에서 방송콘텐츠 변화기술을 활용한 유통활성회 비즈니스 모델 개발연구(방송통신위
원회, 2010)

〈그림〉 다채널 다매체 시대의 콘텐츠 유통 모형

대두되었다. 방송콘텐츠의 경우 온라인신디케이트의 설립을 통한 영
상 쇼핑몰과 같이 콘텐츠를 개발하고 제작하며 유통 등 전반적인 지
원과 가공 축적이 가능한 형태들이 제안되고 있다.

현재 온라인 유통은 지상파 방송사 자회사로 구성된 인터넷 기업
이 맡아서 하고 있다. 주로 지상파 방송에서 방송되었던 프로그램들
을 가공하여 온라인 다시보기(VOD)형태로 재판매를 하는 것이다.

온라인 유통의 특징은 유통단계가 축소되어 콘텐츠의 경제의 규모
현상을 수반한다. 또한, 수용자의 직접구매로 인하여 소비자 만족정
도가 높아지게 된다. 이는 방송영상콘텐츠 유통창구와 채널 그리고
수용자간의 원활한 의사소통으로 연결되고, 방송사 브랜드에 대한 이
미지를 제고하는 효과를 가져오게 된다. 따라서, 향후 축적되는 방송
영상콘텐츠는 아카이브를 거쳐서 온라인과 오프라인을 망라하는 글
로벌 유통의 시대를 열게 될 것이다.

03 국내외 영상콘텐츠 온·오프 글로벌 마켓플레이스 구축 현황

영상콘텐츠의 유통에 있어서는 수출과 수입을 전문으로 하는 에이전트 중심에서 국제 콘텐츠 마켓으로 변화하였다. 최근에는 영상콘텐츠의 공급자와 수요자간 직거래도 활발해지고 있으며, 온라인을 활용하는 사례도 늘어나고 있다. 오프라인 견본시를 통한 영상유통은 인적 네트워크를 형성하게 하고 있으며, 바이어와 셀러, 그리고 에이전트가 함께 만나는 교류의 장으로서 세계 각국의 콘텐츠 정보가 한곳에 집중되고 있다. 주요 견본시로는 MIPTV, MIPCOM와 NATPE가 있으며, 아시아 시장들로는 우리나라의 BCWW, 중국의 상하이 TV 페스티벌 등이 있다. 전 세계적으로 글로벌 콘텐츠 시장이나 방송 페스티벌, 영화제 등이 우후죽순으로 생기고 이벤트가 커지는 것도 글로벌 콘텐츠 시장의 가치가 커지는 추세를 나타내는 바로미터이다.

과거에는 영상콘텐츠 유통 전담부서나 전담인력이 거의 없었다. 그러나 다채널로 인한 방송영상 콘텐츠 수요의 증가와 한국 드라마의 해외수요가 증가하면서 유통구조의 변화가 불가피해졌다. 또한, 국내 콘텐츠 제작비의 증가로 인한 새로운 수익모델의 개발에 따른 콘텐츠 판매수익모델도 유통구조의 변화의 한 요인이 되었다. 이러한 환경의 변화에 따라 향후 방송 콘텐츠를 산업으로 인식할 필요성이 있는데, 자체의 지상파 채널을 통한 1차 활용을 넘어 2차적인 창구를 통해서 브랜드의 영향력을 확대 유지하고, 수입원을 창출한다는 인식이 확대될 필요가 있다.

따라서 특정 콘텐츠 소스를 다양한 포맷으로 가공하고 다양한 채널을 통해서 유통할 창구가 개발될 필요가 있다.

1) 오프라인 마켓 플레이스

(1) 해외 사례

① MIPCOM

MIPCOM은 각종 방송용 콘텐츠 및 뉴미디어 콘텐츠 판매 시장으로 매년 10월경에 프랑스 칸느에서 열리는데, 엔터테인먼트 콘텐츠의 전 매체에 걸친 제작, 투자, 판매, 구매, 배급을 다루는 전 세계적인 이벤트를 통해 개최되고 있다. 이벤트를 통해서는 TV, 영화 및 디지털 콘텐츠 전 분야의 제작 및 배급분야의 업계 전문가들에게 차별화된 마켓으로 첨단 컨퍼런스와 네트워크 포럼을 제공하고 있다. 글로벌 차원의 행사기간 동안 100억 유로 규모의 거래가 성사되는 MIPCOM과 MIPTV에는 111개국에서 참가하는 전 세계 주요 콘텐츠

〈그림〉 MIPCOM 홈페이지

제작자, 배급자뿐만 아니라 전략적 방송업체 파트너, 광고 에이전시, 디지털 네트워크 사업자 및 콘텐츠 솔루션 제공업자 등의 사업 기회가 되며, 전 매체에 걸쳐 엔터테인먼트 콘텐츠를, 판매, 구매, 투자 그리고 개발을 도모할 수 있는 기회가 된다. 또한, 전 세계를 무대로 새로운 트렌드, 아이디어 그리고 비즈니스 모델을 발견할 수 있는 기회도 되며, 마켓의 온라인 네트워킹 데이터베이스 MIPWORLD로 새로운 인맥이 형성하고 있다.

② MIPTV(International television program market)

MIPTV는 국제영상물 및 디지털 콘텐츠 견본시로 전 세계에서 온 12,000여 명의 참가자가 한 장소에 모여 5일간 4억 유로 이상의 사업 상담을 하는 장소로서 사업 발전을 위한 비교할 수 없는 기회가 된다. Content 360을 통해 배우는 전문지식과 최신 트렌드, 그리고 혁신적인 아이디어는 정보 제공이라는 차원에서 MIPTV의 장점이라고 할 수 있다. 또한, 최초로 미국외의 장소에서 개최되는 국제 인터렉티브 에미상 시상식을 개최하는 등 방송 콘텐츠의 유통뿐만 아니라 다양한 활동을 펼치고 있다.

우리나라에서는 2009년 3월 29부터 4월 3일까지 프랑스 칸느에서 계속된 MIP TV 2009에서 한국 방송 프로그램을 1,622만 달러를 수출하는 기록을 세웠다. 이는 세계 경제위기 여파로 행사 참가업체가 16%나 줄어드는 등 행사 규모의 대폭 감소한 상황에서 거둔 성과로서, 지난해의 경우, 2007년의 1,030만 달러 대비 63% 이상 증가한 1,641만 달러의 수출실적을 올렸다. MIPTV를 통한 방송 콘텐츠의 수출의 경우 국내 방송 사업자별로는 지상파가 전체 수출액의 96.3%를 차지해 총 1,561만 2,410달러를 달성하였고, 이어 독립제작사 및 배급사가 55만 775달러, 케이블 PP가 5만 2,150달러를 기록했다. 장르별로는 드라마가 전체의 92.57%인 1,503만 9,310달러였고, 다큐멘터리 수출은 EBS의 '한반도의 공룡'이 독일 아르티엘디즈니(RTL Disney)에 10만 유로에 판매되는 등 89만 1,375달러에 이르는 실적을 올렸다. 한편, 애니메이션과 엔터테인먼트 등 기타 장르는 각각 24만 2,500달러와 4만 2,150달러를 기록했다.

〈그림〉 MIPTV 홈페이지

〈표〉 MIP TV 2009에서 한국 방송 프로그램 수출액

장르	금액(USD)	업종	금액(USD)
드라마(92.7%)	15,039,310	지상파(96.3%)	15,612,410
다큐(5.5%)	891,375	케이블(0.3%)	52,150
애니(1.5%)	242,500	독립 제작사(0.02%)	4,000
기타(0.3%)	42,150	독립 제작사(3.38%)	546,775
총계	16,215,335	총계	16,215,335

KBS에서 4월 방영 예정 드라마 '남자 이야기'(70분×20편)가 2009년 3월 30일 프랑스 칸느에서 개막된 MIPTV에서 160만 달러 이상 선판 매되는 성과를 나타냈다. 이 외에도 EBS는 이날 아르티엘디즈니(RTL Disney)와 한반도의 공룡(50분×2편)을 10만 달러 이상에 판매하였다.

③ NATPE(National Association of Television Program Executives)

미국 NATPE는 방송프로그램, 비디오, 인터넷, 라이센싱, 머천다이 징 및 뉴미디어를 포괄하는 국제 방송프로그램 견본시로 프랑스

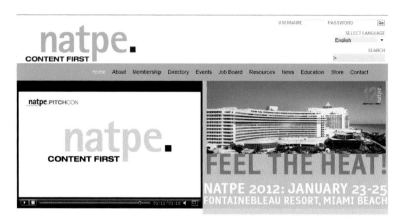

※ 출처: http://www.natpe.org/natpe/

〈그림〉 NATPE

MIPTV, MIPCOM과 함께 세계 3대 견본시 중 하나이다. 매년 1월 개
최되는데, 1963년에 NAPTE는 MIPTV와 달리 미국의 로컬 방송 프로
그램 견본시로 출발하였으며, NATPE는 미국 프로그램에 대한 해외
시장의 관심 증가와 국제적인 방송 프로그램 교역 증가로 인하여 자
연스럽게 국제 견본시로 탈바꿈하였다.

④ CCBN 2011

■ 박람회명: China Content Broadcasting Network(CCBN)

■ 전시기간: 2011년 3월 23일~3월 25일(3일간)

■ 전시장소: China International Exhibition Centre(Beijing)

■ 전시규모: 30개국 1,000여 사 참가, 7만여 명 참관

※ 출처: http://www.ccbn.tv/

〈그림〉 CCBN 홈페이지

- 전시개요

2011년 3월 23일부터 3일간 북경국제전람센터에서 개최되는 China Content Broadcasting Network(CCBN) 전시회에 전 세계 유수의 디지털방송/케이블 회사들이 대거 참가하는 전시회로, 1993년 최초 개최 이래 아시아 최대 규모로 자리 잡고 있다. 본 전시회는 DTV와 광대역 네트워크 산업 박람회 중 세계에서 가장 큰 전시회로 발전했으며, 또한 중국에서 국제 규모로 개최되는 유일한 방송/케이블/위성 기술 및 장비 전시회이다.

6만 평방미터의 12개 전시관을 전부 사용하고 있고, 전 세계 30개국 1,000여 사가 참가하고, 7만여 명의 관람객이 방문, 매년 12억 달러 정도의 거래가 성사되고 있다.

최고의 메이커와 딜러들이 대거 참가 새로운 방송기술 및 장비를 선보이게 되는 본 전시회는 세계 중심으로 자리 잡고 있는 중국의 디지털 방송시장과 세계의 흐름을 경험할 수 있는 좋은 기회이다. 특히 CCBN전시회는 중국정부에서 발표한 향후 5개년 개혁 플랜의 8가지 박람회 중의 하나로 선정, 강력한 육성 지원을 받고 있는 박람회이다.

⑤ 기타

오프라인 마켓 플레이스는 뉴미디어 도입과 글로벌화로 인하여 국제적인 방송프로그램 교역이 증가하던 1990년경부터 획기적인 확장을 거듭하고 있으며, MIPTV, MIPCOM, NATPE 3 견본시 이외에도 다수의 국제 견본시가 있다. 그러나 국제적인 마켓 플레이스로 발돋움하고자 하는 초기의 의도와는 달리, 대부분의 견본시들은 로컬 시장의 한계를 벗어나지 못하고 있는 실정이다. 일본의 TIFFCOM이나 중국의 상하이 TV 페스티벌이 대표적인 예라 할 수 있다. 그만큼 MIPTV, MIPCOM, NATPE 등 주요 견본시가 국제 프로그램 유통에서 지니는 의미는 점차 높아지고 있으며, 전 세계 방송 프로그램 유통전문가들은 매년 주요 견본시에 대한 참가를 관례화하고 있다. 아시아 주변국의 마켓도 활발히 개최되고 있는데, 상하이에서 6월에 개최되는 중국의 상하이 TV 페스티벌, 동경에서 10월에 개최되는 TIFFCOM, 아시아의 MIPTV격으로 싱가포르에서 12월에 열리는 AFT 등을 비교적 규모를 갖춘 시장으로 꼽을 수 있다.

전시명	지역	전시기간	홈페이지	전시회 개요
NEPCON	동경	01. 19~01. 21	www.nepcon.jp/kr	일본 최대의 전자/전기 총합 전으로 총 8개 박람회 동시개최
MIDEM	프랑스 칸느	01. 23~01. 26	www.midem.com	세계 최대 규모 영상, 음반, 저작권 전문 박람회
NATPE	마이애미	01. 24~01. 26	www. natpe.org	기존 미디어는 물론, 뉴미디어까지 포괄하는 세계 최대 규모의 영상콘텐츠 마켓
CABSAT	두바이	02. 08~02. 11	www.cabsat.com	방송, 케이블, 통신관련 중동 최고의 전시회
GSMA	바르셀로나	02. 14~02. 17	www.mobileworldcongress.com	세계 최고의 모바일 통신기술전
CeBIT	독일 하노버	03. 01~03. 05	www.cebit.de	유무선 네트워크, 디지털 및 온라인 이동통신 등 세계 정보통신기술을 대표하는 전시회
IWCE	라스베가스	03. 07~03. 08	www.iwceexpo.com	모바일 무선통신 전시회 관련 미국 최고의 쇼
Pro SoundLight	중국 광조우	03. 09~03. 12	www.soundlight.cn	중국 최고의 음향/조명/비디오장비전
DISCOP	이스탄불	03. 14~03. 16	www.discop.com	방송영상물 견본시를 포함한 케이블, DMB, IPTV 등 뉴미디어 특화 콘텐츠 마켓
Satellite	워싱턴	03. 15~03. 17	www.satellitetoday.com/	방송, 기업, 방위산업 등에 필요한 위성통신시설 전시
FILMART	홍콩	03. 21~03. 24	www.hkfilmart.com	아시아 지역의 대표적인 영화, 지상파, 케이블TV를 포괄하는 프로그램 전문 마켓
iptv world forum	런던	03. 22~03. 24	www.iptv-forum.com	IPTV 산업관련 최고의 포럼으로 200여 사 참가
CCBN	북경	03. 23~03. 25	www.ccbn.tv	중국광파전영전시총국 (SARFT)가 주최하는 중국 최대 케이블네트워크 박람회

전시명	지역	전시기간	홈페이지	전시회 개요
Convergence	인도 뉴델리	03. 24~03. 26	www.convergenceindi a.org	인도 최대 디지털 컨버전스 정보통신 박람회
MIPDoc	프랑스 칸느	03. 30~04. 03	www.mipdoc.com	MIP-TV에 앞선 다큐멘터리 전문 프로그램 마켓
MIPTV	프랑스 칸느	04. 04~04. 08	www.miptv.com	TV, 비디오, 케이블, 위성방송, DMB 등 세계 최대 영상 콘텐츠 교역을 위한 컨퍼런스 및 견본시
				미국 NATPE와 더불어 전 세계 영상 프로그램 교역의 양대 산맥을 이루는 행사
PCTA	마닐라	04. 05~04. 08	www.pcta.org.ph	필리핀케이블TV방송협회(PCTA)에서 주관하는 케이블방송 장비 전시회 및 컨퍼런스
Musikmesse	프랑크푸르트	04. 06~04. 09	http://musik.messefra nkfurt.com	세계최고의 악기/음향 전문전으로 2,100 업체 참가
NAB	라스베이거스	04. 11~04. 14	www.nab.org	매년 미국에서 개최되는 세계 최대 방송장비, 기기, 디지털 기술 박람회
Infocomm	북경	04. 13~04. 15	www.infocomm-chin a.com/	아시아 최고의 오디오/비디오 전문전
ELECTRONICS	홍콩	04. 13~04. 16	http://hkelectronicsfai rse.com/	아시아 최대 규모의 전자/가전 총합 전으로 2,500 여 업체 참가
ANGA Cable	독일 쾰른	05. 03~05. 05	www.angacable.com	광대역 위성, 통신, IPTV 관련 최고의 전시회 30개국 참가
ORBIT	취리히	05. 10~05. 12	www.aiciti.ch	스위스 최대의 정보통신/전자/IT전
Teleshow	모스크바	05. 10~05. 12	www.teleshow.ru	러시아 및 CIS 국가 주요 방송사 및 유통업체들이 참가하는 영상물 견본시로 매년 봄, 가을에 개최
AES	런던	05. 14~05. 16	www.aes.org/events/1 28/#	유럽 최고의 오디오 전문 컨퍼런스/전시회

전시명	지역	전시기간	홈페이지	전시회 개요
AES	런던	05. 14~05. 16	www.aes.org/events/128/#	유럽 최고의 오디오 전문 컨퍼런스/전시회
DIMENSION	파리	05. 24~05. 26	www.dimension3-expo.com	유럽 최고의 3D 기술전
EXPO COMM	동경	05. 25~05. 27	www.expocomm.com	일본 최고의 무선통신/네트워크 기술전
PALM	북경	05. 26~05. 29	www.palmexpo.net	중국 최고의 음향/비디오/조명/악기전
Monte Carlo TV	모나코	06. 06~06. 10	www.tvfestival.com	방송, 영상 프로그램 전시 및 관련 시상식
Infocomm	미국 올랜도	06. 11~06. 17	www.Infocommshow.org	세계 최대의 오디오/비디오/프로젝션 시청각장비전
NCTA	시카고	06. 14~06. 16	www.thenationalshow.com	미국케이블TV방송통신협회(NCTA) 주관 세계 최대의 케이블방송 장비·콘텐츠 전시회 및 컨퍼런스
BroadcastAsia	싱가포르	06. 21~06. 24	www.broadcast-asia.com	ABU 후원으로 개최되는 아시아 지역 방송통신기술 장비전 및 세미나
CommunicAsia	싱가포르	06. 21~06. 24	www.communicasia.com	통신, IT산업 종합 전시회 및 세미나
DISCOP	헝가리 부다페스트	06. 16~06. 19	www.discop.com	방송영상물 견본시를 포함한 케이블, DMB, IPTV 등 뉴미디어 특화 콘텐츠 마켓
Sunny Side	프랑스 라로셸	06. 21~06. 24	www.sunnysideofthedoc.com	50개국 2천 명 규모의 다큐멘터리 전문 마켓으로 사전 판매 및 공동 제작 프로젝트 논의 활발
ELECTRONICS	상해	06. 28~06. 30	http://tradeshow.globalsources.com/TRADESHOW/CHINA-ELECTRONICS.HTM	중국최고의 가전/전자 제품전
Supercomm	시카고	06. 00~06. 00	www.supercomm2009.com	미국 최고의 광대역 통신전(통신/방송)

전시명	지역	전시기간	홈페이지	전시회 개요
Shanghai TV	상해	06. 07~06 .09	www.stvf.com	영상산업의 국제협력, 교류 증진을 위한 국제 시상제, 세미나, 견본시, 장비전
CITV	북경	08. 00~08. 00	www.chnpec.com	China Media Group이 주최하는 국제 프로그램 영상물 견본시
SIGGRAPH	밴쿠버	08. 09~08. 11	www.siggraph.org/s2011	세계 최고의 컴퓨터 그래픽전으로 전 세계 850업체 참가
BIRTV	북경	08. 24~08. 27	www.birth.com	중국 최고의 방송장비 전문 전시회
IFA	독일 베를린	09. 02~09. 07	www.ifa-berline.de	TV/음향/가전/게임 등 유럽 최고의 가전 토털 전시회
IBC	암스테르담	09. 09~09. 13	www.ibc.org	세계3대 방송장비 전시회 중 하나로 유럽 최고의 방송장비, 시스템 및 전자 통신 전문 박람회
PLASA	런던	09. 11~09. 14	www.plasashoe.com	유럽 최고의 오디오, lqeldh, 조명 전문 전시회
EXPO COMM	북경	09. 26~09. 30	www.expocomm.com/china	중국 네트워크/통신시장을 파악할 수 있는 중요한 전시회
MIP-COM	프랑스 칸느	10. 03~10. 06	www.mipcom.com	MIP-TV 조직위인 Reed Midem이 주관하는 추계 콘텐츠 프로그램 마켓
CEATEC	동경	10. 04~10. 08	www.ceatec.com	전자/통신/컴퓨터/네트워크 전문 전시회
LDI	올랜도	10. 28~10. 30	www.ldishow.com	세계 최고의 조명전으로 오디오/비디오 기술도 함께 전시
Pro LightSound	상해	10. 00~10. 00	www.prolightsound.com	조명/음향/뮤직관련 중국 최고의 전시회
Siel-Satis	파리	11. 08~11. 10	www.satis-expo.com	유럽 최고의 음향/영상 전문박람회
CASBAA	홍콩	11. 00~11. 00	www.casbaa.com	아시아 태평양 미디어 리더 포럼으로 컨퍼런스와 리셉션으로 이루어진 최고경영자 네트워크 장

전시명	지역	전시기간	홈페이지	전시회 개요
SCTE	애틀랜타	11. 15～11. 17	expo.scte.org	미국 최대의 케이블통신전
InterBEE	동경	11. 16～11. 18	www.bee.jesa.or.jp	일본에서 개최되는 세계 3대 방송 장비 전시회 중 하나

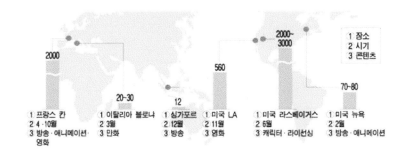

※ 출처: 한국 문화콘텐츠 진흥원(2009)

〈그림〉 세계 주요 콘텐츠 마켓 현황과 규모

방송 콘텐츠 해외 배급 및 유통전략

1) 한류 열풍과 콘텐츠 산업

21세기는 문화의 세기로 문화적 요소가 경쟁 요소의 핵심으로 드라마, 영화, 가요, 게임 등 다양한 분야의 우리나라 대중문화는 90년대 후반부터 중국을 위시하여 대만, 홍콩, 베트남 최근에는 일본에 이르기까지 아시아 거의 전역에 수출되고 있다. 한국 대중문화에 대한 관심과 선호도를 증가시키고 한국 문화에 대한 열렬 팬 혹은 마니아를 창출하고 있다. 겨울 연가, 대장금, 호텔리아 등과 같은 드라마들은 한류로 불리는 한국 팬들을 만들어 내는 견인차 역할을 하고 있다.

국내 콘텐츠 산업의 부상 배경은 ① 콘텐츠 산업의 비중이 확대, ② 멀티미디어의 등장, ③ 정보통신업의 융합화, ④ 여가시간의 증가나 문화소비 확대로 콘텐츠 관련 수요폭증, ⑤ 문화 콘텐츠가 지식

정보 사회의 핵심 영역으로 부상 등으로 볼 수 있다. 글로벌화, 매체 통합 및 융합으로 제한된 특정 지역 내에서의 최고는 무의미하고 글로벌 시장에서의 국제 경쟁력 확보가 살아남기 위한 필수조건으로 부각하고 있으며, 특히 콘텐츠 산업은 국내 시장이 아닌 글로벌 시장을 겨냥한 세계 최고의 상품을 제작하여야 돌파구가 마련되는 시대이다.

2) 국내 문화 콘텐츠 산업의 해외 수출 현황

문화 콘텐츠는 게임과 영화 음악 방송 영상 분야에서 지속적인 해외 수출이 되고 있으며 에듀테인먼트나 전자책 등 새로운 분야에서도 해외진출이 활발하며, 특히 온라인 게임의 중국 진출이 본격화되고, 방송 콘텐츠와 음악에서 아시아 지역을 중심으로 한 수출이 증가세이다. 방송 콘텐츠가 수출되기 시작한 90년대 초반에 노정된 심각한 무역 역조 현상은 상당 폭 개선되어 02년도부터는 출초 현상으로 반전하고 있다. 방송 콘텐츠의 수출은 한류바람에 편승하여 연 40~50%에 이르는 고속 신장하고 있으며 03년 기준으로 수출액이 4,200만 달러 수준으로 확대되어 수출이 본격화되기 시작한 90년대 초반의 수출 실적과 비교하면 백 배 이상의 수치를 기록하고 있다. 주요 수출 지역은 대만, 중국, 일본, 베트남 등 아시아 지역이 90% 이상을 점유하고 수출 시장은 필리핀, 인도네시아, 태국 등 아시아 주변국뿐만 아니라 몽골, 우즈베키스탄, 카자흐스탄 등 중앙아시아와 중남미 중동지역까지 점차 확산 추세이다. 지역별로는 대만이 810만 달러 규모로 가장 크고 일본과 중국이 그다음 순으로, 아시아 지역에 편중되어 있는 수출지역을 다변화시키기 위해서는 상대적으로 문화적 할인율[6]이 낮은 다큐, 만화영화 등 전략 상품의 제작 강화가 필요하다.

지금은 글로벌 방송 시대로 해외 수출된 드라마, 다큐, 만화가 어느 정도의 수익이 해외에서 창출했는지 알아보는 것은 의미가 있다. 드라마의 경우 최근 가장 활발하게 수출된 '불새'의 경우에는 직접 제작비를 기준으로 편당 약 54,800달러 정도를 보였고 회수율이 약 60% 이상으로 향후 드라마에 대한 투자도 해외부분을 연계한 확대 재생산하는 것이 필요하다는 점을 확인할 수 있다. 다큐멘터리는 '세계 최고를 찾아라', '어미새의 사랑' 같은 경우에는 직접 제작비에 100% 이상이 해외부분에서 회수되어 제작비를 커버할 수 있는 수준이다. 만화영화는 특성상 제작비의 규모가 워낙 커서 100% 회수는 어렵지만 향후 글로벌 정책을 완성하는 단계에서는 핵심적으로 가야할 장르이다.

3) 방송 콘텐츠 가격 결정 요인

방송 콘텐츠 가격을 결정하는 요인을 살펴보면 ① 장르는 가격 결정에 있어서 결정적인 요인, ② 해당 창구의 시장 규모, ③ 해당 창구의 배타성 정도, ④ 수출 대상 국가의 경제수준, ⑤ 문화적 할인의 정도, ⑥ 시의성, ⑦ 저명성과 화제성, ⑧ 마케팅적 요소 등이다.

---

6) TV 프로그램과 같은 문화적 상품은 일반적으로 특정한 문화를 바탕으로 창출된다는 점에서 특정 환경에서는 상당한 가치가 있더라도 다른 지역으로 옮겨질 경우에는 가치관, 신념, 시청 행태, 분위기 등의 차이에 의해서 일반적으로 소구력이 떨어지는 현상을 가리킨다. 문화적 할인율은 가격을 결정하는 여러 변수들 중의 하나로 작용하기보다는 다른 변수들에 의해서 결정된 가격 전체에 대하여 결정력을 행사할 정도로 절대적인 영향력을 가진다.

4) 우리나라 방송 콘텐츠 수출 관련 문제점

우리나라 방송 콘텐츠 수출관련 문제점을 보면, 첫째, 제작 측면에서 보면 다매체, 다채널화 및 글로벌화 추세에 대한 대응 전략이 부족하다는 점이다. 방송 산업이 제한적인 경쟁틀인 독과점 체제 속에서 내수형 제작에 안주하고 있으며, 방송 영상 콘텐츠의 해외수출도 국내 방영 후 부대수익 창출이라는 소극적인 인식을 가지고 있다. 또한 해외수출 확대를 위한 전략 상품으로서의 다큐, 만화영화 시리즈물이 절대 부적하다. 둘째, 마케팅적 측면에서의 문제로 국제 배급 전문 조직 및 전문 인력의 육성 체계가 미흡하다. 셋째. 정부 및 민간부분의 지원체계로 글로벌 시대를 맞아 현실화되고 있는 문화전쟁에 대한 인식이 부족하며, 특정 장르에 대한 편견과 편애로 성장 잠재력이 있는 부문을 사장할 가능성이 있다.

5) 글로벌 시대의 콘텐츠 해외 수출 전략

(1) 방송 콘텐츠 제작 측면에서 보면

① 글로벌 스탠더드 포맷의 우수 콘텐츠 제작 필요
② 주력 시장인 아시아 시장을 겨냥한 해외 수출형 드라마 포맷 적극 개발 필요
③ 비아시아 지역으로의 시장 확대를 위한 글로벌 스탠더드 전략 상품 제작 강화
④ 파이낸싱 기능을 활용한 세계 최상의 품질 창출 및 대형 프로젝

트성 콘텐츠 제작 필요

⑤ 국제 공동제작 및 현지 투자 프로젝트에 적극 참여

(2) 조직 및 인력 측면에서 보면

① 전문인력 육성에 대한 성패가 관건
② 콘텐츠의 기획에서부터 국제 마케팅 업무까지를 커버하는 토털 프로듀서형 전문인력의 육성체계의 확립 필요

(3) 마케팅 전략에서 보면

① 현지화를 기본 축으로 한 시장 공략 방안과 국가적 수출 역량 집중할 수 있는 방안 필요(예: 보아의 현지화 성공사례)
② 시장 성숙도 및 가능성을 종합적으로 고려하여 단계별 진출 전략을 추진 필요

(4) 정책 및 지원체계 측면에서 보면

① 제작 부분이나 유통부분 뿐만 아니라 유기적으로 연계된 체계 속에서 역량을 극대화시키는 노력이 필요
② 정책적인 측면에서는 보이지 않는 손으로 양보다는 질 위주, 선택과 집중을 기본 축으로 하는 수출용 전략 상품의 제작 지원체계 구축이 필요
③ 수출 관련된 현장의 문제점이 정책적으로 반영되는 의견 반영

창구를 마련하고 전문 인력을 양성해 나가는 펀드멘털 구축 작업이 필요

6) 영상 콘텐츠 글로벌화를 위한 전략

영상 콘텐츠 산업의 환경변화와 국내경쟁력 분석을 통해 영상 콘텐츠의 기회, 위협, 장점과 강점을 도출하고 글로벌화 전략을 모색해 보면 다음과 같다.

국내 영상 콘텐츠의 장점은 기회요인으로는 영상 콘텐츠 산업의 빠른 성장과 여가시간의 증가 그리고 인접국가와의 문화유사성 그리고 방송 통신 융합 기술의 발달등이 대표적이다. 강점은 우리국민의 역동성과 초고속 인터넷등의 인프라구축, 정부의 적극적인 지원등이다. 한편 위협 요인으로는 제작비의상승과 불법복제등의 문제가 있다. 위협요인은 기획력과 창작력의 부족과 세계적인 브랜드 파워가 미약하다는 점이다.

〈표〉 영상 콘텐츠의 SWOT 분석

기회요인	위협요인
영상 콘텐츠 산업의 빠른 성장 여가시간의 증가 인접국가와의 문화유사성 방송 통신 융합 기술의 발달	제작비의 상승 불법복제등의 문제
강정요인	위협요인
우리국민의 역동성 초고속 인터넷등의 인프라구축 정부의 적극적인 지원	기획력과 창작력의 부족 협소한 국내시장 그로벌 미디어 기업의 부재 세계적인 브랜드 파워가 미약

이와같은 경제적 분석에 기초하여 영상 콘텐츠의 글로벌 유통 전략은 다음과 같다.

첫째. OSMU(ONE SOURCE MULTI USE) 또는 OSMP(ONE SOURCE MULTI PLATFORM) 전략이 필요하다.

하나의 영상 콘텐츠는 타분야에도 다양하게 활용되는 원소스 멀티유스의 특징이 있다. 예를 들면 애니메이션으로 만든 '미녀와 야수'는 캐릭터, 테마파크, 공연물 등에 활용되어 수익을 극대화하고 있다.

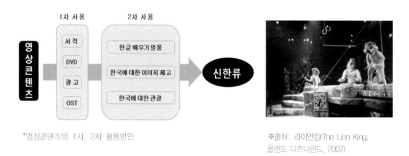

*영상콘텐츠의 1차, 2차 활용방안

❋출처: 라이언킹(The Lion King, 올랜도 디즈니랜드, 2007)

〈사진 설명〉 디즈니에서는 애니메이션 라이언킹을 뮤지컬과 디즈니랜드 테마파크의 공연으로 활용하는 등 하나의 콘텐츠를 다양한 플랫폼에 활용하고 있다.

〈그림〉 OSMU의 예

둘째, 리스크헷지 전략으로 영상 콘텐츠는 고위험 산업이므로 위험요소를 경감시키는 리스크헷지 전략이 필요하다. 즉 문화과 영상을 다양한 분야에 진입하기 위한 적절한 포트폴리오를 구성하여 위험을 분산하는 것이다. 예를들면 외국의 메이저 기업이 사업을 다각화하거나 수직계열화하고, 복합화하는 것과 같다. 특히 영상 콘텐츠의 경우에는 미디어 기업의 가치사슬(Value Chain)상 배급 및 유통부분을 강화하고, 제작 등은 아웃소싱을 통해 위험 부담을 감소하는 방안이 있다.

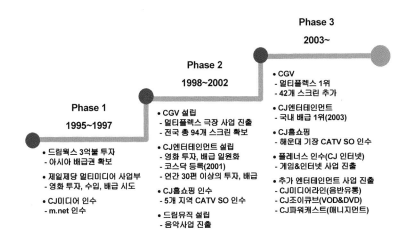

Phase 3
2003~

Phase 2
1998~2002

Phase 1
1995~1997

• 드림웍스 3억불 투자
  - 아시아 배급권 확보
• 제일제당 멀티미디어 사업부
  - 영화 투자, 수입, 배급 시도
• CJ미디어 인수
  - m.net 인수

• CGV 설립
  - 멀티플렉스 극장 사업 진출
  - 전국 총 94개 스크린 확보
• CJ엔터테인먼트 설립
  - 영화 투자, 배급 일원화
  - 코스닥 등록(2001)
  - 연간 30편 이상의 투자, 배급
• CJ홈쇼핑 인수
  - 5개 지역 CATV SO 인수
• 드림뮤직 설립
  - 음악사업 진출

• CGV
  - 멀티플렉스 1위
  - 42개 스크린 추가
• CJ엔터테인먼트
  - 국내 배급 1위(2003)
• CJ홈쇼핑
  - 해운대 기장 CATV SO 인수
• 플레너스 인수(CJ 인터넷)
  - 게임&인터넷 사업 진출
• 추가 엔터테인먼트 사업 진출
  - CJ미디어라인(음반유통)
  - CJ조이큐브(VOD&DVD)
  - CJ파워캐스트(매니지먼트)

〈그림〉 CJ 미디어 그룹의 리스크 헷지전략

　셋째, 구전마케팅을 활용한다. 구전 즉 입소문 효과는 경험재인 영상 콘텐츠에 대한 강력한 마케팅이라 활수 있다. 즉 영상 콘텐츠에 대한 소문이 자생적으로 발생되어 퍼져 나감으로써 막대한 영향력으로 연결되는 것이다. 소문에 의해 콘텐츠의 소비가 느는 소비자 효과를 말하는 것으로 예를들어 한 영화가 개봉된 이후에 입소문에 의해 관객이 꾸준하게 이어지는 경우가 많아, 영화흥행에 성공하기 위해서는 입소문이 뒤따라야 한다는 것이 영화계의 상식인 것을 말한다. 이를 활용한 사례는 여론 선도자(Opinion Leader) 계층에게 정보 제공하여 여론 선도자들에 콘텐츠를 홍보하고 시사회 등에 초대하여 유리한 입소문을 형성하는 양상으로 나타난다. 최근에는 인터넷을 통한 구전 마케팅을 전개하는데 인터넷 홈페이지가 입소문의 발원지이므로 홈페이지에 콘텐츠 정보를 최대한 제공하고 회원제 등을 활용하여 구전 효과를 극대화하고 있다.

넷째는 영상 콘텐츠를 글로벌화하기 위해서는 창조적인 조직을 구축해야 한다. 콘텐츠창작자와 창작지원자의 업무에는 특성의 차이가 있다. 따라서 영상 콘텐츠를 창작하는 조직을 좀더 효율적이고 창의적으로 바꿀 필요가 있다.

제안에 대한 피드백도 활성화하여 내 아이디어가 의사결정에 중요한 역할을 하는구나하는 느낌을 구성원들이 갖도록 해야 한다. 예를 들면 디즈니그룹의 회장 아이즈너는 "공쇼(Gong Show)"라 불리는 회의를 가지곤 했는데, 참석자들의 적극적인 참여 유도를 위하여, 좋지 않은 아이디어를 제시할 경우에는 종소리를 크게 울리게 함으로써 생동감 있는 아이디어 교환 및 창출이 이루어지게 하는 일종의 아이디어 회의를 통해 조직의 창의력을 제고하였다. 또한, 파라마운트사에서의 경험을 통해 아이즈너회장은 40명 이상의 직원이 매 회의에서 영화에 관한 아이디어를 발표하고 영화각본 아이디어를 토의하는 일에서 뿐만 아니라 창의적 사업계획을 짤 때도 그룹미팅을 적용하였다.

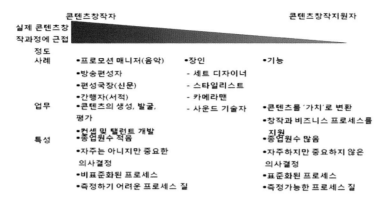

〈그림〉 콘텐츠창작자와 창작지원자의 업무 특성의 차이

또한, 영상 콘텐츠 제작과 유통에 대한 프로젝트 관리 전략이 필요하다.

기획	제작작업	후반작업	FEED BACK
이미지 연상		홍보물 제작	정산,결산 등 마무리 작업
컨셉 구상	수정, 보완작업	홍보 마케팅 실시	기획업무 파트별 진행 상황 총괄정리
기본 콘텐츠 구성	최종 기획서 구성	매스컴 홍보	행사 평가회
계약	기획업무 차트	배급 및 유통	결산 보고서
기획서구성	팀 구성		자료정리 (File, DB 작업)
출연진 섭외	구체적 업무 진행		
	제작사선정		
	제작		

※출처:캐러비안 해적 테마파크(올랜도 디즈니랜드, 2007)

다섯째는 영상 콘텐츠는 성장성이 있는 시장이고 가치 사슬의 구조가 다른 경제재와는 다르므로 디지털화의 변화에 빠른 대응과 환경을 선취하는 전략이 필요하다. 아마존은 시장을 선점함으로써 신속한 유통시스템을 구축하고 저가격 전략 등에서 성공한 사례로 웹 2.0 시대에 새로운 유통의 모습을 보여주었다. SM 엔터네인먼트도 10대의 가수의 인기가 예상되자 매니지먼트 사업의 필요성을 인식하고 HOT의 중국진출과 보아의 일본진출 그리고 현지가수의 발굴등을 시작함으로써 아이돌 세대를 열었고 해외 엔터테인먼트 매니지먼트를 가능케 하였다.

여섯째는 클러스터 전략이 필요하다. 영상 콘텐츠 관련 구성요소 들을 한곳에 집적하여 영상 콘텐츠의 제작과유통 소비의 효율성을 도모한다. 영상 클러스터에는 영상 콘텐츠가 가지는 OSMU의 특징 최대한 활용하기 위하여 영상 콘텐츠와 관련한 주요기업과 관련회사 그리고 지원기관에서 학교와 연구기관 등이 집적할 필요가 있다.

또한 영상 콘텐츠는 프로젝트형 제작시스템적인 성격을 가지므로 관련 요소들이 인접한 곳에 입지하는 것이 제작에 용이하고 유통에 도 편리하다. 예를들면 할리우드의 비벌리힐스 처럼 인접한 지역에 배우 등이 거주하고 제작, 소비, 관광이 동시에 입주되어 있어 복합클 러스터의 성격을 가지는 것이 효과적이다. 왜냐하면 영상 콘텐츠의 생태계는 가치사슬 구조에 따라 제작과 유통과 소비가 조절하고 순 환하는 과정을 통해 진화해 나갈 것이기 때문이다.

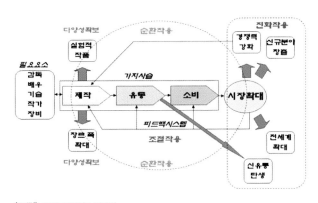

〈그림〉 영상콘텐츠의 생태계

이옥기(Lee, okki) ──────────────────────────────

전) 단국대학교 대학원, 건국대학교 대학원, 경희대학교 강사
　　동신대학교 신문방송학과 겸임교수
　　광주방송 편성제작국 PD
　　한국콘텐츠진흥원 뉴미디어 지식칼럼 집필
　　한국전파진흥원 강사
　　성균관대학교 BK21 글로벌문화커뮤니케이터 양성사업단 연구원
　　MBN-TV 시청자 평가원
　　한국방송학회 대외협력이사, 한국소통학회 재무이사
현) 서울과학기술대 IT정책연구소 연구교수(2015)
　　스마트TV포럼 정책분과위원
　　한양사이버대 영상콘텐츠제작론 강의

──
경희대학교 대학원 졸업(2005). 언론학 박사
뉴욕대학교 SCPS W/S 연수(NewYork Univ. SCPS spring WORK SHOP, 2007)

──
스마트시대의 미디어경영론(공저, 2015)
스마트미디어 시대의 방송통신정책과 기술의 미래(공저, 2012)
소셜미디어 연구(공저, 2012)
뉴스의 미래(공저, 2009)
디지털 시대의 국회방송(공저, 2009)

──
스마트미디어와 방송, 콘텐츠산업 정책, 미디어경영 관련 연구

영상
콘텐츠론

초판인쇄 | 2011년 2월 28일
초판발행 | 2011년 2월 28일

지 은 이 | 이옥기
펴 낸 이 | 채종준
펴 낸 곳 | 한국학술정보㈜
주   소 | 경기도 파주시 교하읍 문발리 파주출판문화정보산업단지 513-5
전   화 | 031) 908-3181(대표)
팩   스 | 031) 908-3189
홈페이지 | http://ebook.kstudy.com
E-mail | 출판사업부 publish@kstudy.com
등   록 | 제일산-115호(2000. 6. 19)

ISBN   978-89-268-2164-0 93330 (Paper Book)
        978-89-268-2165-7 98330 (e-Book)

이담
Books 는 한국학술정보(주)의 지식실용서 브랜드입니다.